가장 높은 유리천장 깨기

가장 높은 유리천장 깨기

미국 대선에 도전한
세 여성의 이야기

엘런 피츠패트릭 지음
김경영 옮김

THE
HIGHEST
GLASS
CEILING

ELLEN
PITZPATRICK

SHIRLEY
CHISHOLM
1972
●

MARGARET
CHASE
SMITH
1964
●

VICTORIA
WOODHULL
1872
●

글항아리

린디 헤스를 추모하며

2008년 뉴햄프셔

2008년 초 어느 겨울 밤, 대통령 후보 힐러리 클린턴이 뉴햄프셔 세일럼에 있는 한 고등학교 강당 무대에 섰다. 사람이 많이 모였고 강당 안은 어둑했다. 겉으로만 봐서는 여느 때와 다르지 않은 선거운동이었다. 희망에 차서 예비선거 첫 유세를 하는 후보들에게는 꼭 필요한 절차 같기도 했다. 힐러리는 지지자들에게 둘러싸여 연설을 시작했다. 연설문은 불과 며칠 전 코커스caucus(당원대회)에서 버락 오바마에게 패한 뒤에 쓴 것이다. "모든 후보가 변화를 이야기합니다. 하지만 그게 무슨 뜻일까요? 어떤 사람들은 변화가 일어나려면 변화를 요구해야 한다고……" 그때였다. 힐러리가 말을 채 끝내기도 전에 어떤 남자 한 명이 청중석에서 피켓을 들고 일어서더니 거기에 적힌 글을 큰소리로 외쳤다. "내 셔츠나 다려라! 내 셔츠나 다려Iron My Shirt!" 그의 외침은 멈출 줄 몰랐다. 또 한 사람이 야유에 동참했다. 두 사람의 바람대로 야유 소리에 힐러리 후보의 목소리가 묻혔다.

마이크를 손에 들고 왔다 갔다 하던 힐러리는 연설을 멈추고는 목소리를 높여 조명을 키워달라고 했다. "성차별의 잔재는 여전하군요." 힐러리가 웃으며 말했고, 관계자들은 소란을 잠재운 뒤 청중석에 있는 두 젊은이를 데리고 나갔다. 후에 힐러리 후보는 이 사건을 선거 공약과 노련하게 연결시켰다는 칭찬을 받았다. "지금 눈앞에서 직접 확인하신 것처럼 제가 대통령 선거에 출마한 또 다른 이유는 가장 높고 단단한 유리천장을 깨고 나가야 하기 때문입니다. 우리의 아들딸과 자녀, 이 나라, 그리고 전 세계의 여성들을 위해서요." 두 시위자는 알고 보니 보스턴의 한 라디오 방송국 직원이었다.[1]

"내 셔츠나 다려라!"라는 격한 야유가 터져나온 소동은 2008년 민주당 대통령 예비선거에서 잊지 못할 순간이었다. 그날 미국 최고위직 후보로 나선 힐러리 클린턴에게 쏟아진 조롱은 당시 미국 정치판을 생각하면 낯선 듯싶으면서도 충분히 일어날 수 있는 일이었다. 2008년까지만 해도 미국 시민 대다수는 여성 대통령을 뽑는다는 사실에 거리낌을 드러내지 않았다. 실제로 많은 사람은 미국 최초의 여성 대통령에게 투표할 수 있게 됐다며 좋아했다. 하지만 사실 어떤 여성 후보도 미국 정치에서 가장 길고 험난한 대통령 선거를 치르며 승리한 적은 없었다.

2008년 힐러리 클린턴은 미국 역대 여성 대통령 후보 중 가장 성공적인 선거운동을 시작했다. 민주당 대통령 후보 지명전에서 젊고 카리스마 넘치는 아프리카계 미국인 상원의원에게 아주 근소한 차이로 뒤지고 있었다. 곧이어 총선에서 승리해 두 차례 대통령을 지내게 되는 버락 오바마였다. 우승 후보 간 경쟁이 수개월 동안 이어졌지만, 한 가지 눈에 띄는 배경에는 거의 관심이 쏠리지 않았다. 선거를 앞두고 설전이 워낙 뜨거웠기 때문이다. 두 사람 중 누가 대통령 후보로 지명되든 역사적 사건이 될 터였다. 아프리카계 미국인 아니면 여성이 최초로 미국 주요 정당을 대표하는 후보가 되는 일이었으니까. 11월 총선에서 버락 오바마가 거둔 승리는 미국 역사에 길이 남을 사건이었다. 한편 클린턴의 패배로 미국 최초의 여성 대통령 탄생은 다음 기회, 또는 다른 후보로 미뤄졌다.[2]

선거가 끝나고 많은 사람이 클린턴의 선거운동을 분석한 뒤 선구적이었다는 평가를 했다. 하지만 클린턴보다 앞서고, 어떤 면에서는 길을 열어준 더 큰 역사에 주목하는 사람은 거의 없었다. 힐러리 클린턴을 가장 성공적인 여성 대통령 후보였다고 말할 수 있을지는 모르지만, 그 뒤에는 더 오랜 투쟁이 숨어 있다. 실제로 2008년 선거운동 기간에 나온 회의적인 목소리는 빅토리아 우드헐Victoria Woodhull, 바로 미국 최초의 여성 대통령 후보가 150년 전에 들었던 것과 같은 목소리였다. 1872년 해리엇 비처 스토 「톰 아저씨의 오두막」을 쓴 미국의 소설가이자 노예 해방 운동가는 은근한 풍자를 담아 우드헐의 대통령 출마에 대해 인상적인 질문을 한다. "얼마나 낯 두꺼운 창부면 대통령이 되겠다고 나서겠어요?" 남자가 대통령에 출마하면 속속들이 벗겨져 기껏해봐야 "차이고 얻어터지고 온 나라 신문을 도배하고 오물을 뒤집어쓰는 정도"일 것이다. 반면 여자들은 "하수구란 하수구는 다 끌려다니며 해진 대걸레처럼 온갖 구정물통에 몸을 담그는 신세"가 되기 십상이다. "'남자를 죽이는 험한 일'을 해낸 여자를 과연 국민이 대통령으로 맞고 싶어할까?" 그때도 지금처럼 꽤 많은 사람이 같은 사실에 의구심을 품었다.[3] 여성이 미국 대통령에 도전한 역사는 길고, 야망과 실패, 의구심과 가능성으로 점철됐다. 자세한 내용은 주역인 세 여성의 이야기에서 알 수 있다. 세 사람은 지난 100년간 미국 정치계의 최고위직에 도전했지만 거의 내내 냉대를 받았다. 물론 세 사람은 각자 여성으로서 뜻깊은 '최초'를 달성했다. 빅토리아 우드헐은 1872년 여성 최초로 대통령에 출마했으며, 마거릿 체이스 스미스Margaret Chase Smith는 1964년 여성 최초로 주요 정당의 후보 지명을 받았다. 그리고 셜리 치점Shirley Chisholm은 1972년 아프리카계 미국인 여성 최초로 대통령 후보로 지명되었다. 하지만 1872년부터 1972년까지 100년의 문턱을 넘고도 그들이 한 경험과 남긴 유산의 의미를 헤아리기는 힘들다.

세 여성의 이야기에서 알 수 있는 점은 대통령이 되려고 했던 '여성들'이 어떤 부류였는지다. 해리엇 비처 스토가 비아냥거리며 물었던 바로 그 질문이다. 또 대통령직에 도전하는 과정에서 세 사람이 마주한 장애물과 그들이 발견한 가능성을 똑똑히 확인할 수 있다. 무엇보다 미국 민주주의 역사에서 변함없이 등장하는 주제를 재조명할 수 있다. 세 여성은 시민으로서 정치 참여와 권리, 자유를 가로막는 제약과 맞서 싸웠으며, 역사적 기회들을 제때 포착했다. 선거에서 패배한 세 사람은 각자 누가 훗날 여성 대통령이 될지를 상상했다. 다들 정치 세력, 역사적 상황, 특정 유권자들, 그리고 당연히 성격적 특징의 득을 보기도 하고 피를 보기도 했다. 물론 오늘날 대통령이 이끄는 정치판에서도 여전히 두드러지는 현상이다.

200명을 웃도는 여성이 대통령직에 나서고 후보로 지명되며 표를 받았다. 그 시작은 1870년대에 여성 최초로 대통령에 출마한 우드헐이었다. 남자 대통령 후보 대부분과 마찬가지로 압도적 다수가 거의 아무런 관심을 받지 못했다. 20세기 후반까지 여성 후보들은 무소속이나 제3당의 공천 후보로 가장 많이 나왔다. 그도 아니면 돈키호테처럼 전당대회 때 반짝 스타로 잠깐 이름을 알리는 식이었다. 그런 후보들은 예나 지금이나 기억에서 쉽게 잊힌다. 대통령 선거에서 패배한 후보들 중 남녀를 막론하고 역사의 한 페이지에 이름을 남기는 사람은 많지 않으며, 이는 어쩌면 당연한 일이다. 이 책은 이례적으로 그 일을 해낸 세 여성의 이야기다.⁴

차례

제1장
빅토리아
우드헐

VICTORIA
WOODHULL
1872

"모두가 주목하는 자리"

———

지금으로부터 약 150년 전인 1871년 7월. 뜻밖의 후보가 갓 출범한 정당 대표로 미국 대선 출마에 동의하는 '수락서'를 쓰고 있었다. 최근에 받은 '후보 지명서'에 대한 답장이었다. 후보 지명과 수락 의사를 편지로 주고받는 것이 당시 관습이었다. 그때는 지금과 달리 정당이 정권을 장악하면 그 당의 대통령 후보는 멀찌감치 떨어져 품위 있게 기다려야 했다. 빅토리아 우드헐 후보의 지지자들은 우드헐에게 후보 지명을 수락하고 정치적 신념을 간략하게 밝히라고 조언했다. 우드헐은 답신에 자신이 왜 '위대한 정당, 아니 이 나라를 이끌 적임자'인지에 대해 열심히 설명했다.

우선 우드헐은 다수당인 민주당과 공화당을 '흘러간' 당이라고 일축했다. 두 당이 당파 갈등으로 양분되어 나라를 통합하지 못하고 고상한 이상만 앞세워 미국의 초대 대통령인 조지 워싱턴 같은 지도자를 배출하지 못한다고 비난했다. "워싱턴 장군의 인기는 당파 싸움을 잠재우고 온 나라를 위대한 형제 당으로 만들었습니다. 최초의 여성 대통령이 탄생하면 다시 한번 온 나라가 기쁨에 들썩이겠죠. 국민은 예상하지 못하겠지만 지금 후보로 지명된 여성이 내년에 대통령으로 뽑힐지도 모릅니다. 여론이 더 이상 변하지 않는다면 백악관의 주인이 되는 겁니다."1

1000리 밖을 내다보며 미래를 예언하는 혼령들과 교신한다는 사람치고 서른두 살의 우드헐은 형편없는 예언가였다. 그녀의 나이 여든을 넘긴 1920년이 되어서야 수정 헌법 19조가 통과되며 미국 여성에게 투표권이 생겼으니까. 21세기가 밝았지만 여성 대통령은 나오지 않았다. 그렇지만 우드헐이 1871년에 보여준 확신은 큰 의미가 있다. 대통령에 도전한 사실만 봐도 우드헐은 분명 범상치 않은 여성이었다. 호기롭고 당당했다. 누군가의 말처럼 끝없이 유명세를 갈구했는지도 모르지만 우드헐이 대선에 출마한 시기는 재건 시대남북선생 이후 1865~1877년 약 10년간 미국 전체를 아우르던 재건 시기에 정치와 사회가 격변하며 기존 제도들이 무너지는 와중이었다. 미국이 남북 분리와 전쟁, 노예 해방의 결과를 받아들이는 과정에서 자유, 시민권, 민주주의의 의미에 대한 격론이 이어지던 시기를 틈타 대선에 도전한 것이다.

실제로 우드헐은 이 전례 없는 도전을 남북전쟁 이후 미국사회가 겪는 혼란과 명쾌하게 연결지었다. "잘 알고 있습니다. 처음에는 지지를 보내는 사람보다 비웃는 사람이 더 많겠죠. 하지만 지금과 같은 변화와 놀라움의 시대에는 오늘 터무니없어 보이는 일이 내일은 중요해질 수 있습니다." 그럴듯한 가정이었다. 남북전쟁을 겪은 우드헐 같은 미국인들은 전쟁 이후 상상치도 못한 변화가 일어나며 사회와 정치판이 재편되는 모습을 목격했다. 재건 시대 5년 만에 세 차례에 걸친 헌법의 전면 개정, 노예제 폐지, 시민권 확대가 모두 통과됐다. 해방된 노예 400만 명은 시민의 권리를 찾았다. 하지만 아프리카계 미국인 여성은 여전히 투표권을 얻지 못했고, 남성에게만 그 특권이 주어졌다. 아프리카계 미국인 남성들은 용감하게 나서서 선거권을 쟁취했다. 때로는 자신들의 자유를 빼앗으려고 투쟁한 지도자들을 밀어내고 그 자리에 앉기도 했다. 우드헐은 이렇게 말했다. "1860년에 흑인들은 소 취급을 받았습니다. 하지만 지금은 미국 상원에서 제퍼슨 데이비스노예 제도 존속을 주장하던 남부연합의 대통령을 지낸 인물의 자리를 차지하고 있죠." 남부 주의 연방 탈퇴와 잔혹한 전쟁이라는 시련을 겪고 승리한 연방 정부는 낡은 전통 및 제도를 고집하는 주와 지방에 권력을 힘껏 행사할 준비가 된 듯했다.

당시 많은 여성 해방 운동가처럼 우드헐 역시 이런 분위기라면 여성의 권리도 곧 신장되리라 생각했다. "오늘날의 시대정신은 무한 해방입니다. 노예제의 저주가 이 땅을 뒤덮었을 때는 주춤했지만, '끝없는 전투'로 노예제가 '폐지되고' '정의의 목소리'가 들리기 시작했습니다. 자유롭고 행복하게 살 권리를 찾으려는 흑인의 노력을 비웃던 사람들은 결국 흑인이 투표하고 공직에 출마하는 모습을 보게 되었습니다. 이제는 흑인과 평등해지고 싶어하는 미국 여성들의 열망을 비웃도록 놔둡시다. 개혁의 물결은 막을 수 없습니다. 세상은 변하고 있으니까요."[2]

물론 1872년에 여성 대통령은 나오지 않았다. 오히려 19세기가 끝나갈 무렵, 앞선 재건 시대에 수정된 헌법에서 보장한 아프리카계 미국인의 참정권은 꾸준히 약화되고 있었다. 힘들게 통과된 수정 헌법에 명시된 자유는 조직적 투표권 박탈과 인종차별로 웃음거리가 됐다. 미국사회의 지역주의자들은 미국 정부가 아프리카계 미국인의 참정권을 전국적으로 확대하려 하자 예상보다 훨씬 더 심하게 저항했다. 얼마 안 가 재건 자체가 끔찍한 비극이었다는 평가가 나왔다. 그런 평가를 내린 이들은 재건이라는 대담한 실험을 거부한 사람들이었다. 여성 참정권 역시 별다른 진전을 보이지 못했다.[3]

우드헐은 여성 최초로 대통령에 출마해 어느 정도 명성은 얻었지만 결국 역사의 뒤안길로 사라졌다. 그녀의 개인사에서조차 대선 출마는 별로 중요하지 않은 일로 취급되어갔다. 우드헐은 심령 치료사, 주식 중개인(1870년 여동생과 함께 여성 최초로 월가에 증권사를 열었다), 여성 해방 운동가, 자유연애주의자, 그리고 당대에 가장 유명했던 섹스 스캔들의 핵심 인물로 강렬한 삶을 살았다. 덕분에 대통령 선거에 도전했다가 실패한 일은 기억에서 거의 잊었다.[4]

우드헐의 대선 출마가 대체로 경솔했다는 평가를 받지만, 이 출사표는 파란만장한 그녀의 삶에서도 중요한 사건이었다. 또 우드헐이 시작한 모험은 19세기 후반 많은 시민의 관심을 집중시켰다. 무엇보다 미래의 여성 후보들이 대통령 선거에 나갈 때 맞닥뜨릴 수 있는 상황을 미리 보여줬다. 성별, 법률, 나이, 그리고 조직 정치의 중심에서 일한 경험이 없다는 이유로 무시당한 우드헐은 여성이 정치에서 배제된 현실에 도전장을 던져 전국적인 반향을 불러일으켰다. 비싼 대가를 치르고 영광의 순간을 누렸으며, 미래의 여성 대통령 후보들에게 생각해 볼 만한 유산을 남겼다.[5]

전국 정치 무대에 서본 여성들 중 빅토리아 우드헐만큼 파란만장한 길을 걸은 사람도 없을 것이다. 우드헐은 1838년 9월 오하이오의 작은 농촌 마을 호머에서 벅 클래플린과 록사나 클래플린의 자녀 10명 중 일곱째로 태어났다. 아버지는 천의 직업을 가진 인물이었다. 사기꾼, 협잡꾼, 방물장수, 뗏목공, 바텐더, 부동산 투자자, 말 도둑, 호텔 지배인, 그리고 이따금 변호사로 일하기도 했다. 19세기 초반 미국에서 신분 상승을 꿈꾸며 정처 없이 떠도는 젊은이들이 으레 하는 일들이었다. 초반에는 돈을 좀 벌었지만 우드헐이 태어나고 얼마 안 있어 몽땅 날려먹었다. "냉혹했든 약간 제정신이 아니었든 간에 모든 자식에게 공평하게 잔인했습니다. 노예처럼 일하고 죄수처럼 맞았죠." 그와 같은 유년 시절을 우드헐은 '끝없는 슬픔'으로 기억한다. 교육도 거의 받지 못했다. 길어야 3년이라는 게 가장 설득력 있는 이야기다.[6]

우드헐의 어머니 록사나는 '단 한 번도 제정신이었던 적이 없다'고 전해진다. 결코 딸에게 안정감을 주는 어머니가 아니었다. 대신 자기 의식 너머 '영적 세계'라는 위안을 선물했다. 특별한 몇몇 사람만이 영적 세계와 소통하는 특권을 누릴 수 있었다. 어머니는 감리교에서 주최한 신앙 부흥회에 참석했다가 독실한 신자가 되었다. 감리교 교회들은 2차 대각성 운동미국에서 1787~1825년에 일어난 국가적 신앙 부흥운동 당시 오하이오 전역을 돌며 부흥회를 열고 선동적인 전도 집회를 통해 새 신도를 영입했다. '미래를 보고 예지몽을 꾸는' 여성이었음에도 록사나는 조증과 울증을 널뛰듯 오갔다. 사람들은 이렇게 이야기했다. "두 눈에 눈물이 가득 찰 때까지 기도하다가도 입에 하얗게 거품이 일 때까지 욕을 했어요." 하지만 어머니의 신앙심은 딸 빅토리아에게도 지울 수 없는 흔적을 남겼다. 열 살이 채 안 됐을 때 어머니에게 이런 말을 한 적이 있다. 천사들이 자기 앞에 나타나서 "자신들의 일꾼이 될 사람이니, 꾸준한 인도와 가르침을 받아 성인이 되면 이 땅에서 천사들의 일을 하는 사람이 되어야 한다"고 말했다고 했다. 훗날 선거운동 지지자들에게는 자기 이름이 빅토리아 여왕을 연상시킨다고 말한 적도 있다. 실제로 이름을 따오기도 했고 '통치자로서도 언니'일지 모른디면서. (빅토리아 여왕은 우드헐이 태어난 해에 즉위해 1901년까지 통치했다.) 어린 시절 빅토리아 우드헐에게 용기를 준 존재 역시 우드헐이 '대성해 나라의 통치자가 될' 것이라고 내다본 혼령이었다. 이런 환영들 덕분에 우드헐은 유년 시절을 견뎌냈고 일찍부터 자신이 선택받은 사람이라고, 즉 특별한 운명을 타고났다고 믿었다.[7]

우드헐은 이런 유년 시절의 이야기를 정교하게 다듬어 전파하는 방법으로 1870년대 초 정치적 목적을 달성했다. 실제로 어린 시절의 이야기는 빅토리아 우드헐이 대선운동을 할 때 심령술사, 여성, 노동자들의 지지를 구하기 위해 처음 공개됐다. 심령술사들은 영혼은 불멸하며 산 자가 죽은 자의 영혼과 교류할 수 있다고 믿는다. 심령술은 19세기 미국에서 영향력이 상당했는데, 남북전쟁 시기에 만연하던 불안감과 쓰라린 이별의 해독제 역할을 한 덕분이었다. 율리시스 그랜트 대통령과 제임스 가필드 대통령, 하원의장, 공화당 대통령 후보, 국무장관 제임스 블레인 등 여러 정치인도 심령술에 매료됐다. 하지만 여성들이 특히 많이 심취했다. 심령술이 평등과 여성의 활동 분야 확대를 강조했기 때문이다. 영매들은 교령회를 열어 죽은 자의 영혼과 교통을 시도했고, '신들린 영매'는 여성으로서는 최초로 남녀가 뒤섞인 대중 앞에서 공개 발언을 했다. 심령술사의 리더십은 여성 평등 운동가들에게 뜨거운 관심을 받았다. 그렇게 해서 심령술은 19세기 중반 여성 참정권 운동과 강한 유대를 맺었다. 심령술과 여성 참정권 운동, 둘 다 우드헐의 대통령 선거운동에 중요한 역할을 했다.[8]

19세기 중반 여성 참정권 운동이 전하는 메시지는 확실히 빅토리아 우드헐에게 강한 울림을 줬다. 당연히 여성들이 얼마나 비민주적으로 시민권과 참정권을 보장받지 못하는지와 특권층(백인) 남성 시민들만 그 권리를 누린다는 사실을 밝혀냈지만, 다른 한편으로는 여성들이 '폭압'에 의해 '반복적으로 입는 상처'를 강조했다. 당시 많은 여성이 사적인 영역에서 폭력을 견디며 살았다. 1848년, 여성 참정권 운동의 대표 주자인 엘리자베스 스탠턴이 세니커폴스의 자택에서 여성 인권 대회를 열고 '소신 선언문'Declaration of Sentiments'을 발표했다. 스탠턴은 선언문에서 결혼과 동시에 여성이 겪는 불평등을 질타했다. "민법상 여자는 죽은 사람이며 남편에게 복종을 강요당하고 남자는 사실상 여자의 주인이 됩니다. 법은 남자에게 여자의 자유를 빼앗고 처벌할 권리를 줍니다." 우드헐에게는 무척 익숙한 상황이었다.[9]

빅토리아 우드헐은 부모의 허락을 받고 열다섯 살에 거의 두 배 연상의 의사와 결혼했다. 빅토리아가 열병이 났을 때 치료하러 집에 왔다가 처음 만난 사람이었다. 말쑥하고 잘생긴 캐닝 우드헐은 결혼한 지 얼마 안 돼 「지킬 앤드 하이드」의 하이드로 변했다. 어린 신부 빅토리아는 바람둥이 알코올중독자와 결혼했다는 사실을 깨달았다. 남편은 월급을 받으면 술과 매춘에 탕진했다. "하루 만에 10년은 늙은 기분이었다"며 훗날 우드헐은 털어놨다. 결혼 13개월째인 1854년 12월 말, 시카고에 살고 있던 열여섯 살의 '어린 아내'는 '죽음의 고통'을 견디며 힘겨운 신고 끝에 아이를 낳았다. 아이는 술에 취한 남편이 받았다. 그때 태어난 아들 바이런은 선천적으로 중증 정신장애를 앓았고 엄마에게 '하루하루 고통'을 주는 존재가 됐다. '슬프고 가련하게도' 아이는 '이 방 저 방 돌아다니며 사람이 낼 수 없는 음침한 소리를 중얼거렸다'. 훗날 성인이 된 빅토리아 우드헐은 여성 해방 운동가 루크리셔 모트 자매를 만나 이 시기가 얼마나 공포스러웠는지에 대해 짧게 표현했다. "지금의 저는 온통 슬픔뿐입니다."[10]

우드헐은 결혼 초에 돈이 떨어지자 이를 악물고 생활비를 벌었다. 일찌감치 혼자 힘으로 사는 법을 배웠다. 아이와 남편을 먹여 살리려고 대륙을 횡단해 샌프란시스코에서 재봉사로 일했고, 배우생활도 잠깐 하다가 결국 인디애나 주에 정착했다. 1860년대에는 신통력 있는 영매로 관심을 끌었다. 혼령들의 안내를 받아 환자를 고친다는 소문이 돈 것이다. 떠돌이 인생이었다. 하지만 '심령 치료사'로서 우드헐의 재능은 확실히 특출한 외모 덕분에 부풀려지고 '큰 수익'을 불러왔다. "돈이 끝없이 쏟아져 들어왔다." 또 두 번째 남편 제임스 하비 블러드 대령까지 안겨줬다. 블러드 대령은 세인트루이스 출신의 남북전쟁 참전 용사로 치료 상담을 받으러 갔다가 우드헐을 만났다. 매력 넘치는 사람이었다. 검은 곱슬머리에 눈매가 깊고 관자놀이에서 턱까지 이어지는 구레나룻은 아래로 내려갈수록 둥그스름했다. 게다가 세인트루이스 심령술사협회 회장이었다. 하지만 우드헐을 만나자마자 '깜짝 놀랄 만한' 경험을 했다. 우드헐이 빠른 속도로 '최면에 빠지며 신들린 상태에서 두 사람의 운명이 결혼으로 이어져 있다'고 말한 것이다. 둘은 누가 먼저랄 것도 없이 사랑에 빠졌다. '악마의 힘'으로 연결된 기분이었다. 1866년 우드헐과 블러드는 결혼을 했다. 첫 남편 캐닝 우드헐과는 5년 전, (또 한 번의 힘든 산고 끝에) 건강한 둘째 딸 줄라를 낳은 뒤 헤어졌었다. 하지만 우드헐이라는 성은 그대로 썼다. 전기작가인 시어도어 틸턴이 1871년에 이야기한 것처럼 '수많은 배우, 가수, 전문직 여성의 이름은 사업 자산이 되었기 때문'이다.[11]

1868년, 우드헐과 블러드 대령은 우드헐의 일곱 살 아래 여동생인 테네시 클래플린과 함께 뉴욕에서 살고 있었다. 경험 많은 영매이자 아름다운 젊은 여성 테네시는 어릴 때부터 아버지에게 착취를 당했다. 아버지는 딸이 천리안 능력자, 영매, 점쟁이, 아동 치료사라며 떠들고 다녔다. 되는대로 묘약을 만들어 겉면에 딸의 사진을 붙여 보조약이라고 하면서 팔았다. 가짜 약은 미국 중서부 지역에서 순진한 사람들에게 비싼 값에 팔려나갔다. 우드헐이 보기에는 도가 지나쳤다. 동생 테네시는 재능 있는 영매였지만 '사기' 행각에 이용당하고 있었다. 우드헐은 동생을 아버지의 손아귀에서 구출한 뒤 남편과 두 아이를 데리고 서둘러 뉴욕으로 떠났다. 거기서 함께 시작한 일 덕분에 부를 얻고 정계에까지 진출했다.[12]

먼저 돈이 들어왔다. 운 좋게도 그 지역의 제일가는 부자가 미신을 믿는 기인으로, 심령술과 영매가 안겨주는 마음의 평화에 심취해 있었다. 또 낯선 사람이 자기가 사는 그리니치 빌리지 대저택을 찾아오면 죄다 집 안으로 불러들였다. 해군 준장 코닐리어스 밴더빌트였다. 해운과 철도 사업으로 재산을 모은 사업가였다. 1868년 봄, 빅토리아 우드헐과 여동생 테네시가 그의 영향권 아래 들어왔을 때 밴더빌트의 나이는 74세였다. 얼마 후 아내와 사별하는 밴더빌트는 매력적인 두 여성을 알게 되어 더없이 행복해하고 있었다. 두 사람이 혼령들과 자유자재로 교신한다는 소문이 파다했기 때문이다. 우드헐이 나중에 말하기로 '영혼의 안내자'는 다름 아닌 데모스테네스, 즉 아테네의 유명한 웅변가이자 정치가이며 민주주의 옹호자였다. 데모스테네스가 '뉴욕으로 가라고 지시했다는 것이다. 이유야 어찌 됐든 밴더빌트와 쌓은 친분은 우드헐이 부와 명성을 얻는 결정적인 계기가 됐다. 테네시에게 반한 밴더빌트는 우드헐의 영매능력과 손을 잡기로 했다. 우드헐은 죽은 자의 이야기를 듣고 주식 정보를 내다봤다. 우드헐과 테네시 자매가 돈을 어떻게 벌었는지에 대해선 확실히 알기 어렵지만 분명 밴더빌트는 두 자매의 버팀목이었다. 밴더빌트가 투자한 돈으로 두 사람은 금과 채권을 사들였다. 그리고 얼마 안 가 엄청난 부를 모았다.[13]

인생의 새로운 장이 열린 이 시기에 우드헐은 여성 참정권 운동계에서 두각을 나타내기 시작했다. 1869년 1월에는 워싱턴 DC에서 열린 전국여성인권대회에 참석했다. 대회 현장에서 수정 헌법 제14조(1868년 7월 비준)와 제15조(당시 논의 중)에 대한 격론이 벌어졌다. 우드헐은 이 대회의 존재를 여성 참정권 운동가 수전 B. 앤서니가 새롭게 발행한 주간지 『레볼루션』을 보고 알게 된 듯하다. 우드헐은 훗날 이 잡지가 '영웅적인 일'을 했다며 찬사를 보냈다. 1868년 미 의회는 수정 헌법 제15조의 조건을 논의한 뒤 '인종, 피부색, 과거 노예 신분'을 근거로 투표권을 제한하는 행위를 금지했다. 새로운 수정 헌법의 참정권 조항에 여성을 포함시키라는 청원이 줄을 이었기 때문이다. 하지만 1869년 전국여성인권대회가 열릴 당시 조짐은 불길했다. 과연 수정 헌법 제15조에는 여성 투표권 부여 조항이 없었다. 대표적인 여성 인권 운동가들, 특히 엘리자베스 케이디 스탠턴과 수전 B. 앤서니는 배신감을 느꼈다. 재건 수정 헌법미국 헌법 제13조, 제14

조. 제15조를 가리킨다은 시민권을 확대하고 아프리카계 미국인 남성에게 투표권을 부여했지만 여성에게는 해당 사항이 없었기 때문이다. 이 같은 결정으로 참정권 운동 자체는 물론 일부 충실한 협력자들까지 심하게 분열되었다. 대표적으로 해방 노예 단체, 노예제 폐지론자, 작가, 그리고 정계의 원로가 된 노예 해방론자 프레더릭 더글러스가 있었다. 더글러스는 1월에 열린 여성인권대회에도 참석했다.[14]

갈등이 불거졌다. 1월 인권대회에서 우드헐은 당대의 이름난 여성 해방 운동가 몇 명이 군중 앞에서 연설하는 장면을 지켜봤다. 스탠턴이 열변을 토하는 동안 관중석에는 정치인, 상하원 의원, 참정권 운동가들이 섞여 있었다. 스탠턴은 수정 헌법 제16조를 발의해 여성에게 선거권을 부여할 것을 촉구했다. '남성의 선거권'이 확대된 결과 여성의 정치 참여도가 역대 최저 수준으로 떨어졌다는 점을 근거로 들었다. 기존 '백인 남성의 정부'가 '남성의 정부'로 바뀐 것뿐이라고 주장했다. 격분한 스탠턴은 당시 지배적인 편견을 거론했다. "수정 헌법 제15조는 남부 농장의 흑인 남성 200만 명 이상에게 투표권을 부여했습니다." 또 '미국 정치에 무지한' 이민자들의 '외국인 투표'도 가능해졌다. 한편 남성들이 출신 배경이나 가문에 상관없이 누리던 특권을 여성들은 누리지 못했다. 스탠턴은 비난의 화살을 투표 자격이 없다고 본 유권자들에게만 돌리지 않았다. 정부 예산을 배정할 때 정치판에 부패가 만연하다며 관심을 촉구했다. "국민의 손으로 뽑는 대통령을 월가에서 사고판다면 단순히 운으로 지도자가 결정되는 겁니다. 사람이 금보다 하찮은 취급을 받고 광대들이 여왕을 위해 법을 만든다면 나라가 어떻게 될까요?"[15]

스탠턴의 발언은 일부 참석자를 불쾌하게 만들었고, 그 질문이 낳은 논쟁은 확실히 (우드헐로서는 다행스럽게도) 여성운동을 분열시키는 도화선이 됐다. 『레볼루션』은 이렇게 전했다. "흑인 남성과 미국 여성이 양쪽으로 나뉘어 논쟁을 벌였다. 여성이 자신들의 권리를 미루고 흑인 남성 전체가 선거권을 부여받을 때까지 기다려야 하는지를 두고 벌이는 싸움은 흥미롭고 훌륭하며 감동적이었다." 실제로 질문에 대한 답은 인종이나 성별과는 무관했다. 여성 참정권 운동가들 일각에서도 스탠턴의 생각에 반대하는 목소리가 있었다. 반대론자 중에는 적어도 남성이 한 명은 있었다. 아프리카계 미국인 노예제 폐지론자 로버트 퍼비스였다. 퍼비스는 보통선거권의 필요성을 호소력 있게 주장했다.[16] 우드헐 역시 (이유는 확실치 않지만) 대회에 참석한 기자들의 관심을 한 몸에 받으며 대회 측의 '견해'에 '부분적으로만' 동의한다고 말했다. 한 기자가 우드헐에게 호의적인 기사를 냈다. "우드헐은 여성을 완전히 신뢰한다. 동시에 남성을 철저히 신뢰한다." 기자는 열띤 어조로 우드헐의 '수려한 용모와 기품 있는 모습, 신비로운 두 눈, 햇빛에 반짝이는 보석 같은 광채, 그리고 정신을 아득하게 만드는 아름다운 얼굴과 몸매'를 칭찬했다. '높은 자리에 오를 여성'이라며 우드헐의 대성을 점치기도 했다. 워싱턴의 한 신문사도 비슷한 전망을 내놓으며, 우드헐

이 갈등과 개혁을 앞둔 미국에서 큰일을 할 사람이라고 예측했다.[17]

　한 편의 연극과 같은 여성인권대회에 마음을 송두리째 빼앗긴 우드헐은 구경꾼이 아닌 미래의 '참여자'가 된 자신의 모습을 떠올렸다. 흥분이 가시지 않았다. 그리고 스탠턴, 수전 B. 앤서니, 클래라 바턴을 비롯한 유명 인사들이 단상에 모인 모습을 보고 훗날 이렇게 말했다. "중요한 사람이 된 기분이었습니다. 제 평생의 꿈이 투표였고, 사실 그때는 '새 천년' 아니, 여성의 시대가 곧 열릴 줄 알았거든요." 서른한 살의 우드헐은 당시 참정권 운동의 중심에 있던 여성 지도자들보다 훨씬 더 젊고 매력적이었다. 우드헐 역시 그 사실을 알고 있었기에 그런 몽상에 잠겼는지도 모른다. 단순히 유권자가 아닌 훨씬 더 중요한 일을 하는 자신을 상상했다. "제가 정치인이 된 모습이 자꾸 떠올랐어요." 아이러니하게도 스탠턴이 맹비난한 월가의 영향력은 오히려 우드헐을 전국 정치계로 끌어주는 견인차 역할을 했다.[18]

　그해 빅토리아 우드헐은 상당한 부를 쌓았다. 곧 재산은 천문학적인 수준으로 불어났다. 그 많은 재산을 발 빠른 투자나 금 투기로 벌었는지, 밴더빌트가 준 것인지, 아니면 둘이 합쳐져서 그렇게 된 것인지는 알기 어렵다. 정확한 규모도 파악할 수 없다. 1870년 1월, 우드헐은 한 기자에게 그동안 70만 달러가 넘는 돈을 벌었다고 이야기했다. 지금으로 치면 순자산만 1000만 달러가 넘는 액수다. '뉴욕에 와서 사업을 시작한 지 2~3년 만이었다.' 분명 부풀린 금액이었을 것이다. 우드헐과 여동생이 월가에 증권사를 차렸다는 발표를 할 시점에 나온 기사였기 때문이다. 회사는 이제 막 영업을 시작해 고객을 유치하는 단계였다. 하지만 그녀가 주장한 재산의 10분의 1만 있었다 해도 우드헐은 대단한 재산가였을 것이다. 처음에 우드헐은 밴더빌트가 우드헐 앤드 클래플린 사Woodhul, Claflin & Co.의 설립 자금을 댔다는 이야기를 하지 않으려고 했다. 하지만 밴더빌트가 회사의 중요한 고문이라는 사실은 스스럼 없이 인정했다. 고객들이 사무실 벽에 걸린 밴더빌트 준장의 초상화를 그냥 지나칠 리 없었다. 어쨌든 언론은 세 사람의 관계에 대해 떠들어댔다. "금융의 여왕들"이라는 헤드라인을 내건 신문 기사는 두 자매를 '밴더빌트의 양녀'로 묘사했다.[19]

밴더빌트는 '월가의 여성 증권사 운영자들'과의 관계를 부인하지 않았다. 우드헐 앤드 클래플린 사를 눈여겨본 한 여성 고객은 밴더빌트 준장에게 연락해 두 자매가 믿을 만한 사람인지 확인한 다음에야 마음 놓고 거래를 시작했다. 어느 정도는 밴더빌트가 보증했기 때문이다. 우드헐의 회사에서 뉴욕 센트럴 철도 주식에 1만 8000~1만 9000달러를 투자하라고 조언하자 한 고객은 밴더빌트 준장에게 그 제안을 보증하느냐고 물었다. 그 고객은 나중에 이렇게 말했다. "밴더빌트가 보증한다고 했어요. 3개월 안에 그 회사의 주식이 22퍼센트까지 오를 거라면서요. 제가 이유를 묻자 우드헐이 영매인데, 영혼과 교신한 상태에서 그렇게 말했다더군요. 저는 1만 8000달러를 투자할 테니 주식이 그만큼 오른다는 보증서를 써달라고 했죠. 자기는 그런 식으로는 사업을 하지 않는다더군요." 하지만 믿을 수 있는 사람들이라며 투자자를 안심시켰다. "우드헐 부인이 밴더빌트 준장에게 거액의 돈을 빌렸다는 이야기를 들었다고 했어요. 그렇다고 하더군요. 두 자매에게 신통력이 있고 자신이 두 사람을 돕고 있다고요. 회사 설립 자금을 댔다는 이야기도 했어요."[20]

우드헐 자매의 증권사는 기존 업체들과 달라서인지 문을 열자마자 주목을 받았다. 초반에 많은 사람이 월가에 있는 두 사람의 사무실로 몰려들었다. 구경꾼들은 생각지도 못한 여성 증권 중개인들을 슬쩍이라도 보고 싶어했다. 우드헐 앤드 클래플린 사의 명성은 언론의 열띤 취재로 더 높아졌다. 자매가 기자들을 직접 초대했다. 문을 연 지 한 달 만에 '여성 중개인'이라는 만화가 나왔다. 만화에서 자매는 '황소와 곰'이 끄는 마차를 몰았는데, 남자의 얼굴을 한 황소와 곰bulls and bears 주식 시장에서 각각 강세와 약세를 상징하는 동물에게 두 사람이 채찍을 휘두르고 있었다. 만화 속 두 사람은 아름나웠다. 초반에 나온 작품에서 빅토리아 우드헐은 '수수한 옷을 입고 장미꽃 한 송이를 머리에 우아하게 꽂은 채' 왼손에 다이아몬드 반지를 끼고 있었다. 우드헐 앤드 클래플린 사가 자리잡은 브로드 가의 화려한 사무실들은 매력적인 기삿거리였다. 고유한 남성의 영역에 들어온 무서운 여성들 역시 마찬가지였다. 누군가가 이야기한 대로 여성의 권리에 대한 토론이 넘쳐나던 시대에는 흔히 볼 수 있는 현상이었다.[21]

초반에 우드헐과 클래플린을 다룬 기사들은 감탄과 우려를 함께 표했다. 물론 일부 신문(대표적으로 『뉴욕 타임스』)은 이 같은 모험을 지독히 비웃었지만, 많은 신문이 커다란 존경을 드러냈다. "어떻게 해야 증권사의 남성적인 이름을 남녀에게 평등한 이름으로 만들 수 있을까? 우드헐 부인은 최고의 존경을 받아 마땅한 사람이고, 클래플린 양은 모두가 경의를 표하는 사람이다. 우드헐 부인을 황소, 클래플린 양을 곰여기서는 각각 남자와 여자를 상징한다이라고 봐도 될까?" 두 사람이 치료사라는 점을 언급하며 『뉴욕 이브닝 포스트』는 다음과 같이 기사를 끝맺었다. "여성이 고유의 영역에서 벗어나 주식 시장이나 해부실로 들어가면 논란이 생길 수 있다. 하지만 어떤 분야로 진출하든 자존심만 지킨다면 '우리'에게 정중한 대우를 받아 마땅하다.『뉴욕 헤럴드』역시 우드헐 앤드 클래플린 사를 '대단히 의미 있는 실험'이라며 열렬히 환영했다. "만약 두 사람의 사업이 성공한다면 여성에게 무한한 고용의 기회가 열릴 것이다……. 하지만 실패하면? 끝이다! 새로운 증권사의 두 여사장은 50만 달러를 후원받았고 실패할 리가 없다. 어쨌든 우리는 새로운 실험이 마음에 들고, 성공하길 기원한다." 샌프란시스코의 한 신문사도 비슷한 결론을 내렸다. 두 사람의 회사가 시대 정서를 잘 대변하며, 두 여성 주식 중개인은 진지한 대우를 받고 있다고 전했다.[22]

우드헐과 클래플린은 이내 참정권 운동 지도자들의 마음까지 사로잡았다. 수전 B. 앤서니는 사무실을 방문했고, 『레볼루션』에 브로드 가 44번가에 있는 우드헐 앤드 클래플린 사를 극찬하는 글을 실었다. 특히 우드헐 자매의 '용기, 에너지, 진취성, 외모, 매너, 여성스러운 행동'을 높이 샀다. 두 사람의 회사 덕분에 여성들이 유리한 환경에서 '금융업'에 종사할 기회가 생겼다는 점을 강조했다. 더 이상 '남자들을 통해' 거래하거나 '월가의 따가운 시선'을 견딜 필요가 없어진 것이다. 실제로 여성 고객들이 줄을 이었다. 앤서니는 두 사람이 여성의 미래에 자극제가 되리라 내다보며 '새로운 회사의 성공'을 빌었다.[23]

굳이 수전 B. 앤서니의 지지가 필요하지도 않았다. 1870년 초봄, 우드헐은 성공 가도를 달리고 있었다. 많은 부를 쌓았고, 머리힐에 있는 호화로운 대저택에 살았다. 뉴욕 5번가가 엎어지면 코 닿을 거리에 있었다. 대중 사이에서 점차 인기와 명성을 얻으며, 고급 금융계에서 두각을 나타냈다. 오하이오 주 호머에서 살던 어린 시절의 소박한 생활과는 180도 달랐다. 어릴 때 우드헐은 나중에 커서 훌륭한 사람이 되겠다는 가당찮아 보이는 꿈을 꿨다. 하지만 그동안 이룬 성과를 보면 아직 '과거의 예언'이 이루어진 것 같지는 않았다. 부는 더 큰 야망을 이루는 문을 열어줬다. 도금 시대남북전쟁 이후 1893년 불황 때까지 미국 자본주의가 급속하게 발전한 시대에는 흔한 이야기였다. 우드헐의 욕망은 구체화되기 시작했다. 어느 정도는 개혁가, 심령술사, 급진적 지식인 등 뉴욕에 와서 사귄 사람들로부터 받은 영향에서 비롯되었다. 대규모 연회를 열어 한자리에 모이기 힘든 자본가, 언론인, 정치인, 영매, 무정부주의자들을 불러 모았다. 그중에서도 두 급진주의자 남성이 우드헐에게 가장 큰 영향을 미치는 뮤즈가 되었다. 한 명은 남편 블러드 대령이었다. 블러드는 '철학에 조예가 깊으며 사색적인' 사람으로 공산주의자를 자처했다. 심지어 중개업을 활발하게 하던 사람이었다. 두 번째로 많은 영향을 미친 이는 유토피아주의 철학자이자 급진적 노동운동가인 스티븐 펄 앤드루스로, 블러드 대령이 데리고 온 사람이었다. 마르크스에 심취한 학생이자 열성적인 여성 인권 운동가였던 앤드루스는 공정한 사회를 주제로 많은 글을 썼다. 앤드루스는 결혼 제도를 비판하는 글도 썼는데, 결혼이 여성을 억압한다고 믿었기 때문이다. 이혼법 완화와 성적 자유를 지지한 덕분에 '자유연애'주의자라는 소리를 듣기도 했다. 19세기 미국에서는 큰 논란이 될 법한 태도였다. 앤드루스는 우드헐과 친해졌고, 우드헐은 앤드루스가 파산하지 않도록 재정적 도움을 주었다. 블러드 대령과 앤드루스는 힘을 합쳐 우드헐의 다음 목표인 대선 출마를 도왔다.[24]

우드헐의 대통령 출마는 두 단계로 진행됐다. 우선 1870년 봄 『뉴욕 헤럴드』에 편지를 보내 출마 의사를 밝혔다. 처음부터 우드헐은 아주 특이한 후보였다. 단지 투표권이 없는 여자라서거나 헌법에 명시된 대통령 출마 최소 연령(35세)에 미치지 못해서만은 아니었다. 우드헐이 '자기 지명 후보'인 까닭도 있었다. 물론 19세기 대통령 선거에는 주기적으로 별난 무소속 남성 후보들이 나오기는 했다. 대표적으로 대니얼 프랫과 조지 트레인이 있다. 대니얼 프랫은 괴짜 순회 강사, 조지 트레인은 참정권 운동가 스탠턴과 앤서니의 지지자이자 크레디트 모빌리에라는 지주 회사를 설립한 돈 많은 사업가였다. 우드헐이 1872년 대선에 뛰어들었을 때 두 사람은 이미 출마 선언을 한 뒤였다. (사실 우드헐은 트레인이 여성 참정권 운동에 참여하는 모습을 보고 대선에 출마할 뜻을 품었다.) 하지만 어김없이 여러 정당에서 막강한 후보들이 출마했다. 여성인 우드헐은 투표권도 없을뿐더러 당시 주요 정당의 권력에 기댈 수도 없었다. 그래서 발 빠르게 보편적인 정치 조직을 건너뛰고 대중에게 자기주장을 직접 전달했다. 당시 이용할 수 있는 매체인 신문을 통해서였다.[25]

우드헐의 시기 선택 역시 주목할 만했다. 출마 선언은 1870년 4월 4일, 증권사 설립 3개월 뒤이며 1872년 대통령 선거를 2년 앞둔 날이었다. 요즘 미국에서는 선거일 훨씬 더 전부터 모금 활동, 예비선거, 토론, 미디어 활동, 선거 유세를 하는 일이 당연해졌다. 하지만 19세기에는 그렇지 않았다. 물론 진작 출마 선언을 한 프랫과 트레인은 예외였다. 혼자서 지지를 호소하고 적극적인 선거 유세를 하는 데에는 위험이 따랐다. 진정성 있는 후보들조차 정치인답지 않으며 자리에 부적합한 후보처럼 보일 수 있었다. 대개는 정당이 선거운동을 주도했다. 돈키호테 같은 대통령 후보들은 정치 조직 뒤에 숨어 있는 경우도 많았다. 1870년 대 말까지만 해도 적극적인 선거 유세는 후보 공천을 받은 뒤라도 의심을 살 수 있었다. 1872년 『하트퍼드 쿠런트』는 민주당 후보 호러스 그릴리에게 '공직 구걸자'라는 꼬리표를 붙였다. 그릴리는 이제 막 단기 지방 유세를 시작한 참이었다. 『하트퍼드 쿠런트』는 그릴리가 '자리가 사람을 찾기보다 사람이 자리를 찾아나서야 한다'고 생각하는 것 같다며 비난했다. 물론 품위 있는 신중함은 대통령 출마 선언을 한 우드헐에게도 부족하기는 마찬가지였다.[26]

우드헐이 나중에 고백하기로는 1870년 4월에 했던 출마 선언의 '주목적은 여성이 남성과 동등한 정치적 평등을 누릴 권리에 관심을 모으는 것'이었다. 즉 상징적인 출마 선언이었다. 19세기에 여러 사람이 택한 길이다. 하지만 우드헐이 밝힌 출마 목적은 앞으로 2년간 선거운동의 방향을 예고했다. 그녀는 후보, 그러니까 그 자신을 핵심 공약으로 내걸었다. 출마 선언에서는 다른 여성들과의 유대를 강조했지만 결국 자신의 탁월한 업적을 내세웠다. "저는 어쩌다보니 미국에서 유일하게 국회 의석이 없는 정당의 대표 주자가 됐습니다. 그리고 아마도 가장 실천적인 평등주의자이기도 할 겁니다." 『헤럴드』에 보낸 편지에 적은 내용이다. 그런 자세는 다시 한번 현대 대통령 후보들의 선거운동에 영향을 미쳤다. 지금의 대통령 후보들은 대개 당의 원칙은 무시하고 본인의 자질만 앞세워 자신이 나라의 지도자가 될 재목이라며 유권자들을 설득한다. 적어도 겉으로는 대통령 후보의 미덕, 겸손, 청렴이 높이 평가받던 시대에 우드헐은 남들이 가지 않는 길을 택했다. 우선 한 신문사의 토론회에서 출마 선언을 했다. 정당과 공약이 대개 후보보다 더 중시되던 당대의 정계에서 우드헐은 달랐다. 욕심 없는 대표자가 아니라 사회운동의 화신으로서 자신을 홍보했다.[27]

실제로 우드헐은 국내 정계에서 가장 유명한 여성들, 즉 참정권 운동가들과 자신은 다르다며 선을 그었다. "다른 분들은 이 나라 여성들에게 족쇄를 채운 법에 맞서 운동을 했지만 저는 제 자신의 독립을 위해 싸웠습니다. 그들은 좋은 시절이 오기를 기도했지만 저는 행동했습니다. 그들은 남녀 평등을 주장했지만 저는 사업을 성공시켜 남녀가 평등함을 증명했습니다. 또 그들은 여성이 정치, 사회적으로 남성보다 열등하다는 이유가 없음을 보여주려 했지만 저는 과감히 정치와 사업에 뛰어들어 이미 제게 있던 권리를 행사했습니다." 즉, 스스로의 힘으로 사업에 성공하고 남자들의 세계에 몸을 던지며 용감하게 여러 활동을 펼친 덕분에 여성과 이 나라를 이끌 준비가 되어 있다는 이야기였다. "그렇기 때문에 참정권이 없는 미국 여성들이 발언권을 가져야 한다고 생각합니다. 언젠가 여성 공직자가 여성 유권자보다 많아지고, 여성에 대한 대중의 편견이 사라지리라 믿습니다. 이 자리에서 저는 대통령 후보 출마를 선언합니다."[28]

우드헐의 출마 선언은 단순한 허풍이 아니었다. 선언문에 담긴 핵심 메시지는 참정권 운동 지도자들의 일반적인 주장과는 달랐다. 우드헐은 민주사회에서 대중에게 평등의 이론적 원칙을 납득시킨다고 평등한 사회가 되지는 않으며, 실제로 실현되어야 한다고 주장했다. 남성과 (우드헐의 바람이었지만) 여성 전부가 표를 던질 수 있는 전국구 후보라면 많은 사람이 여성의 평등을 지지한다는 사실을 증명할 수 있을 것이라고 말했다. "지금까지 여성 평등을 지지하는 말과 글은 대중의 생각에 많은 영향을 미쳤습니다. 남북전쟁 이전에 노예제 반대 연설이 그랬던 것처럼요. 하지만 후보와 정책은 그 영향력을 증명해야 합니다. 링컨 대통령의 당선은 흑인 노예 제도에 대한 대중의 반감을 입증했습니다. 자신하건대, 저를 대통령 후보로 뽑아주신다면 만인이 평등하다는 원칙이 얼마나 깊게 뿌리내렸는지 확인하실 수 있을 겁니다." 우드헐은 여성 참정권 운동가들의 '탁월한 영향력'을 칭찬했다. 하지만 미국에서는 '저 아래에 드러나지 않은 훨씬 더 큰 영향력'이 '밖으로 나올 적당한 기회만 기다리고 있다'고 말했다. 여성 대통령 후보들은 여성의 정치적 평등이라는 계획을 실험할 것이다. 이기든 지든 대통령에 출마함으로써 "여성 문제를 올바르게 이해하고 적어도 관련 문제를 제기하는 데 큰 역할을 할 수 있을 겁니다. 제게는 그 실험을 시작할 힘과 용기가 있습니다."[29]

자신과 공약을 알리는 과정에서 우드헐은 기존 정당을 '정책이나 경제의 대원칙'이 부재한 조직이라고 일축했다. 유권자들은 정당들 간 정견이나 '취지'의 차이를 구분하느라 애를 먹었다. 한편 정치계는 선동의 장으로 변했다. "설교쟁이 정치인들은 헛발질을 합니다. 이야기할 현안이 없기 때문이죠." 우드헐이 주장했다. 정치인들의 관심을 끌고 싸움을 붙일 만한 유일한 주제는 '흑인 평등이라는 한물간 쟁점'뿐이라고 했다. 우드헐이 흑인 인권 문제를 한물갔다고 생각한 이유는 남북전쟁과 재건으로 흑인 평등이 실현되었기 때문이다. 그럼에도 갈등의 지속을 원하던 일부 '정치 지도자들'에게 흑인 평등이란 여전히 '1000개의 줄이 달린 하프', 즉 영원히 조율할 수 없는 문제였다. 우드헐은 '국가의 중대 사안'이 맞물린 선거는 지나친 지역주의로 빠지는 것을 막기 위해 필요하며 여성의 정치적 평등이 바로 그 사안이 되어야 한다고 생각했다. 그보다 더 중요한 문제가 '대통령 선거 전에 나오지는' 않을 것이라며 차기 대통령은 다른 여러 사안에도 관심을 기울여야 한다고 덧붙였다. 선거 공약도 간단히 이야기했다. 형법 개혁, 더 효율적인 '국내 발전', '취약 계층과 불우 이웃' 지원, 어려운 노동자 계층에 대한 관심 촉구, 그리고 중립적인 외교 정책 등이었다. 우드헐은 '기존 정당과 정당의 시스템에서 완전히 벗어나야' 나라가 발전한다고 주장했다.[30]

또 우드헐은 출마 선언문에서 당시 집권 중이던 율리시스 그랜트 행정부를 맹비난했다. 대중은 이미 행정부의 결함을 알고 있었다. 하지만 "저는 현 정부가 4년을 더 집권하는 데 단호히 반대하며 제가 대통령직을 이을 후보가 되고자 합니다". 우드헐은 현 정부의 결함을 조목조목 짚어야겠다고 생각했다. 그랜트 행정부는 '애초에 실패한 정부'였다. 우드헐은 현 정부가 '허약하고 우유부단하며 도덕적 용기가 없다'고 주장했다. 정부 정책에는 '결단력과 의지'가 부족했다. 결단력과 의지는 '승장에서 대통령이 된' 그랜트 대통령의 상징이었으면서 말이다. 또 우드헐은 그랜트 행정부가 스페인으로부터 독립하기를 원하는 쿠바 독립군을 지원하지 않았다고 비난했다. 관세 정책과 조세 정책에는 일관성도 공정성도 부족하다고 덧붙였다. 남북전쟁 기간에 쌓인 공공 부채, 20억 달러가 넘는 돈에 대해서도 한참을 언급했다. 20억 달러는 당시 기준으로는 대단히 큰 액수였는데, 서둘러 갚을 필요가 없다는 게 우드헐의 생각이었다. 미국 경제가 성장하면 제때 청산할 수 있으니 그동안 나라에 투자해야 한다고 주장했다. 이런 입장은 당시 많은 노동자 계층, 독점 반대주의자, 개

혁 운동가들의 견해와 일치했다.[31]

우드헐이 대통령 출마 선언을 하자 즉각 기사가 쏟아져 나왔다. 출마 선언을 하던 날, 『헤럴드』는 우드헐의 선언문을 실으며 출마를 환영했다. "이런 후보자를 누가 반대하겠는가? 우드헐 후보는 새롭고 진취적이며 용감하고 결단력 있다." 또한 수정 헌법 제16조가 통과돼 여성에게 투표권이 생긴다면 '대승'을 기대해볼 수 있을 거라며, 우드헐의 출마는 미국 전역의 여성들이 힘을 보여줄 '절호의 기회'라고까지 이야기했다. "여성들에게는 1872년 대통령직을 이을 후보에게 투표하고, 남성들에게는 '이번 한 번만' 여성 후보에게 투표하라고 설득하면 된다." 『헤럴드』는 우드헐의 정치적 입장이 어떻든 간에 여성 유권자들의 지지가 급증할 것이라 내다봤다. "여성들은 늘 자기들끼리 편을 든다. 여성에게 투표권이 생기면 우드헐은 이 나라가 아니라 어느 나라에서 선거를 치르든 가장 많은 표를 얻을 것"이라고(사실은 그렇지 않았지만) 주장했다. 기자들은 이런 예측을 신경 쓰지 않는 듯했다. 반면 『헤럴드』는 열띤 어조로 기사를 끝맺었다. "또 한 번의 헌법 개정과 1872년 빅토리아 우드헐의 승리를 기원한다."[32]

이튿날 『헤럴드』는 또다시 우드헐을 언급하며 선거를 2년 앞두고 무소속 후보판이 되고 있는 정치계를 비꼬아 이야기했다. 여성이 대통령에 출마하면 유색 인종은 많이 뒤처질까? "다음에는 레벌즈 상원의원, 조지 T. 다우닝, 또는 프레더릭 더글러스가 아프리카당 후보로, 그 유명한 코르넬리위스 코프만스하

프가 중국 노동당 후보로 대통령에 출마할 수도 있다. 그리고 남은 2년 안에 후보가 6명 더 나오며 박진감 넘치는 선거가 될지도 모른다." 동시에 『헤럴드』는 '빅토리아 C. 우드헐'을 '성공에 필요한 조건'을 모두 갖춘 후보로 봤으며, 이렇게 질문했다. "증권 중개인과 투자자들 가운데서 우드헐의 재산을 정확히 아는 사람이 있을까?" 또한 우드헐은 '부유하고 똑똑하며 아름다운 여성'일 뿐 아니라, 정치계에 맞서 여성의 권리를 대변하는 대통령 후보로 적합한 인물'이라며 열변을 토했다. 심지어 몇 개월에 걸쳐 미국 정치와 정부를 이론적, 역사적으로 다루는 난해한 소논문 10편을 싣기도 했다. 사실 스티븐 앤드루스가 썼을 가능성이 농후한 이 논문들은 이해하기 힘들고 관념적이며 머리를 복잡하게 만들어 신문을 꾸준히 받아보던 애독자들의 인내심까지 시험했다. 『시카고 트리뷴』은 우드헐을 은근히 얕잡아보는 사설을 내놓았다. "여자가 정부의 동향을 이야기하고 『헤럴드』두 년에 걸쳐 니므롯성경에 나오는 용감한 사냥꾼에서 사르나나팔루스아시리아의 사치스러운 왕가 되는 과정을 떠들기 시작하면 천만다행이라는 생각이 든다. 뭐라고 떠들든 듣지 않으면 그만이니까."[33]

우드헐이 전국을 돌며 대통령 선거에 도전하는 과정은 언론의 주목을 받았다. 『헤럴드』가 우드헐의 출마 선언문을 실은 뒤 불과 한 달 만에 우드헐의 출마 소식을 다룬 기사가 100건 이상 쏟아졌다. 대부분 대선 출마 사실을 짧게 언급하는 수준이었지만 몇몇 말 많은 신문사는 참지 못하고 사설을 냈다. 미시간 주의 『잭슨 시티즌 패트리엇』은 우드헐이 조지 프랜시스 트레인과 대니얼 프랫이 주름잡고 있던 대선에 합류했다고 전하며 "위에 언급한 훌륭한 대통령 후보 3명 중 빅토리아가 모든 면에서 최적임자다"라고 전망했다. 앨라배마 주의 『모빌 레지스터』는 우드헐이 『헤럴드』에 보낸 성명서에 대해 '여성 인권을 주제로 한 훌륭한 글'이라고 평하며 "대선 링에 오른 여성"이라는 헤드라인을 내걸었다. 한편 샌프란시스코의 한 신문사는 회의적이었다. "월가의 '투자자'들은 이미 여성 주식 중개소라는 진풍경을 다소 놀란 표정으로 지켜봤다." 그리고 이번에는 우드헐의 대통령 출마 선언에 더 큰 충격을 받았다고 전했다. 또 『위클리 알타캘리포니아』는 기사 말미에서 이렇게 언급했다. "확실히 우리는 박진감 넘치는 시대에 살고 있으며 월가뿐 아니라 온 나라가 눈을 의심할 만하다."**34**

우드헐의 예상대로 과연 몇몇 언론은 우드헐의 생각을 노골적으로 비웃었다. 『올버니 아르고스』는 여성 인권이라는 붓을 휘둘러 우드헐의 명성에 먹칠을 하려 했다. "이 여성의 출마 선언에 분명 스탠턴은 흡족해하고 앤서니는 기뻐 날뛰었을 것이다." 『올버니 아르고스』의 기자는 우드헐을 '뇌쇄적인 우드헐' '숙녀' '어여쁜 환전상' '무당벌레' 등으로 다양하게 부르며 그녀의 출마 소식에 놀란 대중의 목소리를 전했다. "정말로 세상이 변하고 있군요. 점잖게 말하자면 우드헐의 출마 선언에 좀 놀랐어요." "출마야 할 수 있지만 승산은 없어 보이는데요. 미국인이 우드헐을 뽑고 미국의 통치자 빅토리아, 아니면 최소한 '하트의 여왕빅토리아 여왕을 본뜬 『이상한 나라의 앨리스』 속 여왕 빅토리아'라고 부를 일도 없을 듯합니다." 하지만 이 기자는 우드헐 정부가 그랜트 정부만큼 나쁘지는 않으리라고 결론 내렸다. "우드헐이 내각 고문으로 선택할 여성 원로들이 현재 국민 대부분이 싫어하는 무능하고 사치스러운 작자들보다는 나을 듯하다." 1870년 여름, 조지아 주의 한 신문 역시 비슷한 결론을 냈다. 우드헐이 이끄는 '속치마 정부'는 '현재 미국 정부가 관리하는 경품 사업을 크게 발전시킬 것'이라고 전망했다.[35]

하지만 우드헐은 언론을 상대하면서 어떤 것도 운에 맡기지 않았다. 신문사를 통해 대선 출마 소식을 전하기는 했다. 그렇다고 잘나가는 기자에게 자신을 홍보하는 중책을 맡길 생각은 없었다. 대놓고 편파적인 신문사들이 정치 문화를 결정하는 시대에 공정하게 보도해줄 호의적인 언론이 필요하다고 판단했다. 그래서 거금을 들여 직접 신문사를 차리기로 했다. 비용이 많이 드는 일이었다. 우드헐은 돈을 아끼지 않고 파크로에 사무실을 구하고 성실한 직원과 어마어마한 양의 종이, 고급 인쇄기를 들였다. 우드헐의 재력으로는 그리 힘들지 않은 일이었다. 앤드루스와 블러드에게 동참을 부탁한 우드헐은 『우드헐 앤드 클래플린스 위클리』 창간호를 발행했다. 대통령 출마 성명을 낸 지 불과 6주 만이었다.[36]

'향상과 진보Upward and Onward.' 『위클리』 발행인란 아래 신문의 슬로건이 적혀 있었다. 창간호에서 신문사의 출범을 알리며 신문의 핵심 목표가 우드헐의 대통령 선거활동임을 분명히 했다. "우리 신문은 국민의 중요한 관심사를 집중적으로 다루며 모든 사안을 자유롭고 솔직하게 보도할 것이다"라고 약속하는 한편, 역설적으로 19세기 후반 활자 매체의 모순을 정확히 짚어내면서 다음과 같이 선언했다. "우리 신문은 빅토리아 C. 우드헐을 대통령 후보로 있는 힘껏 지지할 것이다. 정당이나 개인의 생각에 구속받지 않으며 정치적, 사회적 신념을 지닌 단체로부터 자유롭고 남녀 차별 없는 선거권을 지지한다!" 크리켓 점수를 기재한 스포츠 뉴스, 금융 보고서, 시, 패션, 보트 경주 결과와 여성 참정권, '노동과 자본'에 대한 소논문, 서평, 프랑스 소설가 조르주 상드의 작품을 번역한 글 등의 문학작품이 나란히 실렸다. 초반에는 호평이 이어졌다. 『헤럴드』는 예상대로 창간호가 '흥미롭고 유쾌했다'고 평하며 우드헐 자매가 신문을 발행해 (서로 투닥대느라 바쁜) 주요 참정권 단체들보다 여성의 인권 향상에 더 큰 역할을 하고 있다고 전했다. 캔자스 주의 『레번워스 불러틴』역시 '훌륭한 16면짜리 신문을 발행한' 우드헐 자매에게 박수를 보내며, '논조가 온건하고 사회 개혁운동은 모조리 지지하며 흥미롭고 편집이 잘된 주간신문'이라고 칭찬했다. 펜실베이니아 주 해리스버그에 있는 신문사 『패트리엇』도 비슷한 평을 했다. '재능 있는 기자들'을 칭찬하며 신문사의 '무궁한 발전'을 빌었다. 미시간 주의 『콜드워터 센티널』은 신문이 '대담한 여성부터 얌전한 여성까지 모든 여성의 입맛에 맞는다고 평했다.[37]

누가 봐도 우드헐의 신문사는 단기간에 성공을 거뒀다. 하지만 신문의 목적이 빅토리아 우드헐의 대통령 선거운동이라

는 점에서는 신통찮았다. 창간 후 6개월 동안 신문은 여성 투표
권과 평등의 이점을 다루는 장문의 기사를 정기적으로 내놓았
다. 대부분 '수정 헌법 제16조'란에 소개됐다. 또 미국 정부의 정
치 뉴스도 자세하게 다뤘다. 사실 여성에게 투표권을 주는 수정
헌법 제16조는 위원회에서 비준이 지연되고 있었다. 반면 미국
의 정치 지도자로서 우드헐을 정면으로 다루는 기사는 거의 없
었다. 물론 그러한 입장은 우드헐이 나중에 주장했듯이, 애초
에 여성 평등이라는 대의를 위해 대통령 선거에 출마했다는 이야
기와 맥을 같이한다. 참정권이라는 주제는 사실상 『위클리』에 매
호 실렸다. 선거 자체는 뒷전이었다. 1870년대에 선거를 앞둔 중
대한 시기에 야심을 품은 후보라면 우드헐보다는 말을 훨씬 더
아꼈을 것이다.

사실 『위클리』는 어떤 면에서 앤드루스의 신문사가 되고 있었
다. 앤드루스가 대다수 기사를 도맡아 썼기 때문이다. 초반에 신
문이 몇 번 발행된 뒤부터 앤드루스의 정치적 견해와 선 세계
를 아우르는 세계 정부world government를 두자는 주장(자신이 그 정
부를 지배하는 기이한 왕 '팬타크Pantarch'가 되겠다며), 결혼의 부당
성을 다룬 기사가 더 정기적으로 나왔다. 가령 1870년 8월에 "무
엇이 매춘입니까?"라는 제목으로 나온 짧은 기사에서 '매춘'이
라는 말은 결혼으로 인해 의존이라는 덫에 걸린 불행한 여성
들을 가리켰다. 『위클리』의 이러한 기사는 언론의 감시망을 피
해가지 못했다. 『클리블랜드 플레인 딜러』는 결혼 기사에 주목
했다. 또 다른 기자 역시 '스스로 계몽에 취하고 싶은 사람'이

라면 『우드헐 앤드 클래플린스 위클리』에서 앤드루스의 기사를 찾아 읽으라고 전했다. 1870년 9월 중순 『아이다호 스테이츠맨』은 『위클리』가 "사악한 조언의 제물이 되었으며 처음의 선한 목적을 잊고 속이 시커먼 사람들의 유혹에 넘어갈까봐 걱정된다"며 노골적으로 평했다. 우드헐의 증권사, 대통령 선거 출마, 신문 발행은 사람들을 놀라게 했지만 당연하게 받아들여졌다. 하지만 『위클리』가 가족, 섹스, 결혼에 대한 앤드루스의 급진적인 생각에 지면을 내주자 의심을 품는 사람이 많아졌다. 특히 '자유연애' 옹호자이며 결혼 비판론자라는 앤드루스의 평판은 우드헐 역시 위태롭게 만들었다. 위험을 알아차린 우드헐은 처음에는 앤드루스와 거리를 두려고 애썼다. 1870년 11월 『위클리』는 스티븐 앤드루스의 기사로 맞은 역풍에 맞서 책임을 부인하는 기사를 내보냈다. "우리 신문은 외부 필자가 쓴 모든 기사를 지지하지는 않습니다. 신문사의 입장은 칼럼의 견해와 많이 다를 수 있습니다." 기자들은 이 점을 강조하면서도 『위클리』가 여전히 자유로운 토론의 장이라고 이야기했다.[38]

물론 독자들은 해명 글을 보지 못했다. 다른 기사에 관심이 쏠려 있었기 때문이다. 같은 11월 호 신문에 굵은 글자로 쓴 헤드라인 아래에 우드헐의 서명이 달린 기사였다. 표제는 다음과 같았다. "깜짝 발표! 새로운 정강 선포! 여성 참정권이 헌법에 명시되고 실정법과 위원회의 인정을 받았다. 수정 헌법 제16조는 유명무실해졌다! 빅토리아 C. 우드헐은 1872년 대선 후보 중 독보적이다." 할 말이 많은 서두였다. 우드헐은 설명을 이어갔다. 자신이 4월 2일 대통령 출마 선언을 했을 때 미국의 '성문' 헌법이 이미 '여성과 남성의 완전한 정치적 평등'을 보장한다는 사실을 '알고 있었다'고 이야기했다. 그 사실을 말하지 않은 까닭은 '세상에 알릴 때가 되지 않았기 때문'이었다. 아직 여성 인권에 대한 토론이 자연스럽게 이루어지지 않던 때였다. 하지만 드디어 때가 됐다. "헌법과 법적 사실을 처음 이해한 사람으로서 미국 여성들에게 투표권이 있음을 최초로 선포한다."[39]

우드헐은 흥미로운 헌법 해석을 주장의 근거로 들었다. 미국의 모든 주가 여성에게 투표권을 허용하면 미국 헌법의 '특권과 면책' 조항(4조 2항)에 의거해 각 주의 어떤 여성도 투표를 거부당해서는 안 된다. (당시 준주準州였던 와이오밍은 1869년 여성에게 투표권을 부여했다.) 이 주장을 하면서 우드헐이 쓴 방식은 1년쯤 전에 미주리 주 여성 참정권 협회의 회장 버지니아 마이너와 남편 프랜시스 마이너가 이미 시도했었다. 마이너 부부는 참정권 운동에 앞장섰으며 헌법 조항이 특히 재건 수정 헌법으로 강화되면서 이미 여성에게 투표권이 부여됐음을 주장했다. (우드헐은 1869년 워싱턴에서 열린 참정권 대회에서 마이너 부부의 위치를 확실히 알게 됐다.) 두 사람의 법적 근거는 우드헐과 달랐지만 주장은 같았다. 마이너 부부는 여성에게 이미 투표권이 있다면 투표소에서 이 사실을 증명하고 투표용지를 요구해야 한다고 주장했다. 만약 거부당하면 법정에 가서 투표권 침해로 소송을 걸어야 한다. 우드헐은 다른 수준의 정치 참여, 즉 자신의 대통령 선거를 도와달라고 부탁했다. '그렇게 해서 여성 참정권 문제가 확실히 해결되면 여성들이 힘을 합쳐 정부를 '정화'해야 한다고 말했다. 우드헐은 4월에 발표한 공약을 다시 언급하며 공약 목록에 사형제 폐지 촉구를 추가했다.[40]

그리고 자신이 대통령이 될 수 있도록 도와달라고 부탁하며 '깜짝 발표' 기사를 마무리 지었다. 대통령 후보들이 연이어 연설을 하던 중, 우드헐은 자신을 '평등권의 친구, 인류 발전을 위해 일하는 성실한 일꾼, 특히 불우하고 소외된 계층을 돕는 사람들의 친구이자 지지자이며 동료'라고 표현했다. 그리고 모든 '사회계층'의 지지를 얻으려고 노력했다. 기존의 과장된 선거 연설 대신 여성 대통령의 지휘 아래 미래가 발전하리라는 점을 암시했다. "제가 국민 여러분의 지지를 받아 미국의 대통령이 된다면 하느님의 도우심과 허락 아래 여성들의 힘과 뜻이 열릴 것을 약속합니다. 여러 민족이 경쟁하는 과정에서 생겨난 위대한 직업은 '남성들이 이끄는 독재 정부' 아래 실종됐습니다."[41]

1870년 겨울, 우드헐은 뉴욕의 사업계와 출판계에서 미국 정계로 활동 무대를 옮겼다. 이제 더 치밀한 법적 근거로 무장한 헌법 해석으로 워싱턴에 머무를 이유가 생겼다. 우드헐이 새로 친분을 쌓은 사람 중에 벤저민 버틀러라는 하원의원이 있었다. 토론을 즐기는 매사추세츠 공화당원으로 여성 참정권의 지지자이기도 한 버틀러는 이 시기에 중요한 역할을 했다. 우드헐이 (아마도 버틀러의 도움을 받아) 작성한 청원서를 의회에 제출해 사람들의 관심을 끌어내고, 또 의회의 초대를 받아 연설을 할 수 있도록 도왔다. 소위 '우드헐 청원서'에 따르면 여성들은 이미 수정 헌법 제14조와 제15조에 따라 선거권을 부여받았다. 간단한 논리였다. 수정 헌법 제14조는 '미국에서 태어나거나 귀화한 모든 사람은 미합중국의 시민이다'라고 밝히며, 어떤 주도 시민의 권리를 약화시키는 법을 통과시켜서는 안 된다고 명시한다. 또 수정 헌법 제15조는 우드헐이 발견한 것처럼 시민의 투표권을 보장한다. 따라서 여성의 투표를 금지하는 모든 법은 헌법에 위배되며 여성에게 투표권을 부여하는 헌법 수정은 더 이상 필요하지 않았다. 우드헐은 의회에 선언법기존 법을 확인하는 법률 공표를 요구했다. 즉, 미국 시민인 여성의 투표권이 이미 미국 헌법에 따라 보장된다는 사실을 확인시켜달라고 요구했다.[42]

12월 말, 우드헐과 뜻을 같이하는 상하원 의원들이 청원서를 제출했고 양원 법사위원회에 회부되었다. 우드헐이 하원 법사위원회에 출석한 1871년 1월 11일은 워싱턴 DC에서 전국참정권대회가 열리는 날이었다. 참정권 운동가들에게 우드헐이 하원의원들과 만난다는 이야기는 금시초문이었다. 하지만 그 사실을 듣고는 공청회에 대거 참석하기로 서둘러 합의하고, 이미 의회에 투표권을 달라고 청원한 수많은 여성을 대표해 헌법 전문 변호사를 대동하기로 결정했다. 이처럼 광범위한 노력은 우드헐이 여성 참정권 문제에 뛰어들기 훨씬 더 전부터 이루어졌다. 어쨌든 우드헐은 하원 법사위원회 앞에서 공청회를 여는 놀라운 업적을 이루어냈다.

1월 11일, 우드헐은 공청회장에 들어서면서 여성 최초로 하원 법사위원회에서 연설하는 새로운 역사를 썼다. 그 정치 수완에 수전 B. 앤서니, 엘리자베스 케이디 스탠턴, 이저벨라 비처 후 커 같은 경험 많은 참정권 운동 지도자들도 놀라움을 금치 못했 다. 앤서니는 우드헐이 참정권 운동에 새로운 힘을 불어넣으리라 고 확신했다. "우리는 빛의 속도로 참정권을 얻게 될 것입니다. 월 가가 의회에 등장해 투표권을 요구하기 시작했어요." 한 기자 에 따르면 우드헐의 목소리가 "감정에 복받쳐 약간 떨렸지만 덕 분에 연설이 더 성공적이었다"고 전했다. 위원회는 우드헐을 정중 하게 맞고 우드헐이 하는 말을 경청했다.

공청회에 참석한 참정권 운동가들은 의회에 압박을 가해 즉 각적인 조치가 이루어지도록 해야 한다는 의견을 표명했다. 그 날 오후 우드헐은 공청회에서 한 증언을 전국 참정권 대회에 서 똑같이 되풀이했다. 수정 헌법 제16조를 추진하려던 계획 은 즉시 중단되고 새로운 전략을 취하기로 했다. 앤서니는 청원 운동을 통해 기존 수정 헌법에 따르면 여성에게 투표권이 있다 는 사실을 공표하라고 의회에 압박을 가하기로 했다. 사기가 하 늘을 찔렀다. 심지어 하원 법사위원회가 1월 말 우드헐의 청원 을 단호히 거부한다는 다수 의견 보고서를 전달했는데도 기세 는 꺾일 줄 몰랐다. 위원회 소속 두 의원(버틀러와 공화당의 아이 오와 주 하원의원 윌리엄 로리지)이 우드헐의 주장을 강력히 지지 한다는 소수 의견 보고서를 보내왔다. 청원이 부결됐음에도 많 은 여성 참정권 운동가는 공청회와 소수 의견에 큰 힘을 얻었 다. 몇몇은 워싱턴에 남아 청원운동을 이어갔다. 야심찬 대통 령 후보가 거둔 명백한 승리였다. 우드헐은 하원 법사위원회 소

속 의원들은 물론이고 많은 참석자에게 깊은 인상을 남긴 듯했다.[43]

우드헐은 의회에 출석한 뒤 확실히 참정권 운동가들 사이에서 입지가 높아졌고, 그들은 우드헐이 이룬 성과를 칭찬했다.『뉴욕 타임스』의 한 기자는 소식을 듣고 이런 기사를 냈다. "비처 후커와 앤서니가 겉으로 보기에는 지도자 같지만…… 사실 우드헐의 이름을 거듭 거론하며 칭찬을 쏟아내고 있다." 참정권 운동 지도자들의 사적인 대화를 통해 이러한 가정은 사실로 확인됐다. 한 예로 수전 B. 앤서니는 우드헐에게 다음과 같은 편지를 보냈다. "브라보! 친애하는 우드헐 씨. 저는 20년을 싸워오면서 지금처럼 큰 활기와 희망은 처음 느껴봅니다. 트레인 씨가 3년 전에 여성들이 다음 대통령을 뽑게 될 거라고 했던 예언, 아니 주장은 정말 이루어질 것 같습니다." 앤서니는 우드헐에게 투표하겠다고 약속하지는 않았다. 그렇지만 축복을 담아 편지를 끝맺었다. "힘내세요! 당신은 똑똑하고 아름다우며 젊고 강한 사람입니다. 사랑과 희망과 신뢰를 담아. S. B. 앤서니"[44]

이저벨라 비처 후커 역시 훗날 친구 앤서니에게 보낸 편지에서 우드헐을 극찬했다. "대단한 여성이야. 보기 드물게 호감이 가." 또 우드헐이 '오직 한가지에만 몰두하며 자신이 다음 대통령, 곧 '전 세계의 통치자'가 되리라 확신한다는 점을 인정했다. 우드헐은 세계 모든 나라를 이끄는 것이 미국의 숙명이라고 믿었기 때문이다. 후커는 우드헐에게 '그 신념을 혼자만 간직하라'고 충고했으며 우드헐은 그 충고를 받아들인 듯했다.『레볼루션』은 워싱턴에서 열린 참정권 대회가 "큰 성공을 거뒀는데 성공의 비결은 대부분 빅토리아 C. 우드헐" 덕분이었다고 결론지었다. 우드헐이 개입하면서 "이전에는 여성의 참정권에 대해 전혀 생각하지 않았던 사람들이 관심을 보인다"고 전했다.[45]

대대적인 언론 보도가 이뤄졌고 많은 기사가 우드헐의 침착함과 유능함, 외모를 칭찬했다. 『뉴욕 헤럴드』는 "하원 법사위원회에 출석한 미녀 대표. 노련하고 아름다운 여성의 화려한 등장. 여성 대통령 후보"라는 헤드라인으로 기사를 냈다. "의회가 여성의 투표권을 합법화하면 우드헐은 1872년 대통령 선거에 무소속 후보로 출마할 것이다. 법 앞에 자유로운 참정권과 평등을 공약으로 내걸 예정이다." 또 기사는 '나이 지긋한 여성들조차'(수전 B. 앤서니는 당시 50세였다) '단정하고 아름다워 보이려고 많은 관심'을 쏟지만 단연코 우드헐이 관심의 중심에 있다고 했다. 한 기자는 우드헐에 대해 "목소리가 굉장히 청아했고 연설이 끝나면 우아하게 목례를 했다. 다른 연설도 준비되어 있었지만 우드헐이 위원회의 마음을 사로잡았기에 계속할 필요는 없었다"고 전했다. 우드헐의 젊음과 아름다움에 몇몇 기자 역시 마음을 빼앗겼다. 넋이 나간 기자들은 우드헐과 구세대 참정권 운동가들을 비교했다. 한 예로 『보스턴 헤럴드』는 이렇게 썼다. "올해 여성 참정권 운동 단체에는 지난 대회에 참석한 전문가들이 전부 포함되어 있지만 젊고 아름다운 새 얼굴도 몇 명 보인다. 그들의 개인적인 매력이 확실히 여성 참정권 운동에 무게를 더한다."[46]

"우드헐 부인은 마침내 여성 참정권 운동의 지도자 자리에 올라 어제 의회에 여성 투표권 승인을 공식 요구했다."『뉴욕 트리뷴』은 우드헐이 이룬 성과에 깊은 감명을 받아 여성 참정권 운동의 고위직으로 승진시키기까지 한다. 정작 우드헐은 최근에야 참정권 운동의 존재를 알았다. 한편 콩깍지가 씌지 않은 기자는 우드헐을 '파티의 물주'라고 표현했다. 수전 B. 앤서니가 기부를 부탁하자 참정권 대회에 1만 달러를 쾌척했기 때문이다. 심지어『신시내티 데일리 인콰이어러』는 우드헐을 '월가의 팔팔한 어린 암소'라고 부르며 새로운 선봉 역할을 하고 있다고 전했다. "빅토리아 C. 우드헐은 워싱턴에서 여성 참정권 운동의 영광을 독차지하고 있다. '스탠턴'은 은퇴했고 '수전'조차 뒷방으로 밀려났다."[47]

불협화음도 있었다. 한번은 미국 정계의 최고위직에 오르려는 우드헐의 대담한 시도가 어떻게 끝날지 암시하는 사건이 있었다. 1871년 2월 말, 우드헐이 의회 법사위원회 앞에서 격찬을 받은 연설을 한 지 한 달쯤 지나서『뉴욕 타임스』는 우드헐 집안의 송사를 다루는 기사를 냈다. 우드헐의 품성이 도마 위에 올랐다. 우드헐 자매의 여성 고객 한 명이 증권사를 고소했는데, 자기 돈 500달러를 잘못 관리했다는 이유에서였다. 고객은 우드헐이 금 투자를 권하며 수익이 나지 않으면 원금을 돌려주기로 했다고 증언했다. 우드헐은 결코 그런 약속을 한 적이 없다고 한사코 부인하면서 오히려 금 투기의 위험성을 경고했다고 말했다. 우드헐에게 불만을 품고 소송을 제기한 사람은 그 고객이 처음이 아니었다. 빅토리아 우드헐의 품성에 처음 의문을 제기한 기사 역시 따로 있었다. 실제로 『뉴욕 타임스』는 우드헐 자매의 증권사 개업 소식을 전하는 기사에서 두 사람이 사기꾼임을 암시했다. 하지만 그때는 우드헐이 정치에 관심을 표하기 전이었다. 당시 『뉴욕 타임스』의 헤드라인은 다음과 같았다. "여성의 권리에 투기하다. 금 가격 조정에 실패한 대통령 후보. 시골 출신 여성 지도자, 월가의 거친 파도에 허우적대다 휩쓸리다." 배심원단은 증권사를 고소한 원고의 손을 들어주며 우드헐 자매에게 손해액을 배상하라고 판결하는 한편 언론은 또 다른 상처를 입혔다. 여러 신문은 우드헐이 여성의 권리를 옹호한다고 주장하면서 실제로는 다른 여성을 가혹하게 착취해 자기 배를 불린다는 사실을 분명히 시사했다. 대통령 적임자의 근거를 '품성'이라고 강조하는 후보로서는 두말할 것도 없이 그처럼 부정적인 언론 보도에 큰 타격을 입었다.[48]

하지만 『뉴욕 타임스』의 부정적인 기사는 대부분 묻혔다. 빅토리아 우드헐에게 호의적인 기사가 1871년 늦겨울부터 초봄까지 대거 쏟아져 나온 덕분이었다. 우드헐은 워싱턴에서 이름을 알린 뒤 뉴욕, 필라델피아, 보스턴에서 잇달아 공개 강연을 했고, 매번 청중을 몰고 다녔다. 『시카고 리퍼블리컨』은 우드헐이 순회 강연을 하는 이유는 '1872년 대선을 준비'하기 위해서이며 덕분에 '신문들이 야단법석'이라고 전했다. "우리는 우드헐의 대통령 출마를 '한결같이 지지했다'면서도 '법석bustle'은 반대한다고 했다. 빅토리아 시대에 여성들이 스커트 안에 넣던 속치마bustle를 이용해 말장난을 한 것이다. "어째서 우드헐은 대통령이 되려면 그런 기사가 필요하다고 생각했을까? 미국의 어떤 정부도 신문으로 그처럼 야단법석을 떤 적이 없다. 존 애덤스, 제임스 뷰캐넌, 앤드루 존슨을 비롯해 역대 대통령 누구도 마찬가지였다." 우드헐의 새로운 헤어스타일, 옷차림, 액세서리는 여전히 큰 이야깃거리였다.[49]

워싱턴에서 성과를 낸 우드헐은 2단계 대선운동을 시작했다. 1871년 1월 말, 『우드헐 앤드 클래플린스 위클리』는 심기일전하여 우드헐의 대선 출마 소식을 전했다. 1면에 대문짝만 한 글씨로 "1872년 대선에 나서는 세계당 후보 빅토리아 C. 우드헐, 전당 대회 승인 기다린다"는 기사를 냈다. 이로써 '범세계적' 정당을 만들어 대통령 선거를 지원받으려는 우드헐의 의도를 알렸다. 이 문구는 몇 달 동안 『위클리』 1면에 별 설명 없이 계속해서 실렸다.[50]

『우드헐 앤드 클래플린스 위클리』는 다른 언론에서 문제가 될 만한 기사를 낼 때 내응하는 역할을 복복히 했다. 1871년 3월 말 『위클리』는 "우드헐과 언론의 개들"이라는 헤드라인의 기사를 싣고 우드헐의 도덕성에 의문을 제기한 신문기자 한 명을 집중적으로 다뤘다. 그 기자는 주장의 근거로 『위클리』가 과거에 낸 결혼법이 이혼을 너무 어렵게 만든다고 비판하는 기사를 인용하며, 관대한 이혼법과 성적 방종을 동일시하는 사람들에게 '자유연애'의 위험성을 다시 한번 경고했다. 어쨌든 『위클리』는 사실 런던의 한 학술지에 실린 소론을 옮겨 실은 것이라며 발빠르게 대응했다. 그리고 우드헐과 자유연애 사이에 선을 그으려고 애썼다. "글 어디에도 부도덕한 점이나 자유연애를 지지한다는 증거는 없다." 신문은 소론의 논지는 여자가 더 이상 사랑하지도 않고 존경할 만한 구석도 없는데 터무니없는 일을 시키는 남자를 억지로 사랑하고 존경하며 그에게 복종할 필요가 없다는 것이라고 강조했다. 그런 취지로 다른 저자의 글을 옮겨 실으며 우드헐을 비방한 사람은 그 기자만이 아니었다. 『위클리』는 그렇다고 해서 "우드헐이 대단히 별나고 유치하기까지 한 외부 기고자들의 견해를 지지한다는 의미는 아니며, 또 해당 신문의 기자에게는 우드헐이 결혼법 기사의 견해를 제시한 사람처럼 이야기할 권리가 없다"면서 그 기자를 규탄했다. 그와 같은 왜곡 기사들을 대단히 미심쩍어했던 『위클리』는 해당 기자가 고의적으로 우드헐을 '여성운동의 지도자' 자리에서 끌어내리려 했다고 주장했다. 『위클리』는 "우드헐의 명성에 먹칠을 해 '골칫덩이'로 만들려던 기자의 계획은 실패로 돌아갔다. "애송이 기자가 큰 사냥감을 노렸지만 쓰러뜨리지 못할 것이다"라고 경고했다. 그 사건에서는, 아니 당시만 해도 그랬다.[51]

하지만 1871년 5월, 사건이 연이어 터지며 우드헐의 대통령 출마와 공적인 삶, 나아가 사적인 삶까지 위태로워졌다. 5월의 시작은 순조로웠다. 우드헐은 5월 8일 뉴욕에 있는 쿠퍼 연구소에서 미국 노동개혁연합 회원들을 대상으로 강의하고 호평을 받았다. 좌파와 개혁가들이 급성장하는 미국의 공업경제 속에서 노동자의 착취 문제를 해결하려고 모인 자리였다. 우드헐은 노동자 편에 서서 자본가들과 싸웠으며, '거대 기업의 끝없는 탐욕 및 '은행과 철도 연맹의 횡포'가 '노동자의 권리를 통째로 집어삼키려' 한다며 격앙되어 주장했다. 이런 이야기가 월가 주식 중개인의 입에서 나오다니 흥미로웠다. 하지만 분명 우드헐은 그 문제를 진지하게 생각했다. 몇 달에 걸쳐 『위클리』에 독점을 반대하고 노동자를 지지하는 글을 연이어 발표했다. 그해 여름, 우드헐은 급진적 노동 운동가들의 다국적 연합인 국제노동자협회IWA, International Workingmen's Association, 곧 제1인터내셔널First International 의 미국 지부 한 곳(총 12개의 지부가 있었다)의 핵심 인사가 되었다. 쿠퍼 연구소 강연 자리에서는 노동 개혁가들에게 정치에 적극 나서서 권력을 쥐라고 독려했다. 동시에 자신의 정치적 야망에 대한 지지를 얻으려고 했다. 우드헐은 노동계급이 자신이 만들고자 하는 정당의 핵심 요소이며 자신을 백악관으로 데려다주리라 믿었다.[52]

물론 핵심 지지층은 참정권을 법제화해야 한다고 생각하는 사람들이있다. 훗날의 여성 내동령 후보들처럼 우드헐 역시 여성의 지지를 기대하고 또 얻고자 했다. 1871년 5월에 전국 참정권 대회가 뉴욕 아폴로 홀에서 열리기로 예정되어 있었고 우드헐은 행사에서 중요한 역할을 맡았다. 5월 11일에 기조 연설을 하기로 했던 것이다. 쿠퍼 연구소 연설 날짜로부터 불과 이틀 뒤였다. 우드헐은 그해 봄, 참정권 운동계의 대표 인사들과 관계를 다지려 애썼다. 리더십을 보여줄 기회였고, 기왕이면 대표로 나서기로 한 새로운 정당의 참정권 운동가들로부터 지지를 끌어내고 싶었다. 하지만 연설을 일주일 앞두고 집안에 문제가 터지면서 그 옛날의 아픈 기억들이 되살아났다. 우드헐의 어머니, 클래플린 여사가 5월 4일 에식스 마켓 경찰 재판소에 나타난 것이었다. 당시 어머니는 큰딸 우드헐과 사위 블러드, 손주들, 작은 딸 테네시, 그리고 클래플린 가의 다른 가족들과 머리 힐의 저택에 살고 있었다. 클래플린 여사는 재판소에서 사위 블러드를 고소했다. 자신과 두 딸 사이를 이간질하고 딸들을 이용해 돈 많은 유부남들을 협박해 돈을 뜯었다는 이유에서였다. 또 증권사를 방만하게 경영하고 재무 기록을 제대로 하지 않고서는 세무 조사를 하면 살아남지 못할 거라고 경고했다며 고소했다. 마지막으로 온갖 방법으로 자신을 협박하며 '정신병원'에 보내거나 죽이려 했다고 말했다. 이 사건으로 스캔들의 불씨가 되살아나며 우드헐 자매를 끈질기게 괴롭혔다. 클래플린 여사가 경찰서를 찾은 당일, 사건은 전국 신문을 도배했다.[53]

기사 대다수가 추잡한 뒷이야기를 그대로 실었다. 많은 기자가 어머니의 고소는 사실이 아니라고 부인하는 우드헐의 말을 인용했다. 하지만 우드헐의 유명세 때문에 기사는 더 퍼져 나갔다. 실제로 그녀는 전국적인 유명 인사로, 품성을 내세우고 직접 기삿거리를 만들어 정치계에 진입한 인물로 알려져 있었다. 그 전략 덕분에 당대 여성 중 가장 큰 유명세를 얻었다. 이는 운이 다했을 때 벗어날 구멍이 없다는 의미이기도 했다. '유명한 월가 증권사의 새로운 스캔들' '더러운 사생활' '곤경에 처한 우드헐 부인' 등의 헤드라인이 줄을 이었다. 『신시내티 커머셜 트리뷴』은 클래플린 여사의 진술서 전문은 물론 우드헐과 클래플린 자매, 우드헐 남편의 진술서까지 공개하며 고소가 실제로 이루어졌음을 증명했다. 클래플린 여사의 선서 진술서에 적힌 한 줄은 우드헐을 영원한 고통으로 몰아넣었다. '딸 빅토리아 우드헐의 전남편 캐닝 우드헐도 함께 거주 중.' 진술서에 딸 우드헐과 4월 말까지 머리힐에서 함께 살았다는 사실을 적으며 한 가지 결정적인 증거를 더 제공한 것이다. 19세기 미국에서는 평범하지 않은 직업을 가진 유명한 여성이 정치 권력을 탐낸다는 사실 자체가 손가락질 받을 일이었다. 기사에 따르면 우드헐은 두 남자와 난잡한 집에서 같이 살았다. 바로 현 남편과 전남편이었다.[54]

우드헐은 사건을 무마해보려고 기자들을 브로드 가의 사무실로 초대해 부도덕한 행동에 대한 의혹을 부인했다. '악의적이고 저질스러운 허위 기사'를 싣는 신문사를 고소하겠다고 협박하기도 했다. 어머니 클래플린 여사가 '고령이고 정신력이 약해' 고소하리고 부추기는 사람들의 꼬임에 넘어갔다고 주장했다. '자신과 여동생을 협박하는 작자들'이라면서. 하지만 쏟아지는 기사를 막을 순 없었다. 『시카고 리퍼블리컨』은 우드헐을 뒷조사해 과거를 폭로했다. 기사 제목은 '우드헐 클래플린 가족. 미래 대통령의 어머니, 뒤얽힌 결혼관계에서 딸을 구하려 애쓰다'였다. 소문은 소문을 낳았다. 우드헐 자매가 과거에 엇나간 삶을 살았고 상류사회에 발을 들이지 못했다는 이야기였다. 그리고 스캔들과 끝없는 뒷조사로 먼 과거의 일까지 들춰냈다.[55]

참정권 운동가들의 불안감은 커져만 갔다. 이미 우드헐과의 관계를 걱정하고 있던 그들은 이 사건으로 마음이 더 복잡해졌다. 스탠턴과 이저벨라 비처 후커는 의리를 지켰지만 우드헐을 둘러싼 기류가 심상치 않음을 눈치 챘다. 후커는 1871년 3월 클래플린 여사가 사위 블러드 대령을 고소하기 전에 이미 소문을 듣고 놀라서 진상을 알아보고 있었다. 처음 이야기해준 사람은 친오빠이자 두루 존경받는 교회 목사 헨리 워드 비처였다. 한 교인에게 우드헐이 유명한 남성들과 부적절한 관계를 맺는다는 소문을 들었다는 것이다. 후커는 그 소문이 사실이라는 증거가 없는지 확인하려고 했다. 하지만 엘리자베스 케이디 스탠턴에게는 우드헐 자매의 뒷조사를 했다고 넌지시 말했다.[56]

스탠턴은 못마땅해하며 우드헐에게 사생활과 자율성을 보호받고 존중받을 권리가 있다며 힘껏 옹호했다. 1871년 4월 1일, 사회개혁 운동가 루크리셔 모트에게 보낸 편지에 이렇게 적었다. "우드헐과 그녀를 둘러싼 소문에 대해서 (…) 생각을 많이 해봤는데, 누가 됐든 우드헐의 뒤를 캐는 건 정말 무례한 일이에요. 세상 사람들이 우리 과거를 캐고 우리 사생활이나 있지도 않은 이야기에 관심을 갖는다고 생각해보세요. 기분이 어떻겠어요? 개인의 경험은 신성하며 그걸 함부로 조사하거나 폭로하는 일은 불경해요." 스탠턴은 우드헐에 대해 "이 시대의 가장 유능한 연설가이자 저자로 우리 앞에 서 있다……. 그녀의 얼굴은 사람들의 생각을 바꾸고 대화를 이끌어낸다. 즉, 도덕과 이성과 정신이 우드헐의 본성 속에 있는 감각을 이긴다. 또 교육과정과 출신은 보잘것없어 보일지라도 업적은 무시할 수 없다"고 주장했다. 나아가 출신이 미천한 사람들이 "온갖 사회적 타락과 가난, 비행, 범죄, 온갖 유혹'을 물리치고 다른 모든 사람을 앞서갈 때 이는 실제로 고귀하며 도덕적인 사람이라는 확실한 증거다"라고 이야기했다.[57]

스탠턴과 앤서니 둘 다 우드헐을 헐뜯는 행동은 여성들이 서로 등을 돌리는 대표적인 사례이며, 결국 여성들이 받는 억압을 지속하는 계기만 될 뿐이라는 사실을 알았다. "여성들은 육체적 순결을 놓고 지금처럼 감정적이며 위선적으로 떠들어대는 행동에 충분히 희생당했습니다. 남성들이 우리를 분열시키고 정복할 때 쓰는 가장 효과적인 무기죠. 민심을 조작해 교수대를 만들고 우리 손으로 같은 여성을 교수형에 처하게 합니다. 우리는 서로에게 그 어느 때보다 더 잔인해지죠." 스탠턴은 애통해했다. 앤서니는 참정권 운동을 함께 하는 친구와 동료들에게 똑 부러지게 이야기했다. "우리 여성들이 여성 참정권 운동을 위해 영향력과 지성과 자금을 제공하는 사람의 '개인 기록 및 과거를 뒤지기 시작하면' 남자들과 일하게 될 겁니다." 스탠턴 역시 같은 이야기를 다시 언급하며 편지를 끝맺었다. "빅토리아 우드헐이 십자가에 못 박혀야 한다면 남자들한테 대못을 박고 가시 면류관을 만들게 합시다."[58]

대못을 박는 시간은 오래 걸리지 않았다. 5월 11일, 우드헐이 참정권 대회에서 연설하기로 한 날 『신시내티 커머셜 트리뷴』은 며칠 뒤 우드헐에게 일어날 일을 정확히 예측했다. "최근 뉴욕에서 결혼생활과 부부관계에 대한 놀라운 사실이 폭로되면서 여성 주식 중개인이자 참정권 운동가인 빅토리아 우드헐, 즉 자기 지명 대통령 후보가 대선 출마에 치명타를 입을까 우려된다. 물론 증권 중개업과 여성 인권 운동가로서의 영향력도 위태롭다." 실제로 기사의 예측은 모두 들어맞았다. 기자는 이렇게 질문했다. "여성들에게 투표권이 생긴다 해도 과연 행실과 평판이 의심스러운 여성 후보에게 표를 던질까? 남자들은 경우에 따라 품행에 다소 문제가 있는 후보에게 투표하겠지만 여자들이 그런다면 자기 얼굴에 먹칠을 하는 일일지도 모른다. 여성 정치 후보자들은 고통스러운 시험대를 거쳐야겠지만 굴하지 말아야 한다"고 주장했다.

품성이 도마에 오르면 우드헐의 모든 업적이 무용지물이 되기 때문이었다. "여성이 대통령 후보가 되려면 대의를 좇을 주간신문을 만드는 것만으로는 부족하다. '범세계적' 공약을 내거는 것만으로는 부족하다. 온갖 도덕, 정치, 과학개혁의 운동가가 되는 것만으로는 부족하다. 정치 기술과 입법 원칙에 대한 책을 쓰는 것만으로는 부족하다. 우선 본인이 예의범절의 본보기가 되어야 한다. 그래야 이 나라 여성들의 표를 얻어 정치적 야망을 이룰 수 있다." 1871년, 대선을 1년 앞둔 시점에 우드헐이 그런 후보가 되기에는 너무 늦었다. 어머니가 사위를 고소하고 가정사를 폭로한 지 일주일 만에 공인으로서 우드헐의 삶은 끝났다는 기사가 전국 신문을 도배했다. "딱 걸렸다."『애틀랜타 컨스티튜션』의 헤드라인이었다. "세계당은 끝장났고 우드헐과 클래플린은 불명예를 안았다."[59]

비난이 빗발치는 상황에서도 우드헐은 물러서지 않았다. 새로운 정당 결성에 계속해서 몰두하고 5월 11일 참정권 대회에서 정견을 발표했다. 대회에 참석한 사람들에게 공화당과 민주당을 지지하지 말라고 부탁했다. 두 당이 끝내 여성을 당원으로 받지 않았기 때문이다. 1871년 여름, 우드헐은 직접 창당을 도운 평등권당의 대통령 후보 지명을 수락했다. 노동자, 심령술사, 여성 인권 운동가, 개혁가들과 연대해 대통령 선거에 출마하기로 결심했다. 1871년 가을부터 겨울까지 강연을 하고 청중을 모으며 끝내 오지 않을 혁명을 외쳤다.

동시에 우드헐은 선제 공격에 나섰다. 치명적인 선택이었다. 그 선택으로 그동안 이룬 모든 것이 결딴났다. 1871년 5월 말, 『뉴욕 타임스』에 편지를 보내 현 남편, 전남편과 한집에서 살았던 이유에 대해 해명했다. 자신과 남편 블러드는 전남편 캐닝 우드헐이 병에 걸려 집으로 데려왔다고 했다. 부도덕해서가 아니라 연민에서 나온 행동이었다. "제 인생에서 가장 도덕적인 행동이었다고 자부합니다. 하지만 많은 기자가 저를 부도덕하고 부정한 여자의 표본으로 낙인찍었습니다." 자신의 '견해와 원칙'에 대한 비난은 받아들일 수 있지만, '자칭 재판관과 비평가들'의 위선은 참을 수 없으며 정작 그들이야말로 '뼛속까지 악으로 물들었다고 말했다. 그리고 인정할 부분은 기꺼이 인정했다. "저는 자유연애를 지지합니다. (…) 부도덕의 유일한 해결책이니까요. (…) 부도덕한 행실 때문에 남자들은 타락했고 결혼생활을 깨뜨렸습니다." 이처럼 대담하고 사회를 거스르는 태도가 우드헐의 이미지가 됐고, 그 이미지는 얼마 안 가 대선 행보에 그늘을 드리웠다.

우드헐은 멈추지 않았다. 부당한 여론의 비난에 격분해 자신을 판결하는 '재판관'들에게 신랄하게 응수했다. "앞에서는 자유연애를 비판하는 사람들이 뒤에서는 몰래 즐긴다"고 주장했다. '잘 알려진 대중의 멘토'를 거론하면서 그가 또 다른 유명인의 아내와 내연관계라고 폭로했다. 뒷날 『위클리』에서 그의 실명을 공개했는데 당시 가장 영향력 있던 개신교 목사 헨리 워드 비처_{앞에 나온 참정권 운동가 이저벨라 비처 후커의 친오빠}였다. 내연관계라고 알려진 여성은 엘리자베스 틸턴으로, 그녀의 남편은 비처 목사와 우드헐 둘 다를 아는 친구였다.

우드헐이 비처 목사를 비난하면서 세기의 섹스 스캔들이 터졌고, 오랜 시간 세간의 주목을 끌었던 이 사건은 3년 뒤 19세기의 가장 흥미진진한 재판으로 이어졌다. 내연녀의 남편 시어도어 틸턴이 1874년 아내와 자기 사이를 갈라놓았다며 비처 목사를 고소하자 언론은 재판의 전 과정을 낱낱이 보도했다. 우드헐의 끝은 훨씬 더 빨리 찾아왔다. 풍기문란 죄로 고발당한 것이다. 『위클리』에 비처 목사의 몰지각한 행동을 보도한 지 며칠 만이었다. 1872년 대통령 선거일, 미국 대통령에 도전한 최초의 여성은 감옥에 있었다.[60]

제2장
마거릿
체이스
스미스

MARGARET
CHASE
SMITH
1964

"공화당의 매력적인 얼굴"

———

1963년 11월 중순, 텍사스 주 댈러스로 선거 유세를 갔다가 죽음을 맞기 일주일 전 존 F. 케네디는 대통령 임기 마지막 기자회견을 열었다. 그날 받은 질문 가운데는 다가오는 1964년 대통령 선거에 대한 이야기도 있었다. "마거릿 체이스 스미스가 입후보할 가능성이 있는지, 그렇게 되면 뉴햄프셔 예비선거에 구체적으로 어떤 영향을 미칠지 한 말씀 해주시겠습니까?" 한 기자가 물었다. 대부분 남성이었던 기자단이 술렁거렸다. 여성이 대통령에 입후보한다니, 그 자리에 있던 대다수 기자가 듣기에는 터무니없는 말 같았다. 하지만 케네디는 대답할 준비가 되어 있었다. 메인 주 3선 공화당 상원의원인 마거릿 체이스 스미스가 대통령 선거에 나설지도 모른다는 소문은 8월부터 돌았다. 실제로 극보수 언론이자 케네디 정부를 탐탁지 않아 하던 『댈러스 모닝 뉴스』는 8

월 말부터 9월까지 스미스의 출마를 반기는 기사를 대대적으로 실었다. 바로 이 신문사의 기자가 '빈틈없다고 알려진 메인 주의 공화당 상원의원 마거릿 체이스 스미스'가 '1964년 대선의 다크호스'가 될 거라고 보는지 질문했던 것이다. 케네디는 점잖게 받아쳤다. "제가 공화당 후보라면 뉴햄프셔 예비선거에서, 아니면 대선 경쟁 후보로 마거릿 체이스 스미스 의원과 만나지 않기를 바랄 겁니다." 기자들이 웃음을 터뜨렸다. "스미스 의원은 위협적인 강적입니다. 우아한 숙녀 분께 어울리는 말일지 모르겠습니다만, 아주 위협적인 정치인입니다."[1]

며칠 뒤 『보스턴 글로브』의 워싱턴 통신원 로버트 힐리가 전보로 송고한 기사에서 동료 기자들에게 일침을 날렸다. "스미스 상원의원의 입후보, 웃을 일이 아니다." 기사의 헤드라인이었다. 힐리는 케네디 대통령의 '위협적'이라는 평가를 언급했다. 힐리의 말에 따르면 스미스 의원의 입후보 가능성은 공화당 유력 후보인 넬슨 록펠러와 배리 골드워터를 긴장하게 만들었고, 두 사람 다 '여자와 대통령 후보 지명을 겨룬다는 생각'을 비웃지 않았다. 그렇다고 스미스 의원의 출신 주인 메인 바로 옆 뉴햄프셔에서 맞붙는다는 사실을 반기지도 않았다. 사실 스미스야말로 예측하기도, 손쓰기도 힘든 '진정한 무소속' 의원이었다. 마거릿 스미스는 오랜 시간 상하원에서 의정활동을 하면서 당 지도부를 거듭 실망시켰다. 또 표결 기록을 살펴보면 1940년 하원에 들어와서 상원까지 24년간 일하면서 정치적 신념이 돌연 진보에서 보수로 바뀌었다. "스미스가 우리에게 찬성표를 던진다면 그건 우연입니다." 상원에서 함께 일한 한 공화당 의원이 말했다.

스미스가 이룬 수많은 '최초'는 스미스의 업적과 고립을 동시에 보여준다. 그 기반을 바탕으로 알려진 바대로 홀로 설 수 있었을 것이다. 여성 최초로 혼자 힘으로 상원의원이 된 스미스는 역시 여성 최초로 상하원 의원을 모두 지냈다. 스미스가 처음 의원에 당선됐을 때는 상하원에 여성 의원이 거의 없었다. 1940년 하원에 들어갔을 때는 여성 의원이 손에 꼽을 정도였고, 1949년 상원에 들어갔을 때는 여성 의원이 단 한 명도 없었다. 스미스는 (보궐선거나 임명이 아니라) 총선에서 승리하면서 1960년대까지 유일한 여성 상원의원으로 남았다. 메인 주 유권자들은 이런 사실에 개의치 않아 하는 듯했다. 스미스를 연이어 당선시켜 워싱턴으로 보냈으니까. 덕분에 스미스는 20세기 여성 중 가장 오랜 기간 상원의원을 지냈다.[2]

1963년에 이르기까지 스미스는 총 4명의 대통령을 거쳤다. 루스벨트, 트루먼, 아이젠하워를 거쳐 이번에는 같은 뉴잉글랜드메인, 뉴햄프셔, 버몬트, 매사추세츠, 로드아일랜드, 코네티컷 6개 주를 포함하는 미 동북부 지역 출신 대통령 존 F. 케네디였다. 가끔 대통령들과 언쟁을 벌일 때도 있었다. 케네디 행정부에게는 눈엣가시 같은 존재였을 것이다. 그해 8월, 스미스는 핵실험 금지조약에 반대표를 던졌다. 케네디 대통령이 본인의 중요한 업적으로 꼽는 일이었다. 두 사람은 상하원 의원생활을 같이 하며 거의 20년을 알고 지낸 사이였다. 한때는 뉴잉글랜드 대표 연방 의원을 함께 지내기도 했다. 그럼에도 "케네디 각하가 '대통령'이 되었는데도 불구하고 스미스

의원에게 휴회에 찬성표를 던지라고 설득할 수 없었습니다". 케네디 대통령의 보좌관 리처드 도나휴가 훗날 이야기했다.[3]

스미스는 자신의 용기와 자립을 타고난 권리라고 생각했다. 메인 주의 바위투성이 해안선과 소나무, 조용한 마을, 성실한 노동자들만큼이나 타고난 본질이라고 믿었다. 하지만 스미스의 자립심은 어떤 면에서는 그녀가 미국 정치계에서 성공한 방식과는 달랐다. 스미스는 죽는 순간까지 자신의 정치 경력을 일종의 신비한 '운명' 덕분이라고 생각했다. 100년 전 영혼의 인도로 정계에 입문했다는 빅토리아 우드헐의 주장만큼 설득력이 있진 않았다. "운명이 그렇게 이끈 것이지 저는 별로 한 일이 없습니다." 스미스는 나이 아흔을 앞두고 이렇게 말했다. 실제로 스미스는 동세대의 여성들에게 가장 흔하면서도 여전히 드문 방식으로 상원의원이 됐다. 바로 남편을 통해서였다.[4]

마거릿 체이스가 클라이드 스미스와 결혼하지 않았더라면 결코 그런 자리에 오르시 못했을 것이다. 조지 체이스와 캐리 체이스의 여섯 아이 중 첫째로 태어난 마거릿은 메인 주의 스코히건이라는 작은 공업 도시에서 자랐다. 도시 옆으로는 케네벡 강이 흘렀다. 양모, 벌목, 목재 펄프 덕분에 스코히건은 공업 도시로 성장했고, 20세기 초 마거릿이 성인이 될 때까지 번성했다. 한편 마거릿의 가족은 그렇지 못했다. 아버지는 수입이 변변찮은 이발사로, 술에 찌들어 지냈다. 아버지가 취했을 때는 거칠며 무서웠다고 마거릿은 회고했다. 반면 어머니는 성자 같은 사람이었다. 어머니의 초상화는 마거릿이 죽는 순간까지 침대 위에 걸려 있었다. 아이들에게 헌신적이었고 대단히 근면했다. 공장 직원, 웨이트리스, 매장 직원, 세탁부 등 온갖 일을 다 하며 가족을 먹여 살렸다. 체이스 집안은 바람 잘 날이 없었다. 마거릿이 열 살도 되기 전에 어린 남동생 둘이 병으로 죽었다. 그런 슬픔 속에서도 열심히 어머니를 도왔다. 열세 살이 되면서는 학교를 마친 뒤 유급으로 일을 하기 시작했다. 일찌감치 책임감, 추진력, 야망의 싹이 보였다. 하지만 마거릿은 공부에는 별 관심이 없었다. 스코히건 고등학교에서는 운동에 관심을 갖기 시작해 여자 야구팀 선수로 활약했다. 공부는 타자, 속기, 부기를 중점적으로 했고, 당시 사람을 많이 구하던 비서직으로 눈을 돌렸다. 여자들에게는 신분 상승의 중요한 통로였다.[5]

고등학교를 다니는 동안에는 야간에 메인 전화국에서 시간제 전화 교환수로 일했다. 묘기를 부리는 전화 교환대가 좋았다. 전국의 교환수에게 전화를 돌리며 스코히건에 사는 사람들의 이야기를 엿들을 수 있게 해줬으니까. 그것도 원하는 만큼 실컷. 전화국에서 일하는 동안 클라이드 스미스를 알게 됐다. 고등학교를 졸업하기 전이었다. 들리는 소문에 따르면 클라이드가 전화 교환수에게 전화를 걸어 야간 업무에 대해 이것저것 물었다고 한다. 물론 스미스가 받는 경우에 한해서. 마거릿의 어머니 또래, 그러니까 거의 마흔이 다 된 이혼남이었던 클라이드는 당시 성공한 사업가로 스코히건의 도시 행정위원이었다. 한량처럼 살며 정치와 매력적인 젊은 여성들에게 관심이 많았던 클라이드는 마거릿에게 큰 관심을 보였고, 마거릿 역시 이를 마다하지 않았다.[6]

두 사람은 처음 만나고부터 거의 15년 동안 결혼을 하지 않았지만, 1920년대부터 관계를 이어온 것은 확실하다. 남아 있는 자료로는 두 사람의 진짜 관계를 알기 힘들다. 훗날 이 시기에 대해 묻자 마거릿 체이스 스미스는 15년간 언제나 '연애 중'이지는 않았다고 답했다. 확실히 마거릿이 클라이드 스미스의 유일한 여자는 아니었다. 마거릿은 두 사람의 관계에 대한 불안한 심경을 1920년 일기장에 적어뒀다. 당시 스물두 살이었던 마거릿은 클라이드에 대한 집착에서 벗어나지도, 클라이드가 자신이 그토록 원하던 변함없는 사랑과 우정을 주리라 확신하지도 못했다. 좋은 집과 결혼, 2세를 얼마나 간절히 원하는지 고백도 해봤다. 심지어 다른 구혼자들의 청혼을 거절하기도 했다. 마거릿은 클라이드의 머릿속을 이해하려고 애썼다. 특히 그의 이중성은 참기 힘들었다. 마거릿은 일화 하나를 들려줬다. "한번은 클라이드가 두 번 전화를 건 적이 있어요. 다음 날 보스턴에 간다면서요. 꼭 가야 하느냐고 물었죠. 가기 싫다면서 두 번이나 가는 게 좀 이상했거든요. 기분이 별로 좋지 않았죠. 하지만 제 기분이 대수였겠어요?" 1920년 겨울, 마거릿은 밤마다 클라이드의 전화를 기다렸고 정작 전화가 오면 토라지기 일쑤였다. "밤새 일을 한다는 거예요. 그 말을 믿으라고요? 그 사람이 하는 말이 사실인지 아닌지 알 수 없었어요." 또 다른 일화도 있었다. 한번은 클라이드가 마거릿한테 들르지 않고 집에 가겠다고 했다. 사실인지 확인해봐야겠다고 생각했지만 "너무 귀찮아서 알아보지 않았어요". "저랑 비슷한 사람이 정말 그리웠습니다. 저는 괜찮은 사람이 되고 싶었어요. 어머니는 제가 제 자신은 물론 모든 사람을 너무 싫어한다고 했죠. 그 말에 동의해요." 마거릿 스미스가 애통해하며 말했다. 클라이드에 대해서는 "사람들은 우리가 어떤 관계인지 잘 몰라요. 저도 잘 모르겠는데요, 뭐"라고 말했다. 평소에는 "그가 없어져버렸으면 했다고, 모든 게 지긋지긋했어요"라고 고백했다.[7]

그런 고민으로 밤늦게까지 잠을 못 이루는 동안 일에 파묻혀 지냈다. 마거릿은 특히 생활력과 저축능력에 자부심이 있었다. "쉬는 날도 없이 늘 일을 했어요." 추운 원룸 스쿨_{한 명의 교사가 전}

_{학년을 가르치는 학교로, 마거릿 체이스 스미스는 원룸 스쿨에서 잠시 교사생활을 했다} 사택에서 우울한 가을과 겨울을 보내고 1916년 고등학교 졸업식을 마친 뒤로는 영영 교직을 떠났다. 그리고 나서는 여러 직업을 전전했는데, 어떻게 보면 모든 일이 앞날의 밑거름이 되었다. 학교 사택을 나온 뒤 월급을 더 많이 주는 전화 회사의 사무직으로 취직했다. 그리고 2년 뒤, 스코히건의 주간신문사『인디펜던트-리포터』의 편집장 겸 발행인과 채용 계약을 맺었다. 온갖 잡무를 도맡아 하는 여사원으로 시작해 승승장구한 끝에 보급부장 자리까지 올랐다. 1928년까지 신문사에서 일하다가 윌러드 커밍스라는 스코히건의 방직 공장 사장에게 사무장 자리를 제안받고 회사를 옮겼다. 스미스는 마지막 순간까지 공장 근로자들에게 쥐꼬리만 한 급료를 나눠주던 일을 기억했다. 그 공장의 직공들은 살인적인 환경에서 힘들게 일한 대가로 시간당 25센트 남짓한 돈을 벌었다.[8]

마거릿 체이스가 1920년대에 여성 클럽에서 활발하게 활동한 경험은 나중에 정치에 입문해서도 이어졌다. 자신의 사회불안장애에 대한 해결책이기도 했을 것이다. 스미스가 특히 아끼던 두 여성 클럽, 서로시스Sorosis와 메인 주 기업인및전문직여성클럽총연맹BPW은 전국 여성클럽 연맹에 소속되어 있었다. 참정권 단체가 등장하기 전에는 이러한 여성 단체가 앞장서서 여성들이 시민생활에 적극적으로 참여하고 공공 정책에 목소리를 내도록 하는 역할을 했다. 그리고 1920년 여성에게 투표권이 생긴 이후에도 중요한 정치 참여 방식으로 남았다. 한편 더 실질적인 혜택도 제공했다. 마음 맞는 여성끼리의 교제가 그중 하나였다. 이를테면 스코히건 지역 BPW 클럽은 시내에 모임 공간을 만들어 여성들이 점심과 저녁 시간에 만나 어울릴 수 있는 장을 마련했다. 스미스를 포함해 젊은 여성 회원들은 이런 클럽을 이끄는 성공한 여성 리더들에게 매료됐다. 전국 BPW 회장 리나 필립스 매디슨이 메인 주 포틀랜드의 대회에서 한 연설을 들은 일은 젊은 마거릿 체이스에게는 가슴 벅찬 경험이었다. 스미스는 매디슨을 다음과 같이 기억했다. "아주 유명한 젊은 변호사였고, 정말 매력적인 젊은 여성이었어요. (…) 연설을 듣고 한눈에 반해서 매디슨이라는 사람이 정말 궁금해졌죠. 집에 돌아와서 스코히건 정도의 규모면 클럽을 만들 수 있겠다고 생각했어요."

마거릿은 여성 클럽 내에서 단기간 내에 주목을 받았다. 그만큼 열정이 넘쳤다. 1920년 스코히건의 서로시스 지부에 가입한 지 2년 만에 지부장이 됐다. 1925년에는 BPW 메인 지부의 회장을 맡았다. 전국을 다니며 BPW의 지부들을 방문했고, 메인 주 총연맹 잡지 『파인 콘』의 편집자로 일하기도 했다. 전국 대회에 참여하고 주와 지방의 장을 맡은 덕분에 많은 여성 운동가와 지속적인 유대관계를 맺을 수 있었다. 이들은 훗날 스미스가 정치에 입문할 때 소중한 자산이 되었다.[9]

하지만 정작 클라이드 스미스가 마거릿에 앞서 선거에 도전했다. 실제로 클라이드는 마거릿이 태어나기 전인 스물한 살에 메인 주 의회 의원에 당선된 바 있었다. 두 번 연임한 뒤 정치계를 떠나 다른 일을 시작했지만 결코 정치인의 꿈을 접지 않았다. 결국 스코히건 행정위원이 된 뒤 거듭 공직에 도전했고, 이어서 메인 주 의회 하원의원(1919~1923), 메인 주 의회 상원의원(1923~1929)을 지냈다. 1920년대 후반에는 마거릿 역시 지방과 카운티의 공화당 활동에 적극적으로 참여했다. 시작은 스코히건 공화당 위원회였다. 그곳에서 비서로 일하다가 2년 뒤 공화당 카운티 조직에서 비슷한 일을 했다. 거기서 윌러드 커밍스가 운영하는 방직 공장 일을 시작하면서 주 차원의 정당정치에 몸담게 됐다. 공장주 윌러드 커밍스가 마거릿에게 입문을 권했다(마거릿 입장에서는 '요구였겠지만). 메인 주 공화당의 실세였던 커밍스는 공화당 메인 주 위원회를 자기 사람들로 채우려 했고, 거기에 마거릿까지 동원했다. 그렇게 마거릿은 공화당 메인 주 위원회 후보로 출마하게 됐고, 1930년 생애 첫 선거에서 당선됐다. 당시 클라이드 스미스는 메인 주 주지사 자리를 노리고 있었다. 주지사의 꿈을 이루지는 못했지만, 이를 계기로 1930년 봄 마침내 마거릿과 결혼했다. 그

때 마거릿은 서른두 살이었고, 스미스는 쉰세 살로 건강에 이미 이상이 있었다. 결혼한 해 여름에는 '신경' 질환으로 치료를 받았고, 2년 뒤에는 심장마비가 왔다. 하지만 그 후에도 오랫동안 공직의 꿈을 버리지 않았고, 1936년 아내 마거릿이 힘껏 지원한 덕분에 미국 하원의원 선거에서 승리했다.[10]

1936년 선거활동을 하는 동안 경쟁 후보가 클라이드 스미스의 외도에 관한 소문을 퍼뜨렸다. 증거는 충분해 보였다. 스미스의 수많은 여자관계에 더해 스코히건 공장에서 일하는 한 여공의 어린 딸이 스미스의 자식이라는 말이 돌았다. 아이의 출생일은 1930년, 마거릿과 클라이드가 결혼한 지 불과 넉 달 뒤였다. (아이의 출산일이 임박한 것도 스미스가 결혼을 서두른 이유였을 것이다. 물론 아이 엄마가 신부는 아니었다.) 클라이드 스미스는 여자관계나 딸에 대한 소문을 공식적으로 인정한 적이 없다. 마거릿이 1930년대에 남편에게 아이가 있다는 사실을 알았는지 하는 점 역시 확인할 길이 없다. 남편이 어떤 사람인지 알고 있었기에 놀라지는 않았지만 상처를 입고 당혹스러워 했다. "그 사람은 저를 숱하게 상처 입혔어요. 여자를 좋아했고 여자들도 그 사람을 쫓아다녔죠. 어느 정도는 체념했어요." 마거릿 체이스는 나이 아흔이 넘어 역사학자 재닛 셔먼에게 심정을 털어놨다. 두 사람의 결혼은 '깊은 사랑'이라기보다는 '사업 계약'과 같았다고 했다. 50년도 더 지나서 한 말이 결혼생활에 대한 마거릿 스미스의 본심이었는지는 알기 힘들다. 확실히 두 사람은 영원한 파트너 관계를 맺었고 얼마 안 가 시험대에 올랐다. 워싱턴행은 마거릿에게

쉽지 않은 선택이었다. 단 한 번도 메인 주를 벗어나 산 적이 없었기에 워싱턴에서 만나는 사람들 틈에서 주눅이 들었다. 보잘것없는 집안과 짧은 가방끈이 신경 쓰였다. 하지만 이내 극복했다. 어느 정도는 남편의 사무실 일에 집중한 까닭이었다. (마거릿이 고집해서) 월급을 받으며 의원 사무실에서 일하면서 그녀는 남편의 비서로서 온갖 잡무를 도맡았다.[11]

클라이드 스미스는 진보 성향의 정치인이었다. 메인 주 의회에서 일하는 동안 미성년 노동 규제, 노령연금 지급, 노동자 재해 보상을 지지했다. 연방 의회에서도 그 입장을 고수했다. 1930년대 말에는 뉴딜 입법 전쟁이라는 모래톱을 건너기 위해 메인 주 노조 근로자들과 업계 유력 기업들 사이에 빈번하게 일어났던 갈등 문제를 해결했다. 그 사이 건강은 계속 악화됐고, 첫 임기 중 심각한 심장마비를 일으켰다. 사실 스미스는 중증 매독까지 앓고 있었다. 매독 진단은 1938년 말에 받은 것이지만 치료하지 않고 방치한 게 문제였다. 항생제가 개발되기 전이라 이 전염성 성병은 최고의 의료 환경에서도 치료하기 어려웠고, 말기가 되면 환자를 피폐하게 만들 수 있는 병이었다. 수치심이 더해져 고통은 더욱 컸다. 남의 말 하는 것을 좋아하는 사람들 때문에 생기는 이 수치심을 스미스 말고도 많은 사람이 견뎌야 했다. 하지만 스미스의 진짜 병에 대한 이야기가 부부의 살아생전에 언론에 공개된 적은 없는 듯하다. 사실 스미스는 처음에 심장 질환이 있다는 사실조차 부정했다. 어떻게 피해간 것일까? 클라이드 스미스가 의원생활을 하던 시절에는 후보의 사생활을 사사건건 캐는 게 예의

에 어긋난다는 생각이 보편적이었다. 기자들도 마찬가지였다. 덕분에 소문 정도에서 그칠 수 있었다.[12]

비밀이 밝혀졌든 아니든 간에 마거릿의 일은 더 늘어났다. 그러다가 차츰 남편과 유권자들 사이에서 다리 노릇을 하게 됐다. 워싱턴과 메인을 정신없이 오가며 남편의 자리를 메웠다. 특히 1938년 스미스의 재선운동 기간에는 얼굴을 비칠 일이 더 많아졌다. 그녀는 공인으로서 자신감이 붙으면서 때로는 스미스의 대변자에 그치지 않고 반대 목소리를 내기도 했다. 이런 일이 가장 두드러진 시기는 1938년 10월, 케네벡 여성공화당클럽에서 연설할 때였다. 마거릿은 연설문을 작성하면서 자신의 연설 날짜가 해군의 날이라는 사실을 알게 됐다. 그렇게 해서 연설 주제는 애국심을 불러일으키는 해군의 날이 됐다.

남편 클라이드 스미스는 고립주의자로 국방비 지출 확대에 반대했지만 마거릿 스미스의 생각은 달랐다. 1938년 가을, 마거릿은 여성공화당클럽의 연설에서 그 점을 분명히 했다. 미국 군대의 전쟁 대비가 시급하다고 주장했던 것이다. 영국의 네빌 체임벌린 총리가 뮌헨 협정에서 히틀러에게 체코 땅을 양보하는 잘못된 유화 정책을 펼친 지 한 달 뒤, 마거릿 스미스는 미국이 거세지는 유럽의 폭풍을 피할 수 없다고 경고했다. 더불어 해군 군비의 확대를 주장했다. "해군 지원을 반대하는 사람들은 실제 공격이 해상에서 일어나리라는 사실을 내다보지 못하기 때문입니다. 해군의 발전은 반드시 필요한 자구책입니다." '평화를 유지하는 최선책이 전쟁 준비'라는 주장은 프랭클린 루스벨트의 생각이기도 했다. 물론 남편 클라이드 스미스의 견해와는 달랐다. 마거릿 스미스의 발언은 분명 국방비와 관련된 메인 주의 중요한 경제적 이해관계를 겨냥한 것이었다. 메인 주의 소도시 키터리에 포츠머스 해군 조선소가 있었다. 조선소 배스 아이언 웍스 역시 방위 계약을 맺으면서 많은 돈을 벌었다.[13]

한번은 '워싱턴에서 하원의원의 아내로 사는 일'을 주제로 연설을 부탁받은 마거릿 스미스가 주최 측이 예상한 방향에서 완전히 비켜난 이야기를 했다. 그렇다고 남편에게 정치적 피해를 입히지는 않았다. 그해 유권자들은 클라이드 스미스를 다시 의원으로 뽑았으니까. 하지만 1940년 봄, 클라이드 스미스는 죽어가고 있었다. 4월에는 '친구와 지지자들'에게 자신이 다가오는 예비선거나 본선거에 출마하지 못하면 '자기가 선택한 후보이자 아내이며 공직생활의 파트너인 마거릿 체이스 스미스'를 지지해달라고 독려하는 발언을 했다. "아내만큼 제 생각과 계획을 잘 알고, 자격을 갖춘 사람은 없습니다. 아내야말로 선거구에서 제 계획과 끝내지 못한 일을 이을 수 있는 적임자입니다." 이튿날 스미스는 세상을 떠났다.[14]

스미스 의원이 아내를 대신해 유권자들에게 요청한 까닭은 스미스 부부 둘 다 잘 알고 있던 '미망인 승계' 관례 때문이었다. (루스벨트 전 대통령의 딸 앨리스 루스벨트 롱위스는 이 관습에 대해 '관을 도약판으로' 이용한다는 다소 섬뜩한 말을 했다.) '미망인 승계'는 1920년 여성이 투표권을 얻은 뒤 생겼으며, 임기 중 의원이 사망하면 보궐선거를 통해 여성 배우자를 임명하거나 승진시켜 사망한 남편이나 남자 친척의 잔여 임기를 마치게 하는 관습이었다. 법으로 성문화하지는 않았지만 선출된 공직자와 소속 정당이 선호한 이 관습에는 감상주의와 현실성, 현실 정치가 뒤섞여 있었다. 미망인이 죽은 남편과 가까웠고, 남편의 정치적 신념을 잘 알고 있다면 최소한 겉으로나마 남편이 하던 일을 잇고 짧은 시간이나마 품위 있게 기념할 수 있었다. 1923년 죽은 남편의 임기를 채운 최초의 미망인 매 엘라 놀런은 이렇게 말했다. "제게는 남편이 하던 일을 이을 의무가 있어요……. 저만큼 남편의 입법 안건에 대해 잘 아는 사람은 없으니까요." 많은 사람이 그런 여자들은 정치적 야망 없이 자리만 채우다가 정당에서 적당한 남자 후임자를 찾으면 물러난다고 생각했다.

하지만 '미망인 승계'는 그 이름에 비해 좀 복잡한 것이었다. 이런 식으로 공직에 앉은 여성 대다수가 적극적으로 협조했지만 고양이 구멍으로 의사당에 들어온 여성이 전부 의회를 떠나고 싶어 하신 않았기 때문이다. 1931년 아칸소 주지사의 임명으로 별세한 남편의 자리에 앉은 상원의원 해티 캐러웨이는 14년 동안 자리를 지켰다. '조용한 해티'라는 별명으로 불린 캐러웨이는 상원의원으로 지낸 14년 동안 1년에 한 번꼴로 상원에서 발언을 했다. "남자 의원들에게서 1분도 떨어질 수 없었어요. 그 불쌍한 양반들이 그걸 좋아했거든요." 캐러웨이는 1944년 민주당 예비선거에서 제임스 윌리엄 풀브라이트에게 패배할 때까지 상원의원으로 재임했다. 그때 당선된 풀브라이트는 30년간 아칸소 주 상원의원을 지냈다. 그런 온갖 문제에도 불구하고 미망인 승계 관례 덕분에 몇

몇 여성은 양대 정당이 여성 후보들 앞에 쳐놓은 장애물을 피해 갈 수 있었다. 그때 생긴 길 덕분에 마거릿 체이스 스미스 역시 연방 정치에 뛰어들 수 있었다. 그렇더라도 마거릿 개인의 추진력과 야망이 운명적 우연이라는 결정적 기회를 만들어주었다.[15]

그 사실은 클라이드 스미스가 세상을 떠난 지 얼마 안 돼 여실히 드러났다. 스미스의 장례식 날, 메인 주지사가 그의 공석을 대신할 사람을 뽑기 위한 보궐선거 날짜를 정했다. 마거릿 체이스 스미스의 임명서는 남편이 마지막 숨을 거두기 전에 작성되었다. 이제 지지자들이 줄을 서고 메인 주 공화당 지도자들이 합류하는 일만 남았다. '미망인 승계' 전통이 승리했다. 특별 예비선거에서 형식적인 반대표가 딱 한 표 나왔고, 본선거에서는 반대표가 아예 없었다. 마거릿 스미스는 어려움 없이 남편의 의석을 물려받게 되었다. "스미스 부인, 워싱턴 입성." 신문사들이 메인 주 보궐선거 결과를 보도하면서 일제히 내건 헤드라인이었다. 『크리스천 사이언스 모니터』는 마거릿 스미스를 '대단히 매력적이고' '다재다능한' 여성으로 그리며 공화당 정치와 여성 클럽에서 쌓은 풍부한 경력을 언급했다. "혼자 힘으로 공직 후보의 기반을 탄탄히 다졌다." 호의적인 기사였다. "쾌활하고 매력적이다." 『보스턴 글로브』는 새로운 하원의원을 이렇게 부르며 다음과 같은 기사를 냈다. "메인 주, 스코히건에서 '방 서른 개짜리 집을 돌보던' 주부를 의회로 보내다. 마거릿 스미스는 '남성이 할 만한 일'을 해왔지만 '여성스러움도 간직'하고 있다…… 큰일을 여러 건 성사시켰지만 담배는 물론 술도 입에 대지 않는다." 마거릿 스미스는 남편의 업적을 조심스럽게 언급하며 '노년층 지원, 노동자 권익 개선, 전쟁 대비'를 비롯해 남편의 공약을 수행하겠다고 약속했다. 메인 주에서 두 번째로 큰 하원의원 선거구의 유권자들을 생각하면 승산 있는 공약들이었다. 유권자들 중에는 워터빌, 오번, 루이스턴, 오거스타 등 인구가 많은 도시의 노조에 가입한 공업 노동자들도 포함되어 있었다.[16]

마거릿 스미스에게는 승리를 자축할 시간이 없었다. 보궐선거로 주어진 임기는 6개월 남짓이었다. 사실 1940년 6월 예비선거에서는 공화당 의원 네 명과 맞붙어야 했다. 모두 남자였다. 의회에서 일을 인계받은 지 불과 일주일 뒤였다. 경선의 승자가 의회 정규 임기가 걸린 가을 총선에 출마할 예정이었다. 유럽에서 한창인 제2차 세계대전과 미국의 중립에 대한 논쟁이 이어지면서 스미스는 세계적 위기 상황에서 여성이 제대로 된 역할을 할 수 있을지 의심하는 사람들의 눈앞에 놓인 손쉬운 먹잇감이었다. 예비선기에 출마하는 공화딩 의원 존 G. 마셜은 네인 주가 여사에게 대표 자리를 맡기는 건 위험부담이 지나치게 크다고 주장했다. "손목 한번 까딱 흔들며 웃는다고 되는 일이 아닙니다." 마셜 의원의 주장에 관심이 쏠렸다. 『포틀랜드 선데이 텔레그램』의 칼럼니스트는 예비선거가 '능력'보다는 '성별' 다툼이 될 것 같다고 언급했다.[17]

그런 우려는 20세기 전쟁 상황에서 특히 여성 대통령 후보들을 힘들게 했다. 전통적으로 남녀의 고유한 능력에 대해 이야기할 때 남성은 힘과 공격성, 용기, 냉정함을 갖춘 타고난 전사이자 군사 전략가라는 점을 강조했다. 이러한 통념 때문에 여성이 군통수권자 역할을 잘해낼 수 있을지에 대한 의심은 더 커졌다. 여성 운동가는 곧 평화 운동가라는 역사적 인식 역시 이런 염려에 신빙성을 보탰다. 미국 공직자 중 가장 유명한 여성 몇 명이 평화주의자였으며, 그들은 여성에게 참정권을 부여해야 제1차 세계대전이 끝난다고 주장했다. 간단한 논리였다. 투표권이 생기면 천성적으로 전쟁을 싫어하는 여성들이 세계의 갈등에 대해 평화로운 해결책을 내놓을 것이라는 말이었다.

평화와자유를위한 국제여성연맹International League of Women for Peace and Freedom이 외치던 메시지였다. 이 연맹은 제1차 세계대전에 반대해 결성됐으며 회장은 제인 애덤스였다. 애덤스는 1931년 평화주의 활동의 공로를 인정받아 노벨 평화상을 받았다. (다음 회장직을 이어받은 에밀리 볼치 역시 노벨 평화상을 수상했다.) 최초로 공직에 선출된 여성 역시 확고한 평화주의자였다. 몬태나 주 공화당 의원 지넷 랭킨은 1917년부터 1919년, 그리고 1941년부터 1943년까지 두 차례 하원의원을 지냈다. 랭킨은 미국의 양차 세계대전 참전에 반대표를 던졌다. (또 진주만을 기습한 일본에 대해 선전포고를 결정하는 표결에서도 의회에서 유일하게 반대표를 던졌다.) 마거릿 스미스가 1940년 여름, 하원의원에 당선됐을 때 『뉴욕 헤럴드 트리뷴』은 "여성 하원의원 8명 중 5명이 고립주의자"라고 언급했다. 그 5명은 '한 번도 연합하지 않았지만' '프랑스가 함락된 뒤 진행한 인터뷰에서 미국이 유럽 전쟁제1차 세계대전에서 무사히 고립됐다'며 계속 그 입장을 고수해야 한다는 데 동의했다고 전했다. 신문은 의원들이 그런 입장을 보이는 이유는 여성으로서 도덕적 우월감을 지니고 있기 때문이 아니겠느냐고 지적하며 다소 악의적인 부제를 달았다. "이들 대부분이 아동 난민 수용을 반대한다." 덧붙여 다섯 의원 중 '유일한 금발'이 잉글랜드 아동의 망명을 반대한다는 점도 언급했다.[18]

『뉴욕 헤럴드 트리뷴』은 마거릿 체이스 스미스 역시 고립주의자로 봤지만, 스미스는 일찌감치 미국 외교 정책에 대해 완전히 다른 입장을 밝혔다. '여성스럽다'고 비난할 수 없는 입장이었다. 스미스는 남편의 의석에 앉은 순간부터 국방을 강화해야 한다고 목소리를 높였으며, 메인 주에 새로운 군사 시설을 유치하기 위해 공격적으로 움직였다. 1940년 6월, 생애 최초의 정식 예비선거 출마에서 '전쟁 준비'를 주요 공약으로 내세웠다. 1938년 해군의 날, 해군력 보강의 시급함을 강조했던 자신의 연설을 유권자들에게 다시 한번 언급했다. 주말마다 공장과 소도시, 소속 지구 내 선거구를 모두 돌며 선거 유세를 펼치는 동안 스미스는 메인 주 노동자들의 권익 증진과 안보 강화를 약속했다. 메인 주가 긴 해안선 및 캐나다와 인접한 위치, 영국과의 관계 때문에 나치의 잠재적 공격 대상이라는 점을 강조했다. "현재 독일의 지배하에 있는 그린란드가 메인 주에서 불과 2500킬로미터 거리에 있다는 점을 명심해야 합니다." 미국애국여성회 회원들 앞에서 한 연설에서는 이렇게 이야기했다. (이런 경고를 하면서도 청중에게 '과도한 흥분은 삼가고 솔선하여 용감하게 행동하라고 충고했다.) 『루이스턴 저널』은 스미스에게 '준비의 선지자'라는 별명을 붙여

줬다. 새로운 전쟁 무기, 해군 기지, 항공 기지, 군사 훈련의 필요성을 외치고 다녔기 때문이다. 마거릿 스미스는 "미국을 지키기 위해 (…) '즉각적이고 완벽한 준비'를 갖추는 것이 당연하다고 생각했다. 메인 주가 공화당의 재정 보수주의정부 지출과 부채 감소를 중시하는 경제 철학 원칙을 따른다는 점을 겨냥해 "국방에 지출하는 돈은 사치가 아닙니다. 전쟁에 대비한 보험입니다"라고 주장했다. 그녀는 미군이 '다른 나라의 전쟁에 참전하지' 않기를 바랐다. 전쟁 불참은 1940년 6월 미국 대선을 앞두고 루스벨트 대통령이 고수한 입장이기도 했다. 하지만 마거릿 스미스는 아무리 피하려고 노력해도 미국에 전쟁이 일어날 수 있다고 경고했다.[19]

재군비와 전시 체제를 주장했던 까닭에 여성 유권자들이 등을 돌렸지만 메인 주 지지율에서는 큰 변화가 없었다. 여성 클럽과 단체는 특정 당을 지지하지 않는다고 공언했지만, 회원들 상당수가 스미스의 선거활동에 적극 참여했다. 마거릿 스미스 역시 남녀를 불문하고 동료 공화당 의원들에게 지지를 호소했다. 오랫동안 메인 주 당무를 하며 친해진 사람들이었다. 그녀는 메인 주의 유권자들을 잘 알고 있었다. 오랜 시간 남편의 연락원 역할을 하면서 시민들의 문제를 직접 해결한 경험 덕분이었다. 예비선거에서 공화당 경쟁자 4명을 완파한 뒤 거침없이 나아가 가을 총선에서도 승리를 거뒀다. 남편이 두 차례의 선거에서 기록한 표 차보다 더 많은 차이로 이겼다. 어떻게 보면 생애의 가장 큰 시련을 겪는 와중에 어려운 일을 해낸 것이다. 그녀의 출마에 고무된 여성들이 움직여준 덕분이었다. 정작 마거릿 스미스 자신은 여성이라는 점을 모른 척하려고 애썼는데 말이다. 스미스는 남편을 묻은 뒤, 남편의 '입법활동'을 잇고 의원실을 이끌었다. 그리고 5개월 동안 두 번의 예비선거와 두 번의 본선거를 치렀다.[20]

그 와중에 스미스는 아마도 처음으로, 죽은 남편이 실제로 10년 전 태어난 아이의 아버지였고, 아이가 태어난 시점이 두 사람의 결혼 직후라는 사실을 받아들여야 했을 것이다. 1940년 7월, 마거릿 스미스는 클라이드 스미스의 재산 유언 집행자로 합의서에 서명을 했다. 합의서 내용에 따르면 마거릿 스미스는 스코히건의 한 변호사에게 남편의 딸이 열여덟 살이 될 때까지 매달 양육비 명목으로 일정 금액을 지급해야 했다. 남편이 아이 엄마와 구두로 한 약속을 공식화한 것인지, 아니면 나중에 요구해서 들어준 것인지는 확실치 않다. 어느 쪽이든 간에 합의서는 아이 엄마가 마거릿 스미스에게 직접 연락하는 것을 금했다. 1947년 마거릿이 상원의원 선거에 출마할 때 그런 합의서가 있다는 소문이 돌았지만 그다지 주목을 끌지는 않았다. 그녀가 남편의 배신을 어떻게 받아들였는지에 대해선 여전히 알기 어렵다. 나중에야 1940년은 '정말 힘든 해'였다고 고백했다.[21]

그럼에도 마거릿 스미스는 의회에서 남편의 입장을 고수했다. 클라이드 스미스의 뉴딜 노동 개혁 지지안을 반대했던 공화당 보수파의 유력 의원 한 명은 마거릿이 하고 싶어했던 노동 위원회 일을 못 하도록 방해했다. 하지만 그녀는 능숙하게 대처해 곧 다른 협력자를 찾아냈다. 그중에는 루스벨트 행정부의 내무부 장관 해럴드 이크스와 노동부 장관 프랜시스 퍼킨스도 있었는데, 둘 다 메인 주 해안에 주택을 보유하고 있었다. (사실 퍼킨스는 메인 주 유권자였다.) 메인 주 해안에서 휴가를 보내는 여느 부자들처럼 두 사람 역시 메인의 거친 해안과 조용한 마을, 동부 연안 특유의 분위기를 좋아했다. (루스벨트 대통령 가족도 메인 해안과 인접한 캐나다 뉴브런즈윅의 캄포벨로 섬에 오랫동안 여름 별장을 소유했었다.) 스미스와 두 장관은 메인 주의 많은 문제와 어려움도 알고 있었다. 첫 임기 초반에 스미스는 직접 이크스 장관을 찾아가 메인 주가 전쟁 중에도 난방용 기름과 가스를 공급받을 수 있게 해달라고 설득했다. 이크스는 스미스의 요청에 성심껏 응했다. 외교 정책에 대한 스미스의 입장을 잘 아는 다른 대표적인 뉴딜 정책 지지자들 역시 호의적이었다. 해군 장관 제임스 포레스털과 영향력 있는 재정가이자 루스벨트 대통령의 고문이었던 버나드 바루크40년간 대통령 경제 보좌관을 지낸 정치인도 있었다. 어쨌든 1941년의 상황은 스미스에게 유리하게 돌아갔다. 물론 영향력 있는 공화당 지도자들과 등을 지긴 했다. '상원 원내총무'이자 오하이오 주 상원의원 로버트 태프트가 대표적이었는데, 스미스가 프랭클린 루스벨트 대통령의 참전 결정에 찬성표를 던졌기 때문이다. 1941년 2월에 마거릿 스미스는 무기 대여 법안을 지지하며 미국이 영국을 원조하는 데 찬성했던 소수 공화당 의원 24명 중 하나였다. 국방비 지출을 늘리고 평화 시 징병제를 실시하는 법안에도 찬성표를 던졌다. 1941년 11월에는 메인 주 공화당 하원의원 3명 중 유일하게, 또 하원을 통틀어 22명의 공화당 의원 중 유일하게 1939년에 제정한 중립법Neutrality Act 해외 전쟁에 대한 미국의 참전과 무기 판매 등을 금지하는 법률 폐지에 찬성했다.

미국을 제2차 세계대전에 참전하게 만든 진주만 공습을 불과 몇 주 앞둔 때였다. 마거릿 스미스는 전쟁 대비를 주장한 선견지명으로 정치적 이득을 봤다. 메인 주 연방 의원 중 유일하게 한결같이 전쟁 대비를 주장했다. 실제로 11월 중순, 메인 주 공화당 의원 한 명이 동료 의원들에게 "공화당 의원들이 정부 정책을 건설적이지 못한 방식으로 무턱대고 비판해서 당의 무덤을 파고 있다. (…) 나라 꼴이 어떻게 되든 아랑곳하지 않고 정치 놀음만 하고 있다"며 경고했다. 마거릿 스미스는 그런 실수를 범하지 않았다. 공화당의 영향력 있는 고립주의자들 사이에서 입지를 잃었는지는 몰라도, 메인 주 유권자들의 신용을 얻어냈다. 당시 메인 주에서 가장 영향력 있는 신문사이자 확실한 공화당 지지 언론이었던 『개닛』은 마거릿 스미스의 애국심과 용기를 칭찬했다. 신문은 스미스 의원이 하원의원 중에서는 유일하게 메인 주가 '평화주의와 고립주의의 발싱지'가 아니라는 사실을 아는 것 같다고 언급했다.[22]

원칙을 지키는 스미스의 정치활동 방식은 존경을 샀지만, 훗날 대선 입후보를 좌절시키기도 했다. 이제껏 혼자 힘으로 걷다가 워싱턴 정치권력의 중심부로 들어가기 위해 마거릿 스미스는 자립심과 더불어 엄격한 업무 습관을 발휘했다. 의회의 전초 기지에서는 사무실 관리자로 일한 경험을 활용했다. 가치 체계를 세운 뒤 메인 주의 차가운 바다처럼 맑고 투명하게 지켜냈다. 선거 후원금을 일체 받지 않았고, 1달러짜리 지폐 한 장도 사정을 설명하는 편지와 함께 돌려보냈다. 마거릿은 선거 자금을 절약한다는 사실을 자랑스러워했다. 심지어 꼭 필요한 사무 비용도 아꼈다. 1964년 상원의원실 직원 한 명은 신문기자에게 이렇게 털어놓았다. "사무실에 건 개인 전화 비용을 전부 청구하는 사람도, 업체에서 종이 클립을 마음껏 사다 쓰는 사람도 없었어요. 납세자의 돈이었으니까요." 진심에서 한 말이었다. 메인 주 유권자들이 스미스를 의회로 보낸 이유는 자신들을 대표해 일하라는 것이지, 제 주머니를 채우거나 선거활동 자금을 정리하라는 뜻이 아니기 때문이라고 직원은 설명했다.

스미스 역시 자기 지역구의 유권자들을 잊은 적이 없는 듯했다. 의정만큼이나 유권자들의 문제에도 관심을 기울이고 신경썼다. 유권자들에게 편지가 오면 받은 그날 하나하나 답장을 보냈다. 지역 신문사에 이야기해 '워싱턴과 당신'이라는 제목의 칼럼을 연재하기도 했다. 칼럼은 매달 직접 작성했다. 의회에서 무슨 일을 하고 있는지를 알리기 위해서였다. 주말마다 메인 주로 돌아가 지역 행사에서 연설하고, 한 달에 한 번은 각 선거구를 방문했다. 동시에 의회 일도 처리하려고 애썼다. (상원에 있을 때는 3000번 연속 출석이라는 기록을 세우기도 했다.) 1942년과 1946년 재선에 출마했을 때 민주당 후보 중 누구도 마거릿 스미스를 이길 수 없었으며, 공화당 의원조차 당의 후보 지명을 막을 엄두를 내지 못했다. 그녀는 당 실세들이 베푸는 대가성 자리보다는 더 중요한 가치를 위해 일하는 사람들과 유대를 맺었다.[23]

하원에서는 견고한 위계와 복잡한 전통, 복잡한 위원회 승인

규칙으로 위상을 다지기가 더 힘들었다. 처음에는 중요도가 낮은 위원회에 배정받아 교육, 장애인 연금, 우체국과 우편물 수송 도로 관련 일을 했다. 그러다가 1943년 마침내 제일 욕심내던 해군특별위원회(훗날 군사위원회로 이름이 바뀌었다)로 배정됐다. 전시 상황이었음을 고려하면 요직이었다. 덕분에 군사와 외교 정책 분야에서 경험을 쌓을 수 있었다. 아이러니하게도, 남몰래 매독을 앓는 남편을 둔 그녀에게 처음 배정된 분과 위원회가 맡은 문제는 항구도시에 파견된 병사들의 성병이었다.

마거릿 스미스는 정치인으로서 일하는 동안 페미니스트이냐고 질문을 받으면 발끈했다. 하지만 양성평등 수정 조항Equal Rights Amendment, ERA에 계속해서 찬성표를 던지고, 1945년에는 헌법 수정안을 공동 발의하기도 했다. (양성평등 조항 수정 심의는 1920년 시작된 이후 의회의 연례 행사였다.) 페미니스트가 아니라고 부인한 이유는 페미니스트라는 꼬리표가 붙으면 여자라는 이유로 남자보다 어지 편을 든다는 느낌을 주기 때문이라고 했다. 또 여자라는 지위가 출세의 변수이거나 변수여야 한다는 말도 거북해했다. "저는 특혜를 요구한 적도, 받은 적도 없습니다." 하지만 이런 항변을 하는 와중에도 해군특별위원회에서 전쟁이 여성에게 미치는 피해를 해결하는 문제에 심혈을 기울였다.[24]

해군특별위원회가 군사 시설 및 방어 시설과 인접한 '인구 밀집 지역'을 조사하자 스미스의 우려는 현실로 드러났다. 그녀는 위원회 청문회에서 수사대가 매춘부들을 정기적으로 체포하는 바람에 구류된 여성들이 비참한 생활을 한다며 목소리를 높였다. 어떤 여성들은 어쩌다 그날 밤 거리에 나왔다가 감옥에 갇혔고, 또 다른 여성들은 실제로 매춘을 하다가 잡혀 들어갔다. 하지만 스미스는 여성 대다수가 경제적 어려움을 겪고 있었다는 점을 강조했다. 어떤 이유에서든 여성들은 끔찍한 대우를 받을 이유가 없다고 했다. 스미스는 열심히 동료들을 설득해 전쟁으로 성매매 일을 하게 된 여성들이 겪는 어려움에 눈을 돌리게 만들고자 애썼다. 높은 결근율로 비난받던 성매매 여성들은 의회 청문회에서 스미스와 노동부 장관 프랜시스 퍼킨스의 노련한 변호를 받았다. 두 사람은 주택, 보육 시설, 제대로 된 의료 서비스, 그리고 합리적인 노동 시간이 보장되지 않는 까닭에 여성들이 직장 일과 아내이자 엄마이며 주부 역할이라는 두 가지 짐을 힘들게 떠안는다는 점을 강조했다. 1943년 스미스는 다른 여성 의원들과 손잡고 이미 부족한 연방 보육 예산을 삭감하는 수정 법안의 통과를 막았다. 스미스가 1941년 의회에서 처음 발의한 법안은 방위 산업 종사자의 남녀 임금 차이를 균등화하는 법이었다. 1940년대에는 군대 내 여성의 지위에도 관심을 기울였다. 그리고 많은 반대 끝에 결국 육해군 간호사의 지위와 계급, 보수를 개선하는 법안을 통과시켰다.[25]

　해군특별위원회에서 일하는 동안 스미스의 개인사에도 큰 변화가 있었다. 평생 가장 가깝고도 오랫동안 함께할 사람을 만난 것이다. 의회 해군특별위원회 자문 대표 윌리엄 루이스 주니어(빌 주니어)였다. 마거릿 스미스 의원보다 열다섯 살 연하로, 제임스 포레스털 해군 장관의 보좌관을 지낸 루이스는 오클라호마 출신이었으며 치커소 인디언의 후손이었다. 31세의 해군 중위로, 하버드에서 MBA 과정을 이수하고 오클라호마 대학에서 법학을 전공했다. 스미스를 만날 당시에는 이미 의회 사정에 훤했다. 1930년대 후반에는 증권거래위원회 변호사로 일하기도 했다. 하지만 해군 예비군이었던 루이스는 전쟁이 나면서 행정직으로 전시 근무를 했다. 영리하고 자신감 넘치며 재력을 갖춘(일부는 가문의 돈) 루이스는 남자들뿐인 위원회에서 스미스가 얼마나 힘겨워하는지를 눈치 챘다. 이에 스미스 옆에 앉아 격려의 말을 건네기 시작하면서 그 후 몇 개월간 깊은 우정을 쌓았다.

오랜 시간 함께 일하고 위원회 일로 출장을 다니면서 독신이었던 두 남녀는 전쟁으로 감정이 고조된 가운데, 워싱턴 DC에서 정치에 대한 열정을 나누며 급속도로 가까워졌다. 결국 스미스는 워싱턴 외곽에 있는 루이스 부모님의 아파트로 이사를 들어갔다. 부모님은 두 분 다 변호사였고, 아들과 마찬가지로 스미스에게 따뜻한 관심을 보였다. 의회에서 스미스의 임기가 끝날 무렵 루이스는 스미스의 보좌관으로 들어왔고, 정치 인생을 마감할 때까지 함께했다. 루이스가 늘 변함없는 애정으로 옆을 지키며 헌신하고 의회 일에 깊이 관여한 덕분에 스미스는 버틸 수 있었다. 평생 독신으로 지낸 남자와 남편을 잃은 여자의 관계를 두고는 뒷말이 무성했으며, 소문은 결코 잦아들지 않았다. 지금까지 두 사람 사이에 육체관계가 있었는지에 대해 확실히 아는 사람은 없다. 둘은 비밀을 무덤까지 가지고 갔다. "우리는 서로 사랑했습니다. 하지만 저는 연하 남자, 아니 다른 누구와도 결혼할

수 없었어요. 직장을 잃으면 안 되었으니까요." 스미스가 노년에 전기작가에게 밝힌 이야기다.[26]

루이스는 1948년 스미스의 상원의원 당선에 핵심적인 역할을 했다. 메인 주 원로 상원의원 한 명이 은퇴하면서 공석이 생겼고, 공화당 지도자들이 그 자리를 노렸다. 그중에는 현 주지사와 전 주지사도 있었다. 당 수뇌부 중 스미스를 경쟁자로 여기는 사람은 거의 없었다. 스미스 역시 수시로 독자 노선을 걸었던 터라 지지를 기대하지 않았다. "스미스는 나 홀로 당이다." 『뉴욕 타임스』는 이렇게 전했다. 스미스 의원은 메인 주에서 높은 인기를 누리고 있었음에도 불구하고 선거에서 입지가 위태로웠다. 모든 주를 통틀어 여자 혼자 힘으로 상원의원에 출마해 당선된 역사가 없었기 때문이다. 보궐선거나 사전 임명 혜택을 바랄 수도 없는 선거였다. 상원의원 선거에 나간 스미스는 남성 정치인들처럼 행동했다. 당시 하원에서 일하던 남성 의원들은 상원 진출을 당연시했다. 한편 여자들은 조용히 기다려야 하는 처지였다. 상원 출마는 하원 자리를 내려놓아야 한다는 뜻이기도 했다. 스미스는 1948년 재선에 도전한다.

당 지도부의 지지가 없었기에 경쟁 후보들에게는 넘쳐나던 자금도, 준비도, 정계 실세의 지지도, 공개 지지 선언도 없었다. 하지만 루이스는 어찌 됐든 스미스의 당선을 확신했다. 그래서 시민들을 주축으로 대단히 조직적인 선거운동을 이끌었다. 스미스는 처음으로 선거 후원금을 받는 데 동의했다. 돈 많은 경쟁자들을 상대로 하는 주 선거에서 옛날의 방식으로는 이길 수 없음을 인정한 것이다. 그 과정에서 해운업계의 큰손 클리퍼드 카버로부터 상당한 도움을 받았다. 카버는 선거 캠프의 재무 관리를 맡기로 했다. 그때도 1~2달러, 가끔은 10달러까지 소액으로 후원하는 것이 일반적이었다. 선거운동은 대개 다른 부분에 의존했다.[27]

  여성 유권자, 단체, 언론인들이 대표적이었다. 메인 주 유권자의 약 64퍼센트가 여성이라는 점이 스미스에게는 기회가 됐다. 예비선거 경쟁자들이 스미스가 여자라는 이유만으로 그렇게 높은 지위에 앉을 자격이 없다고 주장할 경우 이용할 수 있는 기회. 스미스는 '상원에 여성을 위한 자리는 없다'는 주장이 '메인 주의 모든 여성에게 정면으로 도전하는 것'이라고 규정했다. 한편 자신이 여자라서 '자랑스럽지만' '여자라는 이유로' 표를 바라지는 않는다고 주장했다. 실제 자신의 출마 이유는 하원에서 이룬 업적과 상원에 힘을 실어줄 수 있는 약속 때문이라고 했다. 선거 인쇄물에 자신은 '페미니스트가 아니라' '여성의 대변인'이라는 점을 강조했다. 제2차 세계대전이 막 끝난 뒤 고향으로 돌아온 참전 용사들이 일자리를 찾으면서 방위업계는 여성 노동자들을 해고하고 가정에 대한 동경이 피어나던 시절이라 이는 전혀 이상하지 않았다. BPW, 여성기독인 금주연합을 포함한 메인 주의 여성 단체들은 스미스의 그러한 구분을 이해했고, 다시 한번 정치적 중립을 제쳐둔 채 스미스의 선거운동을 도왔다.

  기자단 소속의 여성 기자들, 특히 『개닛』의 열정적인 워싱턴 통신원 메이 크레이그는 스미스의 선거운동에 대한 기사를 잇달아 송고했다. 대부분 스미스 의원을 칭찬하는 내용이었다. 덕분에 스미스의 상원 출마 소식은 전국 언론을 탔다. '스미스 의원을 전통적인 의미의 '정치인'이라고 생각하기는 어렵지만, 국가와 주의 이익을 개인의 문제보다 우선시하는 유능한 공직자임은 분명하다." 『크리스천 사이언스 모니터』의 여성 기자는 이렇게 전했다. 『워싱턴 포스트』의 여성 기자는 스미스처럼 '잠자던 여성 거인들의 반란'이 미국 여성들의 '새로운 정치 참여'의 증거라고 했다. 그들의 존재가 특히 중요한 이유는 '그래야 의회 위원회들이 (…) 계속 국정을 주무르지 않을 수 있기 때문'이라고 했다. '남성들은 가사를 돌봐야 할지도 모르니까.' 그런 기사들은 여성을 유력 후보로 만들면서 다른 보통의 후보들과 균형을 맞추는 역할을 했다. 『보스턴 글로브』에 실린 상원의원 후보 스미스와 관련된 기사에서는 후보의 친구들이 스미스 후보가 직접 만든 삶은 콩과 갈색 빵으로 차린 격의 없는 저녁 식사를 칭찬했다는 점을 강조했다. 기사의 헤드라인은 다음과 같았다. "메인 주 상원의원 후보, 삶은 콩 챔피언 등극."[28]

실제로 스미스는 메인 주 공화당 상원의원 예비선거에서 승리했다. 유권자 수만 명에게 1페니짜리 엽서를 발송해 스미스 후보를 뽑으라고 호소했다. 스미스는 부족한 선거 자금을 내세우며 자신의 검소한 선거운동과 상대 후보들의 사치스러운 선거운동을 비교했다. "저는 선거 공약을 내지 않았고 앞으로도 그럴 생각입니다." 스미스는 언제나처럼 구두, 더 정확히는 하이힐에 의지해 작은 소도시와 대도시, 농가 복도, 동네 클럽과 공장을 쉴 새 없이 돌았고, 정치계에서 이름을 알릴 수 있도록 해준 메인 주 구석구석을 찾아다니며 선거운동을 했다. 유세 막바지에 동행한 기자는 스미스 후보가 시민들을 스스럼없이 대하는 모습으로부터 특히 깊은 인상을 받았다. "스미스 후보 바로 옆에서 메인주 시민들이 길게 늘어서서 후보에게 인사하는 모습을 봤다. 많은 시민이 스미스 후보를 '마거릿'이라고 불렀다. 오랜 친구끼리 부르는 이름으로 (…) 스미스 후보는 정치인의 웃음을 짓지 않았다. 인사하는 사람의 지위 고하에 관계없이 똑같이 웃었다. 한 명한 명 진심을 다해, 상냥하고 매력적인 모습으로."**29**

한 후보가 11시간 동안 스미스 의원을 향한 인신공격성 유세를 펼쳤다. 스미스가 공산주의의 동조자라며 비난한 것이다. 노동계급, 뉴딜 법안, 국제연합, 트루먼 독트린, 마셜 플랜을 지지하는 스미스의 입장에 대해 상대 후보는 격분했다. 공화당 경쟁자들과 다른 주에 있는 익명의 세력이 계획했을 법한 이러한 인신공격성 유세의 목표는 스미스 후보에게 공산주의의 동조자라는 오명을 씌워 진후 분위기에서 힘을 얻는 것이었다. 1948년 하원 반미활동조사위원회HUAC에서 진행하던 대공 사찰의 촉수는 메인 주 상원의원 선거운동에까지 뻗었다. 스미스의 투표 기록과 뉴욕에서 노동계급 대변자로 일한 경험을 연관 짓는, 출처가 불분명한 자료가 돌아다니기 시작했다. 스미스는 메인 주 공화당 지도자들의 공작이라고 확신했다. 메인 주의 원로 상원의원 랠프 오언 브루스터는 스미스를 비난하는 사람들의 주장을 언급하며 최후의 일침을 가했다. "스미스는 처음부터 뉴딜 정책 지지자였습니다!" 아이러니하게도 스미스를 지지하던 충성스러운 노동자들은 이번 상원의원 출마를 선뜻 지지하지 않았다. 1946년 미국노동총연맹산업별노동조합회의CIO는 목소리를 높여 주장했다. "스미스 의원은 워싱턴 최고의 의원이다." 하지만 노동조합들은 스미스 의원이 노동자들의 권리를 제한하기로 악명 높은 태프트·하틀리법(1947)에 찬성표를 던지자 배신감을 느꼈다.

스미스가 사실은 프랑스계 캐나다인(메인 주 일부 지역에서 무시당하던 인종 집단)이라거나 도덕관념이 희박한 여자라는 인신공격성 소문도 돌았다. 스미스의 선거 캠프는 그런 혐의와 힘껏 맞서 싸웠으며, 그런 소문에 스미스 후보는 확실히 충격을 받았다. 결국 스미스를 깎아내리고 경력에 오점을 내려던 노력은 거의 묻혀버렸다. 예비선거 투표 결과, 스미스는 상대 후보들에 대해 완승을 거뒀다. "스미스 의원, 세 남자를 상대로 승리하다."『뉴욕 헤럴드 트리뷴』은 이렇게 전했다. 그리고 총선에서 압도적인 표차로 상원의원에 당선됐다.[30]

뜻밖의 승리를 거둔 덕분에 스미스는 고향인 메인 주뿐만 아니라 전국적으로도 유명 인사가 됐다. 『보스턴 글로브』는 예비선거 다음 날 "마거릿 스미스, 유력한 대통령 후보"라는 헤드라인을 내걸고 메인 주 시민들의 목소리를 전했다. 평생 민주당을 지지했다는 스코히건의 택시 운전사는 "메인 주를 위해 좋은 일을 많이 하는 그 의원님을 우리 모두가 존경해야 합니다"라고 말했다. 『보스턴 글로브』는 "요즘 메인 주 사람들의 마음을 대변하는 결정이었다"고 보도했다. 한편 한 노년의 남성은 조심스럽게 이의를 제기했다. "다른 후보들이 적어도 자기 선거구에서는 몇 표 가져가게 됐어야지……. 사람들은 정치가 너무 많이 변했다고 느낀다니까." 많은 공화당 여성 의원이 필라델피아 공화당 전당대회에서 희망을 품었다. 그들은 스미스의 승리 소식에 대회장에서 '함성을 지르며' 기뻐했다. 1949년 1월, 스미스가 공식적으로 상원의원에 취임하자 여성 단체들은 연이어 축하 행사를 열었다. 스미스의 당선을 무기로 의회에서 자신들의 입법 목표를 가속화시킬 수 있으리라 기대했다. 취임 일주일 뒤 스미스 의원이 남성 상원의원 27명과 함께 양성평등 수정 조항을 의회에 발의하자 많은 여성 단체가 기뻐했다.[31]

스미스는 그런 기대를 환영했다. 취임 선서 직후에 열린 BPW 오찬 모임에서 "상원과 위원회에서 미국 여성을 대표하는 목소리가 될 준비를 갖췄다"고 이야기했다. 당선에서 얻은 교훈을 떠올리며 정곡을 찌르는 발언을 했다. "제가 미국 상원의원이 된 이유는 단순히 제가 여자이기 때문만은 아닙니다……. 반대로 제가 여사라는 사실에도 불구하고 당선된 것이죠. 이 사실 자체가 모든 여성에게는 승리입니다. 상원에 여자가 들어올 자리는 없다는 불문의 전통을 깼기 때문이죠. 정말 많은 사람이 놓치는 점이 있습니다. 여성들은 어떤 후보가 여성이라는 이유만으로 무턱대고 지지하지 않습니다. 우리 목표는 여전사의 세상을 만드는 게 아닙니다." 대신 '누구도 여자라는 이유로 공직 후보에서 제외되지 않는' 세상이 목표라고 했다. 스미스는 자신의 승리가 곧 나라 전체의 변화를 입증하는 증거였으면 좋겠다고 말했다. "성별보다는 능력과 검증된 성과가 다른 많은 선택처럼 정치인을 선택할 때 최선의 기준이라는 '인식이 늘고' 있다는 증거였으면 합니다. 제가 그 변화의 상징이라고 믿고 싶습니다." 실제로 사람들은 다양한 기대를 품고 메인 주의 새로운 상원의원을 반기는 분위기였다. "메인 주의 공화당 상원의원 마거릿 체이스 스미스는 과거 싸구려 잡화점의 점원으로 일하다가 자수성가한 미 의회의 새로운 연인이다."『보스턴 글로브』 사교계란에 실린 기사다.[32]

축배는 생략했다. 스미스는 취임한 지 일주일도 안 돼 전국여성언론인클럽에서 '대통령 선거에서 연거푸 다섯 번' 패배한 공화당 지도부를 비난하는 도발적인 연설을 했다. 스미스가 본 패배의 원인은 '정부가 국민의 경제 사정에 개입해서는 안 된다고 생각했기' 때문이었다. 메인 주에서 자신을 반대했던 당 원로들과 무기를 거두고 화해할 뜻이 있었지만, 화해에 앞서 또 한 번 칼을 빼들었다. "공화당 지도자들은 간단한 정치 원칙을 인정하지 않았습니다. 단순히 편의주의의 문제가 아닙니다. 대기업이 사업에 유리한 법안을 요구하며 이익을 지키고 싶어하는 것처럼 힘없는 대중도 재정적 안정을 누릴 권리가 있습니다." 스미스는 동료 공화당 의원들에게 미국인들이 공정과 평등에 목말라한다는 사실을 알아차릴 것을 촉구했다. "이 승리의 문이 지나치게 좁다보니 대중은 민주당을 노동당으로 보지 않았습니다. '대기업' 공화당도, '노동자' 민주당도 원하지 않았죠. 특별한 집단이 불공평하게 특권을 갖는 게 아니라 각 집단이 똑같은 몫을 나눠 가지는 중용을 원했습니다. 어느 한쪽으로 치우치지 않는 평등을 원했습니다. 최대 다수 최대 행복이라는 전통적인 타협을 원했습니다." 스미스는 정부가 '공익 보호자'로서 이러한 주장을 중재하는 중요한 역할을 해야 한다고 주장했다. 이 연설은 국내 문제에 대체로 진보적 입장을 취한 공화당의 행보를 예견했으며, 스미스가 상원의원 생활 내내 견지한 입장이기도 했다.[33]

한편 외교 정책에서는 더 보수적이었다. 스미스의 상원생활은 냉전의 긴장감이 커지는 와중에 자리를 잡아갔다. 1949년, 미국과 소련의 전시 동맹관계가 끝났다. 이에 따라 동유럽과 서유럽의 정치, 경제적 재건과 서로 다른 안보 이해관계에 대한 논쟁으로 적대감은 더 커졌다. 미국의 트루먼 행정부는 소련 팽창주의에 대한 공포심이 커지고, 3년간 원자폭탄을 독점하고 있었던 까닭에 '강경한' 입장을 취했다. 스미스는 이 같은 태세 전환에 박수를 보내며 대통령에게 한발 더 나가 소련을 무력화할 것을 촉구했다. 1949년 1월 스미스는 상원의 첫 공개 발언에서 여성들에게 평화 수호의 특별한 책임이 있다고 상조했다. 또 인도네시아가 네덜란드의 식민 통치로부터 독립하고자 투쟁한다는 사실을 알고는 네덜란드의 율리아나 여왕에게 '여왕 자신의 권력으로 네덜란드와 인도네시아의 싸움을 멈춰달라'고 요청했다. 네덜란드는 인도네시아에서 '국지적 군사 행동'을 멈추라는 국제연합 결의안을 무시하고 집단 학살을 자행했다. 폭력을 종식시킴으로써 율리아나 여왕은 '평화에 대한 여성의 의지와 힘'을 세상에 증명할 수 있을 터였다.

하지만 미국의 선구적 여성 상원의원 스미스는 평화의 비둘기가 아닌 독수리의 발톱을 택했다. 냉전 기간에 공격적인 외교 정책을 지지하고, 이 시기에 불거진 국가 안보의 모든 요소를 강력히 지지했다. 무기고를 건설해야 한다고 목소리를 높이며, 한국전쟁 중에는 북한과 중국에 대한 핵무기 사용에 찬성했다. 한결같이 강력한 군대가 필요하다는 입장이었다. 하지만 제2차 세계대전 참전과 핵무기 시대의 무력 위협(소련은 1949년 원자폭탄 개발에 성공했다)은 다른 문제였다.

1950~1960년대에 일어난 어떤 일도 스미스의 견해를 바꾸지는 못했다. 스미스는 전 세계에 퍼진 소련 공산주의라는 위협에 맞서려면 핵무기가 필요할 수도 있다고 믿었다. 사실 원자폭탄은 비도덕적인 무기였지만 미국이 공산주의의 악행을 억제하기 위해서는 여전히 필요한 도구였다. 정도의 차이는 있었지만 역대 미국 대통령들은 냉전 시대에 핵무기가 필요할 수 있다는 생각에는 거의 동의했다. 아이젠하워, 케네디, 존슨, 닉슨 대통령 모두 한국, 쿠바, 베트남에서 원자폭탄을 사용하는 시나리오를 마음에 들어했다. (물론 트루먼 대통령은 히로시마와 나가사키에 실제로 원자폭탄을 투하했다.) 그리고 소련이 핵무기를 개발하자 모든 대통령이 스미스와 마찬가지로 핵무기 보유가 비극적 전쟁의 억제책이라고 생각했다. 그럼에도 스미스의 지지자 중 일부는 그런 입장에 혼란스러워했다. 결국 스미스는 미국의 베트남 전쟁 개입을 한결같이 지지하다가 1972년 정치 인생의 종말을 맞았다. 어쨌든 스미스는 1950년대부터 1960년대 초반까지 무자비할 만큼 강경한 태도를 유지했다. 당시 남성 의원들이 주로 취하던 태도였다.[34]

하지만 스미스의 반공 노선에는 나름의 기준이 있었는데, 이
는 상원 초반에 깨졌다. 아마 1948년 선거운동 때 공산주의의 동
조자로 중상모략을 당한 경험이 있어서인지 공화당 의원 조지프
매카시가 주도하던 반공운동에서는 한발 물러나 있었다. 위스콘
신 주 초선 상원의원이었던 매카시는 1950년 2월 전국 정계에 혜
성처럼 등장하기 전에는 무명에 가까운 인물이었다. 하지만 곧
상황이 변했다. 매카시가 웨스트버지니아 주 휠링의 공화당 여성
클럽에서 악명 높은 연설을 하면서였다. 국무부가 일부러 국가
안보를 위협하는 인물을 고용해 '빨갱이 소굴'이 됐다고 비난한
것이다. 이 반역자들이 냉전에서 미국을 패하게 만들려고 열심이
라며 목소리를 높였다. 그들의 배신이 더 위험한 이유는 재산과
교육, 가정 교육 덕분에 높은 지위에 있기 때문이라고 했다.

매카시는 그 후 몇 달간 상원에서 그 주장을 자세히 설명하
며 '내부의 적들'을 '미국 정치판에서 몰아내려' 했다. 매카시의
반공활동에 많은 동료 의원이 지지를 표했는데, 일부 의원은 말
없이 방관함으로써 동조했다. 다른 의원들은 매카시의 무분별하
고 위협적이며 점점 더 판이 커지는 조사 청문회를 공개 지지하
고 이에 동참했다. 매카시는 '공포정치'를 몸소 실천하며 양당 정
치인과 정부 관료들을 겁줬다. 매카시에게 맞서려면 언론의 집중
을 받으며 취조실로 끌려들어가 만신창이가 될 위험을 감수해야
했다. 매카시는 불과 몇 달 만에 무명이라는 꼬리표를 떼고 '전국
적인 유명 인사'가 되어 언론을 도배하며 막강한 영향력을 지닌
인물로 부상했다.[35]

스미스는 불행히도 상원에 들어간 지 얼마 안 돼 2개 위원회에서 조지프 매카시와 함께 일하게 됐다. 이미 그가 어떤 사람인지에 대해선 어느 정도 알고 있었다. 상원에서 국무부가 빨갱이 소굴이라는 매카시의 주장의 진위 여부를 조사하기 시작하면서 스미스는 매카시가 점점 더 싫어졌다. 시끄럽고 천박하며 사람들을 모욕하는 허풍쟁이에, 술 좋아하고 힘없는 사람들을 괴롭히는 '사기꾼' 같았다. 일하는 방식도 크게 거슬렸다. 공산주의자가 위험하다는 생각에는 스미스도 분명 동의했다. 그래서 매카시의 설명을 귀담아듣고 증거가 나오기를 기다렸다. 하지만 매카시 의원이 수사권과 면책권을 이용하고 다른 의원들이 사람들을 몰래 추적하는 걸 즐기는 모습은 보기 불편했다. (스미스는 1945년 HUAC를 상임 위원회로 전환하는 법안에 반대했으며, 1년 뒤에는 위원회 업무 예산 책정안에 반대표를 던졌다.) 매카시는 상원의원이라는 특권을 남용하는 듯했지만 '솔직한 화법'으로 대중에게는 박수를 받았다. 위스콘신 주 공화당 전략가들은 매카시의 방식을 승리 전략으로 봤다. "우리 당은 마침내 공격을 받기 시작했지만 입장을 고수해야 합니다……. 그래야 지금 정책을 좌지우지하는 공산주의의 동조자와 동성애자들을 제거할 수 있습니다." 민주당도 매카시의 입을 틀어막을 재간이 없었다. 일부 의원은 매카시의 작전에 찬성했다. 다른 사람들은 그저 간이 작아 덤비지 못했다. 공화당 중도파와 진보파 역시 침묵했다. 스미스는 훗날 이렇게 이야기했다. "정신적인 마비와 침묵이 시작됐습니다. 매카시의 심기를 건드릴까봐 두려웠던 거죠."[36]

봄이 되자 스미스는 마음에 품은 의구심을 매카시 의원에게 직접 말하기 시작했다. 스미스는 당시 매카시와 나눈 대화를 기억한다. "마거릿, 제가 하는 일을 걱정하는 눈치군요." "맞아요. 저는 증거를 보고 싶습니다. 의원님이 증거를 찾아오기를 오랫동안 기다렸습니다." 5월에 스미스는 아무 증거도 나오지 않으리라는 결론을 내렸다. 진보적인 기자와 친구들이 매카시에게 맞서라고 부추겼을 때 처음에는 거절했다. 이제 막 상원에 들어와 자리를 잡아가던 때였고, 큰일을 해냈다고 아무리 축하를 받아도 자신은 95명의 남자들 사이에 낀 유일한 여자 의원이었다. 하지만 마음을 바꿨다. 어떤 상원의원도 총대를 메지 않았기 때문이다. 스미스는 상원에서 매카시에게 반대 발언을 하기로 결심했다. 공화당 상원의원 5명을 신중하게 골라 성명에 동참할 것인가 하는 의사를 물었다. 의원들은 동참을 약속했지만 마지막에는 '웨인 모스만이 입장을 고수했고, 어떤 의구심도 표하지 않았다······. 지지 의사를 철회하거나 부분석으로 거부하지도 않았다.' 스미스는 6월 1일 '상원의 작은 지하철'을 타고 상원으로 가다가 매카시 의원과 마주쳤다. 스미스는 그때의 만남을 오래도록 기억했다. "마거릿, 아주 심각한 표정이군요. 오늘 발언할 건가요?" "네, 의원님 마음에는 안 드시겠지만요." 상원 본회의장 책상에 앉아 발언 순서를 기다리고 있는데 매카시가 두 줄 뒤에 앉았다. 발언 순서가 되자 스미스는 자리에서 일어났다. 일생일대의 연설이 시작됐다.[37]

"대통령님, 이 나라의 상태가 얼마나 심각한지에 대해 잠깐 말씀드리고 싶습니다. 국민이 느끼는 공포심과 좌절감은 국민의 목숨은 물론이고 우리 미국인이 소중히 여기는 모든 것을 끝장낼 수 있습니다." 스미스는 미국에 침투한 공산주의자들이 가하는 위협을 묵살하기보다 위험을 경고했다. 트루먼 정부에 공산주의자의 악행과 맞서 싸울 만한 '유능한 리더십'이 부재하다며 한참 동안 비판을 했다. 하지만 회의에 참석한 모든 사람은 스미스가 실제로 비난하는 대상이 미국 상원의원이자 가장 무분별한 의원임을 알고 있었다. "저는 공화당원의 일원으로서 발언합니다. 여성의 일원으로서 발언합니다. 미국 상원의 일원으로서 발언합니다. 미국인의 일원으로서 발언합니다. 세계에서 가장 위대한 심의 기관이 증오와 인신공격의 장으로 전락했습니다." 스미스는 매카시의 이름을 한 번도 거론하지 않았다. 오히려 그 덕분에 발언을 듣는 의원들에게는 스미스의 비판이 훨씬 더 효과적으로 전달됐다. "미국인 정신을 외치면서 인신공격을 하는 우리는 전부 말과 행동으로 미국인 정신의 기본 원칙 몇 가지를 너무 자주 무시합니다. 비판할 권리, 다수의 신념과 다른 신념을 지지할 권리, 저항할 권리, 독립적 사상을 가질 권리입니다. 그러한 권리를 행사한다고 해서 어떤 시민도 명성이나 생계 수단을 위협당해서는 안 됩니다." 여론조사 결과 매카시의 인기는 날로 높아졌지만, 스미스는 미국 국민에게는 공정성이 필요하다며 간절히 이야기했다. "미국 국민은 자기 생각을 말했다가 상대방에게 '공산주의자'나 '파시스트'라고 중상모략을 당할까봐 걱정하는 데 지쳤습니다. 미국에서 언론의 자유는 옛날 같지 않습니다. 어떤 사람들은 남용하는 반면 어떤 사람들은 행사조차 할 수 없습니다."**38**

또 '무능한 현 민주당 행정부'에 대해 당파적 공격을 가하기도 했다. 한편 공화당의 약한 입지에 대해서는 더 목소리를 높여 비난했다. 행정부가 바뀌고 당이 바뀌어야 한다고 주장했다. "하지만 '정치적 청렴과 지적 정직함'이라고는 없는 철학을 가진 공화당 정권으로 바뀐다 해도 이 나라에는 마찬가지로 재앙일 것입니다." 실제로 스미스는 큰 대가를 치르고 승리한 당 의원들에게 경고했다. "저는 공화당이 공포와 무지, 편협과 비방이라는 네 가지 중상모략을 이용해 정치적 승리를 거두는 모습을 보고 싶지 않습니다…… 우리 공화당에게 승리는 그렇게까지 간절하진 않습니다." 그런 행동 방침은 "공화당에는 결국 자살 행위이며 미국 시민들에게는 영원한 패배가 될" 것이라고 말했다. 스미스는 의회에서 자신의 독특한 지위를 언급하며 다음과 같이 발언을 마무리했다. "여성으로서 어머니와 아내, 자매, 딸들은 자기 가족이 상원 토론에서 정치직으로 난도질당하는 모습을 지켜보는 기분이 어떨지 궁금하군요. '토론'은 '고심 끝에' 고른 단어입니다." 물론 스미스 의원은 1948년 선거 당시의 경험을 통해 정치계에서 중상모략을 당하는 기분이 어떤지 잘 알고 있었다. 끝으로 스미스는 동료 상원의원들에게 '양심 선언문Declaration of Conscience'을 전달했다. 선언문에는 신중하게 고른 여러 공화당 의원의 서명이 적혀 있었다. 선언문에서 스미스는 공화당과 민주당 의원 모두에게 전체주의 수법의 '도구이자 희생자가 되기를' 멈추라고 촉구하며, 그 수법을 묵과하면 우리가 소중히 여기는 미국식 삶의 방식

은 끝장날 것이라고 경고했다.[39]

매카시는 스미스의 발언을 조용히 듣고 있다가 발언이 끝나기가 무섭게 자리를 떴다. 스미스의 질책에 수치심이나 당혹감이 들었다고 해도 티를 내지는 않았다. '백설공주를 둘러싼 일곱 난쟁이.' 매카시는 스미스와 양심 선언문에 서명한 동료 의원 7명을 이렇게 불렀다. 그리고 발언을 앞둔 스미스에게 경고했다. "마거릿, 명심해요. 나는 위스콘신 주 전당대회에서 27표를 움직일 수 있는 사람입니다." 스미스가 대답했다. "그래서요?" 사실 스미스는 다가오는 1952년 대선에서 자신이 부통령 후보로 거론되고 있다는 사실을 알았다. 그런 말이 나온 가장 큰 이유는 스미스가 상원의원에 당선되는 역사적 성공을 거두었기 때문이다. 하지만 매카시는 시키는 대로 하지 않으면 더 높은 공직 선거에 도전할 때 보복이 따를 것이라고 경고했다.[40]

전국 언론은 스미스의 발언을 대대적으로 보도했다. 주로 칭찬이었으며, 하나같이 상원에서 유일한 여성 의원이라고 언급했다. "공화당 상원의원, 양대 정당 맹비난. 유일한 여성 의원, 반공 정책 혹평." 『하트퍼드 쿠런트』가 내건 헤드라인이었다. 『볼티모어 선』 기자는 직접 목격한 극적인 현장 스케치를 전했다. "스미스 상원의원이 발언을 시작할 때 상원은 만석이었고, 의원들은 그녀의 말에 귀를 기울였다. 때로 스미스 의원의 목소리는 청중석에서 거의 들리지 않았다." 발언이 끝나자 메릴랜드 주 상원의원 타이딩스가 스미스 의원의 '정치적 수완'을 칭찬했다는 말도 덧붙였다. 『워싱턴 포스트』는 이 '당당한 선언'을 칭찬하며 뛰어난 발언자 역시 극찬했다. "메인 주 상원의원 마거릿 체이스 스미스가 어제 상원에서 이 나라의 구원을 위해 필요한 말을 했다." 스미스 의원만이 '양심선언'을 할 자격이 있는 유일한 발언자'였다며, 이는 여성이고 공화당 의원이며 무엇보다 사심 없는 애국심과 성실함을 갖췄기 때문이라고 전했다. 『워싱턴 포스트』는 선언문에 서명한 남자 의원들도 칭찬하면서, 이번 일이 중요한 진실을 증명한다고 진지하게 기사를 마무리했다. "우리에게는 저속한 정치 공방에 힘을 빼지 않는 남성들의 결단이 필요하다. 나라의 구원이라는 중요한 전투에서 싸울 수 있는 남성들." 『뉴욕 타임스』는 중요한 사실을 생략한 채 헤드라인을 냈다. "공화당 상원의원 7인, 매카시의 '중상모략' 전술 비난하다." 기사 두 번째 단락에서야 '의원들을 '주도한' 사람이 '상원의 유일한 여성 의원'임을 밝혔다.[41]

매카시가 장담한 보복은 몇 달 뒤에 이루어졌다. 공화당의 고위 간부이자 위스콘신 상원의원이었던 매카시는 마거릿 체이스 스미스를 상임 조사 위원회의 분과 위원회에서 제외하고 그 자리에 리처드 닉슨을 앉혔다. 매카시가 말하기를, 닉슨은 당시 캘리포니아 주 신참 상원의원으로, 필요한 경력이 더 많고 하원에 있을 때 HUAC 일을 했다. (닉슨은 최근 당선된 상원의원 선거에서 상대 후보 헬렌 가하건 더글러스를 인신공격했다.) 스미스는 매카시의 인정사정없는 좌천 결정에 격렬하게 반기를 들었지만 소용없었다. 매카시는 결국 이 위원회를 통해 반공주의자 색출에 더 박차를 가했다. 사실 스미스는 매카시가 하려는 일보다는 일하는 방식이 늘 거슬렸다. 스미스는 양심선언을 하기 불과 3개월 전 매캐런법(1950)에 찬성표를 던졌다. 의심스러운 체제 전복적 단체와 개인을 전면 규제하는 법이었다. 1953년 스미스는 공동 법안을 발의하며 한발 더 나아갔다. 결국 법안은 위원회에서 기각됐지만, 통과됐더라면 공산주의와 다른 형태의 급진주의를 받아들인 미국 시민들을 추방했을지도 모른다. "미국 공산주의자의 인권을 옹호하던 스미스 의원은 어디로 갔는가?" 스미스의 행보에 기자 I. F. 스톤은 '매카시보다 더하다'며 비난했다. 스미스는 동료 의원의 행동을 비판했다고 해서 공산주의에 대한 자신의 견해가 변했다고 오해하지 않기를 바랐다.⁴²

스미스는 매카시와의 싸움을 멈추지 않았다. 본인이 이용하고 만든 정치 풍조에서 매카시의 운은 상승 일로였다. 스미스의 양심선언이 훌륭한 이유는 매카시의 반공 사냥 '초반'에 이루어졌기 때문이다. 스미스가 매카시에게 맞선 때는 1950년 2월, 매카시가 휠링에서 '국무부는 빨갱이 소굴'이라고 발언한 지 불과 넉 달도 안 된 시점이었다. 매카시가 마침내 동료들에게 견책을 당하기까지 스미스는 완전히 손을 떼지 않았다. 심지어 그때도 분이 풀리지 않았다. (1957년 매카시가 사망했을 때 스미스는 상원 정부 운영 위원회 위원들이 매카시를 두고 '열정적이며 용감하게 공산주의와 맞서 싸웠다'고 칭찬한 결의안에 서명하지 않았다.) 1952년, 스미스는 근거 없는 사실로 사람들을 비방한 책 한 권을 비판했다. 매카시가 은밀히 사주한 책이라고 확신했으며, 이는 사실로 밝혀졌다. 책의 저자들은 스미스가 매카시의 공산주의자 명단에 있는 국무부 여직원과 '동조자'라는 혐의를 제기했다. 스미스는 출판사와 저자들을 상대로 100만 달러의 명예 훼손 소송을 제기했다. 결국 출판사는 철회하는 글을 실었고, 그제야 스미스는 자신의 결백을 증명할 수 있었다. 하지만 그때도 매카시와의 결투는 끝날 기미를 보이지 않았다. 1954년 메인 주 공화당 예비선거에서 매카시의 부하 직원 한 명이 스미스에게 도전장을 내밀었다. 스미스의 첫 상원의원 재선 출마였다. 에드워드 R. 머로세계 최초의 종군 기자이자 CBS의 방송인으로 매카시를 신랄하게 비판했다는 진행자로 있던 텔레비전 프로그램 「시 잇 나우See It Now」에서 선거운동에 대해 다뤘다. 머로는 예비선거의 이해관계를 언급하며 우울하게 방송을 마무리했다. "스미스 의원은 양심의 대가 내지 보상이 무엇인지 알게 될 것입니다." 스미스는 쉽게 승리를 거두었다. 그리고 그해 겨울, 진짜 대단원의 막을 내리기 전 표를 행사하러 상원에 출석했다. 1954년 12월, 매카시의 '부적절한 행동'을 두고 마침내 상원에서 비난 결의안을 표결에 부쳤을 때 스미스는 당연히 찬성표를 던졌다. 상원 본회의에서 발언한 지 4년 만에 공개적으로 오명을 벗은 것이다.[43]

마거릿 스미스는 1950년대 중반 '전국적인 유명 인사'로 떠올랐다. 매카시에게 맞선 일, 유일한 여성 상원의원이라는 유명세, 출신 선거구에서 거둔 놀라운 성과, 몇 차례의 전쟁을 거치면서 국가 안보에 대한 불안감이 높아진 시기에 군국주의자로 보일 정도로 한결같이 유지한 강경한 냉전 정치가다운 면모, 그리고 독립적이고 성실하다는 평판까지, 이 모든 자질 덕분에 스미스는 점점 더 많은 존경을 얻게 되었다. 1954년 갤럽이 실시한 여론조사에 따르면 세계에서 가장 존경받는 여성 4위에 뽑혔다. 그리고 스무 번 이상 10위 안에 이름을 올렸다. 1963년 12월에는 대통령 후보로 거론되던 가운데 다시 한번 존경받는 여성 상위권에 꼽혔다. 스미스 앞으로는 미망인이 된 재클린 케네디, 새로운 대통령 영부인 레이디 버드 존슨, 엘리자베스 2세 여왕까지 세 명의 여성이 있을 따름이었다. "여성이 자신이 선택한 분야에서 남성을 이길 수 있을 때 정치적으로 성공하기 시작할 거라고 누군가가 말했다. 스미스 상원의원은 정치판에서 계속 남자를 이겼다." 1950년 한 기자가 여성 참정권 운동 30주년을 다루는 기사에서 한 말이다. 버나드 바루크는 스미스에 대한 존경심을 더 간결하게 표현했다. 남자가 스미스의 양심선언을 했다면 "차기 미국 대통령이 되었을 것이다".[44]

실제로 모든 조건이 동일했다면 마거릿 체이스 스미스는 마땅히 유력한 미국 대통령 후보로 평가받았을 것이다. 하지만 상당히 많은 부분에서 조건은 같지 않았다. 그 점은 1964년 스미스가 공화당 대통령 후보 지명전에 나가기로 결심했을 때 여실히 드러났다. 확실히 미국 역사상 스미스 이전과 그 후 얼마 동안은 주류 선거 정치에서 대통령 선거에 그토록 풍부하고 깊은 경험을 보여준 여성이 없었다. 스미스는 두루 존경받는 경험 많은 상원의원으로서 용감하고 청렴하기로 전국적으로 명성이 자자했다. 오랜 기간 상하원 군사위원회, 상원 세출위원회, 상원 항공우주과학위원회에서 일한 경험이 경력에 무게를 더했다. 출신 주인 메인에서 널리 인정받았을 뿐 아니라 메인 주의 빼어난 개성을 상징하는 인물로 매력적인 지역색을 전국 무대로 가져왔다는 평가를 받았다. 여자의 몸으로 남자들의 세계에서 성공한 스미스는 강철 같은 결단력과 침착함을 보이며 확실한 성공 요소를 전부 갖추고 있었다.

스미스 역시 자신이 이룬 성취가 자랑스러웠지만, 대중 앞에서 과시하지는 않았다. 남성들로 이루어진 단체에서 유일한 여성으로서 겪은 수모와 외로움을 쟁점화하지 않기로 했다. 물론 남자의 바다에서 혼자 여자인 까닭에 좋은 점도 있었다. 스미스는 확실히 관심을 즐겼다. 가깝게 지낸 친구도 많았다. 일부 상원의원은 스미스를 만나면 정중하게 관심을 표했다. 스미스는 불편한 순간을 유머와 웃음으로 넘겼다. 상원의원 한 명이 담배를 찾다가 하나 남은 타구침이나 씹는담배를 뱉는 그릇를 상원 본회의장 스미스의 책상 아래에서 발견했을 때처럼. 하지만 동료 의원들의 기사도 정신에는 보통 은근한 생색이 따랐다. 그리고 남모르는 경험도 있었다. 상원에 있던 10년 동안은 공중 화장실을 이용하거나 먼 거리를 걸어서 의원실까지 다녀왔다. 마침내 여성 전용 화장실이 생기기 전까지 그렇게 화장실 문제를 해결했다. (남자 의원들은 상원 본회의장 근처에 있는 화장실을 이용했다.) 또 스미스는 보통 백악관에서 열리는 저녁 행사 초대를 거절했는데, 한 번도 남자 동행이 있느냐는 질문을 받지 못했다.

한번은 예외적으로 그 질문을 받은 적이 있는데, 스미스는 그때 큰 감동을 받았다. 케네디 정권이 들어서고 몇 달 후 백악관

저녁 연회에 초대를 받았다. 재클린 캐네디가 보좌관에게 연락해 '4월 18일에 예정된 백악관 연회가 늦은 시각에 열리고 춤추는 일정도 포함돼 있는데 그날 밤 스미스 의원을 에스코트할 남자 동행이 있는지'를 물었다. 그리고 만약 그럴 경우 '동행의 이름을 알려주면' 초대장을 발송하겠다고 했다. 이 사소한 배려에 스미스는 크게 감동을 받아 재클린 케네디에게 따로 편지를 보냈다. "대통령 부부께서 여는 연회에 저를 에스코트해줄 동행이 있는지 사려 깊게 물어봐주셔서 정말 감사합니다……. 25년간 의원 생활을 하면서 받아본 가장 큰 배려였습니다." 스미스는 적당히 못 들은 척하는 능력 덕분에 자기들 무리에 여자를 받아준 얼마 안 되는 남자 의원들과 좋은 관계를 유지할 수 있었다. "듣고 싶은 것만 듣는 법을 알았어요. 차별은 못 본 척했죠. 절대로, 절대로 알은척하지 않았어요. 단 한 번도요." 즉, 대통령 선거에서 스미스 개인, 그리고 정치인으로서의 자산은 남녀를 막론하고 정치인들의 시기를 덜 받았다는 점이었다.[45]

적어도 겉보기에 1960년대 초반의 역사적 상황 때문에 당시는 여성 대통령 후보에게 더 호의적인 시절이었는지도 모른다. 많은 유권자가 여전히 여성 대통령에 미심쩍은 눈빛을 보내기는 했지만 대부분은 반기는 눈치였다. 적어도 원칙적으로는. 스미스가 1940년대에 정계에 입문할 때만 해도 "지지하는 당이 두루 자격을 갖춘 대통령 후보를 지명했는데, 그 사람이 여자라면 투표하겠느냐?"는 질문에 미국인 33퍼센트만이 그럴 거라고 대답했다. 1964년에는 60퍼센트에 가까운 사람들이 그럴 거라고 답변했다. 1960년 존 F. 케네디가 가톨릭 신자로서 최초로 대통령에 당선되면서 장벽을 깼다. 장벽이 허물어지자 대담해진 정당들은 당선 가능성이 없어 보이던 후보들을 앞세우는 모험을 감행했다. 해볼 만한 일이 된 것이었다.[46]

1960년대 초반 새로운 여성운동이 시작될 조짐이 보였다. 여성 운동가, 특히 노동 운동가들의 단호한 노력이 결실을 맺었다. 존 F. 케네디가 1961년 12월 여성 지위에 관한 대통령 위원회를 구성하라는 행정 명령을 발표한 것이다. 미국인 여성 수백만 명이 일터, 크게는 사회에서 고질적인 불평등을 경험하고 있음을 인정하는 결정이었다. 케네디 대통령은 위원회에 여성 불평등의 실태를 조사하고 여성 평등을 가로막는 장애물을 없애는 최선책을 강구하라고 지시했다. 위원회가 그 문제를 놓고 고심하는 동안 대통령은 관련 법안을 추진해 1963년 성별에 따른 임금 차별을 금지하는 동일 임금법Equal Pay Act에 서명했다. 고용주는 동일 수준의 노동력을 제공하는 남녀에게 동일한 임금을 지급해야 한다는 것이 법안의 골자였다. 또한 1963년은 선구적 여성 해방 운동가 베티 프리던의 『여성의 신비The Feminine Mystique』가 출간된 해이기도 했다. 베스트셀러가 된 프리던의 책은 미국 중산층 여성들이 특권을 누리며 사는 것처럼 보이지만 대다수는 속으로 불만이 가득하며, 겉으로는 성공한 삶 같지만 실제로는 가치와 제도 등에 얽매여 개인의 개성을 부정당한 채 살아간다고 주장했다. 한 역사학자는 '이상한 동요'가 일어나기 시작했다고 말했다. 미국인의 삶 속 많은 부분에서 일던 감정이었다. 스미스의 대

선 출마는 어떤 면에서 그런 현상의 산물이자 전조였다.[47]

　처음 상원의원에 당선된 순간부터 스미스는 향후 대통령 후보로 자주(부대통령 후보로는 더 자주) 거론됐다. 그러다가 케네디의 대통령 당선과 짧은 대통령 생활, 1960년대 초반의 분위기, 그리고 공화당에 조용히 불어닥친 폭풍우가 1963년에 합쳐지면서 스미스를 대통령 선거로 이끌었다. 나이(1963년 가을 스미스는 65세였다), 경험, 인정과 기분 좋은 칭찬 세례로 얻은 자신감, 심지어 신랄하고 뉴스에 오르내릴 만한 비판조차도 스미스의 야심을 자극했다. 왜 대선에 나가기로 결심했느냐는 질문에 스미스가 한 솔직한 답변을 보면 알 수 있다. "대통령 선거 말고는 다른 길이 없었으니까요." 스미스는 상당한 신뢰를 얻었는데, 그 사실은 케네디 대통령에게 수시로 이의를 제기했다는 데서 잘 드러난다.[48]

　1963년 가을, 케네디 대통령이 소련에 제안한 핵실험 금지조약을 놓고 벌인 의회 토론 후 1964년 대통령 선거에 대한 추측이 난무했다. 대기, 해양, 우주에서 핵무기 실험을 금지하는 조약이었는데, 러시아가 협정 조항을 준수하지 않으리라고 예상한 사람들은 동요했다. 반대파들은 사찰 조항이 취약하며, 이 때문에 미국이 소련으로부터 눈속임을 당해 핵무기에 대한 현재 입장에 안주하게 될 것이라고 주장했다. 반대 측 주도자는 상원의원 배리 골드워터였다. 골드워터는 1964년 대선에서 케네디에 맞설 공화당의 유력 후보로 거론됐다. "이 조약에 반대표를 던지는 것이 정치적 자살 행위라 하더라도 조국을 위해 기꺼이 그렇게 하겠습니다." 골드워터는 상원 최종 발언에서 조약 반대를 촉구했다. 스미스는 평소 습관대로 상원 찬반 토론에서 의구심을 날카롭게 표명했지만, 마지막 순간까지 결정을 내리지 못했다고 고백했다. 마침내 스미스가 내린 결정에 케네디 대통령은 대단히 실망했다. 스미스는 골드워터 및 다른 상원의원 17명과 함께 조약에 반대표를 던졌다. 그럼에도 조약은 큰 표차로 비준되었다.[49]

이 표결에서 스미스와 골드워터가 손을 잡자 즉시 일부 의원은 골드워터-스미스 정부통령 후보 티켓을 심사숙고했다. 『보스턴 글로브』는 다음과 같은 예측을 내놓았다. "'미시시피 동쪽 출신' 공화당 상원의원들은 모두 골드워터와 반대편에서 표를 던졌다. 물론 단 한 명 '스미스 의원'만이 예외였다." 투표 결과, 공화당 내에서 중서부와 동북부의 중도파 및 진보파, 서부의 보수파 사이의 분열이 두드러짐을 알 수 있었다. 중도·진보 성향 의원들은 넬슨 록펠러의 대선 출마에 관심을 보였고, 보수 성향 의원들은 골드워터를 지지했다. 일부에서는 스미스 덕분에 골드워터를 극단론자로 본 신보 성향 의원들의 우려가 누그러졌는지도 모른다고 추측했다. 스미스 역시 처음에는 그런 추측을 부정하지 않았다.[50]

곧 익숙해지기는 하지만 스미스가 부통령 후보가 되리라는 전망조차 조롱거리, 아니면 『워싱턴 포스트』 기자의 표현대로 '가벼운 놀림거리'가 되었다. 핵실험 금지조약 표결이 진행되고 며칠 뒤 칼럼니스트 조지 딕슨은 '골드워터-매기마거릿의 애칭 정부통령 후보'를 거론했다. "내가 혀끝으로 볼을 부풀리고누군가를 조롱할 때 쓰는 동작 또는 표현 자기에 대한 기사를 쓴다고 생각하려나? 불편한 자세로 칼럼을 쓰자니 고역이다. 볼이 영원히 돌아오지 않는 건 아니겠지? 마치 여자아이에게 빌려줬다가 가슴께가 불룩 튀어나온 스웨터처럼."

스미스와 골드워터는 둘 다 '세계에서 가장 배타적인 남성 클럽', 즉 미국 상원 소속이었다. '군사와 우주 문제에 조예가 깊은 노련한 상원의원이며 강인한 정신력의 소유자라는 점 말고도 두 사람에게는 공통되는 장점이 하나 더 있었다. "가장 악랄한 중상 모략가들조차 두 사람의 나이가 너무 어리다고 비방할 수는 없었다." 딕슨이 장난스럽게 말했다. 골드워터는 54세였으니까. "스미스 의원은 의회 인명사전에 나이를 적지 않은 몇 안 되는 상원의원 중 한 명이었지만 나는 그녀의 나이를 1900년 전부터 알고 있었다!" 사실 딕슨은 케네디가 대통령에 당선되면서 부각된 흥미로운 주제, 즉 나이에 대해 다룬 적이 있다. 케네디가 대통령 선거운동을 할 때 많은 사람이 43세는 나라를 이끌기에 위엄이 부족한 나이라는 불만을 제기했다. 케네디의 당선은 획기적인 사건이었다. 최연소 대통령이었을 뿐만 아니라 20세기에 출생한 최초의 대통령이었다. 마거릿 체이스 스미스는 1897년, 즉 19세기에 태어났다. 딕슨의 칼럼은 의도한 바는 아니었으나 두 가지 주제의 복선이 됐다. 스미스가 6개월간 대선운동을 하면서 언론에서 집중적으로 다룬 내용이기도 했다. 스미스는 여자의 몸으로 남자의 역할에 도전한 이례적 지위와 나이에만 관심이 쏠리는 상황을 피할 수 없었다.[51]

11월 초 뉴욕 주지사였던 넬슨 록펠러가 1964년 공화당 대통령 예비선거에 출마 선언을 했고, 같은 날 스미스 역시 출마를 고려하고 있다는 계획을 밝혔다. 오랜 시간 스미스의 보좌관을 지낸 빌 루이스는 브리핑에서 스미스 의원이 대선에 출마하라는 수많은 요청을 받고 고려 중이라는 사실을 암시했다. 스미스의 결정은 12월 5일에 발표하겠다고 약속했다. 전국여성언론인클럽에서 연설하기로 한 날이었다. AP 통신은 '백발의' 스미스를 언급했다. 지금까지는 주로 매력적인 '은발'로 극찬받던 그녀였다. 『뉴욕 타임스』는 '단정한 백발의 65세 의원'이 후보로 나올 가능성이 있다고 전했다. 스미스 의원이 '두 달 전만 해도' 록펠러나 골드워터가 본인을 러닝메이트로 선택할지도 모른다는 추측을 일축했다고 신문은 언급했다. 터무니없는 추측이라고 말했다. 그런데 지금은 '생각을 180도 바꿔' 대선 출마를 고려 중이다. 『뉴욕 타임스』는 "여성이 주요 정당의 미국 대통령 후보나 부통령 후보로 지명받은 전례가 없다"고 설명하면서 '참정권 운동 지도자' 빅토리아 우드헐은 제3당 공천 후보자로 입후보했다는 설명을 덧붙였다.[52]

정치 분석가들은 스미스의 선거운동이 갖는 의미를 낱낱이 파악하고자 애썼다. 분석가들은 메인 주 상원의원 스미스가 대통령 유력 후보가 되지도 않을 것이며, 될 수도 없다고 입을 모아 예측했다. 한 분석가는 스미스가 방해 입후보자당선 가망은 낮지만 유력 후보의 당선에 지장을 줄 정도의 득표는 가능한 후보가 되어 뉴햄프셔 예비선거에서 공화당 남성 유력 후보 두 사람의 압승을 막을지도 모른다는 시나리오를 내놓았다. 록펠러는 1962년 부인과 이혼하고 최근에 재혼해서 아이를 가졌는데, 새 부인이 전남편을 버리고 록펠러와 결혼했다. 그 때문에 록펠러는 '대선 출마 당시 평판이 다소 좋지 못했다'고 『시카고 트리뷴』 워싱턴 지국장 월터 트로한이 전했다. 그는 "스미스가 '꽃무늬 모자를 던지며 사퇴한다면 록펠러에게 승산이 있을지도 모른다. 골드워터의 '압승'은 막을 테니까"라고 평하기도 했다. 『볼티모어 선』의 한 정치 분석가는 "스미스가 주부들의 표 일부를 가져올 수 있을지도 모른다. 록펠러 주지사에게는 가장 위협적인 유권자들이다"라고 썼고, 오랫동안 스미스 후보를 호의적으로 보도한 여성 기자들조차 "가까운 미래, 아니 먼 미래에라도 미국에서 여성 대통령이 탄생할 수 있을지 의문이다"라고 전했다. 빌 루이스는 그러한 회의론을 냉정하게 받아쳤다. "스미스 의원님이 유력 후보가 될지 그렇지 않을지는 의원님과 유권자들의 손에 달렸겠죠."[53]

스미스 본인이 직접 시사한 것처럼, 스미스의 진짜 목표는 대통령 후보가 아니라 부통령 후보 지명이라는 추측이 계속 나왔다. 화가 난 스미스는 11월 중순 『보스턴 글로브』와의 인터뷰 자리에서 입장을 분명히 했다. "제 목표는 오직 대통령 선거입니다." 누구도 부통령 후보로 입후보하지는 않는다며 다음과 같이 이야기했다. "대통령 후보 지명자가 러닝메이트를 선임하니까요." 메리 맥그로리와 같은 노련한 정치부 여기자만이 스미스가 출마 의사를 밝히는 무대로 전국여성언론인클럽을 선택했다는 흥미로운 사실에 주목했다. 맥그로리는 여성언론인클럽이 "몰인정한 남자들 때문에 마음고생을 심하게 했다"며 스미스는 '근면하고 알뜰할 뿐 아니라 야무진 뉴잉글랜드 정신의 화신'이라고 전했다. 또 스미스를 과소평가하는 건 실수라며 공화당 의원 가운데 '골드워터나 록펠러 중 한 명을 뽑아야 하다는 사실을 믿지 못하는' 사람들은 스미스가 '플로렌스 나이팅게일이나 클래라 바턴', 즉 어둠 속의 등불이 될 인물임을 당연히 알 것이라고 말했다.[54]

케네디 대통령이 11월 중순 기자 회견에서 스미스를 '강적'이라고 표현하면서 스미스의 입후보 가능성에 신빙성을 더했고, 전국 언론이 이를 주목했다. 또 이것은 상원의원 두 사람이 스미스의 후보 출마를 지지하는 계기가 됐다. 그중 한 명인 버몬트 출신의 공화당 원로 상원의원인 조지 에이킨은 스미스의 오랜 친구이자 정치적 협력자로, 케네디 대통령이 예비선거에서 스미스와 만나면 승리를 장담할 수 없다는 데 동의했다. "스미스는 뉴햄프셔뿐 아니라 주변 주들까지 손쉽게 휩쓸 겁니다. 그만큼 유능한 여성입니다." 상원 민주당 원내총무인 마이크 맨스필드 역시 진심으로 동의했다. 스미스는 "당을 품위 있고 명예롭게 하도록 빛냈습니다. 때가 됐습니다……. 공직에 몸담은 여성들이 자기 목소리를 내고 인정받을 때가 됐습니다." 하지만 여론조사 전문가 조지 갤럽이 일부 국민은 여성 대통령 후보에 호의적이라는 최근 조사 결과를 발표하자 언론은 부정적인 의견을 강조해서 보도했다. 조사 결과, 여성 유권자들은 남성 지도자보다 여성 지도자를 덜 선호하는 것처럼 보였다. 여성 최초로 (와이오밍 주) 주지사에 당선된 넬리 테일러 로스가 대표적인 경우다. 로스는 스미스를 존경했지만 여성들은 대체로 이 대통령 후보에게 필수적인 '체력'이 부족하다고 생각했다. 메인 주 스미스 상원의원은 '사랑스러운 사람'이고 날씬하며 수영과 배드민턴을 즐겨하지만 백악관 주인에게 필요한 강한 체력은 없어 보인다고 했다.[55]

한 해가 저물어가는 1963년 11월, 몸을 사리는 스미스의 전략은 의심할 여지 없이 대통령 선거 정치판을 더 큰 혼란으로 몰고 갔다. 11월 20일 백악관의 로즈 가든에서 열린 행사에서 인디애나 주 주간지의 여기자가 케네디 대통령에게 마거릿 체이스 스미스가 공화당 대통령 후보 지명을 받으면 어떻게 할 거냐고 물었다. "기자분과 함께 출마하죠." 케네디가 유쾌하게 대답했다. 『뉴욕 타임스』는 케네디 대통령이 본지에서 의미심장하게 답한 것처럼 스미스의 입후보가 곧 있을 대통령 선거운동에 영부인 재클린 케네디를 합류시킨 이유였을 것이라고 시사했다. 기사의 헤드라인은 다음과 같았다. "영부인, 1964년 대선 합류. 재선 질주에 적극 개입할 예정." 지금 생각해보면 섬뜩한 징조가 담긴 기사였다.케네디 대통령이 자동차 퍼레이드 유세 중 암살당한 사실을 염두에 둔 말.[56]

11월 22일 존 F. 케네디 대통령의 죽음으로 1964년 대선 지도, 정확히는 미국의 지도가 바뀌었다. 다른 수많은 사람처럼 마거릿 체이스 스미스 역시 충격에 빠졌다. 불과 한 달 전인 10월 19일만 하더라도 대통령 전용기를 함께 타고 화기애애하게 메인 주로 향했는데. 케네디 대통령은 메인 주립대학교에서 명예 학사를 받았었다. 핵실험 금지조약으로 의견 대립이 있은 뒤 스미스는 잘생기고 매력적인 케네디 대통령에게 반했고, 그가 대통령직을 잘 수행하리라 믿었다. 메인으로 가는 비행기 안에서 두 사람은 패서머쿼디 조력 발전소 프로젝트를 재활성화할 수 있는 새로운 방안에 대해 논의했다. 펀디 만의 큰 조수 차를 이용해 전기를 생산하는 프로젝트였다. 스미스는 케네디 대통령 사망 직후 기자와 인터뷰를 하면서 그때 함께 보낸 시간과 기자회견에서 대통령이 한 말을 떠올렸을 것이다. "지난 몇 주 동안 우리는 아주 좋은 친구로 지냈고, 며칠 전만 해도 저한테 매우 너그럽게 대해주셨어요." 다른 의원들이 사망한 대통령을 공개적으로 추도할 때 스미스는 젊은 존 F. 케네디 대통령이 앉았던 책상 위에 빨간 장미 한 송이를 올려놓았다. 두 사람이 상원에서 같이 일할 때 쓰던 책상이었다.[57]

스미스는 1963년 남은 기간 동안 연설 일정과 약속을 모두 취소했다. 이듬해 1월이 되어서야 전국여성언론인클럽에서 대선 출마 선언을 하겠다는 약속을 지켰다. 케네디 대통령 암살은 부통령 선택에 얼마나 큰 이권이 걸려 있는지를 극적인 방법으로 증명한 사건이었다. 여자를 '대통령'은 아니더라도 '부통령'으로는 맞을 수 있다고 생각한 사람들로서는 최근 사건들 때문에 마거릿 체이스 스미스에 대한 열기가 다소 식었다. 한 신문은 다음과 같은 사설을 냈다. "케네디 대통령 암살의 부수적 피해자는 부통령 후보로 급부상한 마거릿 체이스 스미스일지도 모른다. 여성 부통령은 여성 대통령과는 천지 차이다. 이 나라는 아직 여성이 백악관에서 의회를 호령하고 외국의 남성 지도자들과 만나는 것을 받아들일 준비가 되지 않았다." 스미스가 출마 성명을 하기로 한

날, 『워싱턴 포스트』의 정치부 기자 롤런드 에번스와 로버트 노백은 스미스를 '비유력 후보 3인' 중 한 명으로 간주했다. 그런 의심을 품은 사람들에게는 스미스의 오랜 상하원 경력보다는 여성이라는 사실이 더 중요했다.[58]

얼마 안 있어 스미스는 또 한 가지의 불편한 현실을 마주하게 된다. 여성은 대통령이 될 수 없다는 통념이 수시로 거론되며, 그 생각 자체가 대선에 도전하기로 한 사람들에게 드높은 장애물로 작용했다. '참패 예상'이 현실에서 펼쳐질 때 느낄 수치심은 스미스가 출마를 포기할 만한 강력한 이유였다. '자금과 조직 부재' 역시 큰 문제였다. 마지막으로 상원의 호명투표(찬성과 반대로 정하는 구두 투표)에 대한 기이한 투지(누군가는 강박증이라고 말할 법도 한) 역시 스미스에게는 중요한 일이었다. 그녀에게 의회는 몇십 년 동안 삶의 중심이었으며, 상원에서 일하고 있으면 자기 집 안방처럼 편안했다. 이런 사실들로 미루어 대선 출마에 대한 스미스의 걱정은 지극히 당연했다.[59]

일단 메인 주 상원의원에 출마할 때와는 상황이 완전히 달랐다. 1964년에는 정부 공직자 선거운동이 과거의 정당 중심에서 훨씬 더 '후보 중심'으로 변했다. 옛날 같았으면 스미스는 대통령 후보로 나오지도 못했을 것이다. 하지만 새로운 선거 흐름에서도 넘어야 할 산은 많았다. 대통령 후보자들은 정당에만 의존해 자금과 제도적 지원을 받기보다는 점차 스스로 선거 자금과 조직을 만드는 데 집중했다. 대중매체의 역할(이때는 텔레비전과 라디오)이 커지면서 선거운동 비용이 기하급수적으로 증가했다. 연방 정부 공직자 선거운동에서 매체비 지출이 1956년 약 1000만 달러에서 1968년 6000만 달러 이상으로 뛰었다. 전체 지출은 같은 시기에 두 배로 증가했다. 후보들은 이 비용을 충당하기 위해 거액의 자산이나 고액 기부 등 개인적 인맥(개인 또는 기업)을 활용했다. 개인 재산과 기부, 이 두 가지는 늘 있었다. 케네디, 록펠러, 골드워터는 가문의 막대한 부에 의지했다. 마거릿 체이스 스미스와 같은 후보에게는 둘 다 없었다. 역대 가장 부유한 미국 대통령이었던 케네디는 일찌감치 개인 고액 기부자들의 영향력을 규제할 대책을 강구했다. 그럴 만도 했다. 1962년에는 선거 비용 위원회를 신설해 적절한 규정을 만들라고 지시했다. 위원회는 선거 비용 완전 공개 규정과 선거 후보자들에게 공적 자금을 지원하는 방안을 내놓았다. 하지만 1964년 대선에서 새로운 정책이 시행되지는 않았다.[60]

예비선거 제도 역시 문제가 많았다. 예비선거는 이론보다 실제로 지지하는 사람이 적은 개혁이었다. 1964년에는 전혀 영향력이 없었지만 결국 중요한 제도가 됐다. 확실히 20세기보다는 영향력이 더 커졌다. 1960년, 케네디는 예비선거 제도를 이용해 젊은 나이와 가톨릭 신자라는 약점에도 불구하고 전국의 유권자들에게 인기를 증명했다. 케네디의 당선은 당 지도부의 승인을 받지 못한 후보들에게 예비선거가 얼마나 중요한지를 역설하는 계기가 되었다. 그때까지 실권은 당 지도부가 쥐고 있었기 때문이다. 1964년 진행한 예비선거보다 예정된 예비선거가 훨씬 더 많았고, 예비선거를 진행하려면 상당한 자금이 필요한 때였다. 케네디는 대통령 가족 전용기를 타고 각 주를 오갔다. (마거릿 체이스 스미스는 일리노이 주 예비선거에서 정확히 85달러를 썼다. 왕복 항공권 비용이었다.) 1964년 미국 정치의 특징이었던 포퓰리즘식 선거를 하기 위해서는 상당한 자금이 있어야 실제로 현장에서 시민들을 만날 수 있었다.[61]

이런 사실을 결코 모르지 않았던 마거릿 체이스 스미스는 1964년 1월 27일 전국여성언론인클럽에서 오랫동안 미뤄온 출마 발표 연설을 하면서 이 부분에 중점을 뒀다. 빌 루이스는 연설문 초안을 결말이 다른 두 가지로 준비했다. 하나는 출마 연설, 다른 하나는 불출마 연설이었다. (그리고 스미스에게 어떤 결정을 내렸는지 자기에게 미리 말하지 말아달라고 부탁했다.) 전체적으로 빈틈없는 연설문이었다. 상하원 동료 의원들과 대화를 마친 스미스가 어떤 결정을 내릴 것인가에 대해 모든 사람이 초조하게 기다렸다. 스미스가 말문을 열었다. 결정을 발표하기에 앞서 많은 사람이 미국에 존재한다고 믿는 '증오와 뿌리 깊은 편견'에 대해 한참 동안 이야기했다. 어떤 시사평론가들은 케네디 대통령이 암살된 이유를 점점 더 심해지는 극단주의로 본다고 말했다. 마거릿 스미스는 변함없는 인종 편견과 정치 분열을 인정하면서도 지난 10년간 아무런 진전이 없다는 데에는 동의하지 않았다. 스미스 의원 본인도 지지한 민권 법안이 나왔다는 사실만으로도 발전의 증거라고 주장했다. 자기 역시 매카시 시대에 '증오와 뿌리 깊은 편견'의 '채찍질'을 겪었음을 강조했다. 심지어 상원이 '공포로 거의 마비됐던' 이후로도 많은 발전이 있었다는 것이다. 스미스는 미국인에게 주어진 자유를 축복하며 1964년, 이제 '여성을 향한 정치적 편견을 모조리 깨부술' 때가 왔다고 말했다.[62]

스미스는 나아가 꼴사나운 사리와 야망을 좇는 데는 관심이 없다며 자신이 대통령이 되려는 이유는 대통령 출마를 권하는 편지가 쏟아지기 때문이라고 했다. 사실 처음에는 우쭐했지만 '출마 제안을 진지하게' 받아들이지는 않았다고 인정했다. 하지만 계속해서 오는 편지에 결국 생각을 고쳤다고 말했다. 스미스는 겸손하며 재치 있고 조심스럽게 본인은 등 떠밀려 나온 후보라고 말했다. 관심은 있지만 뜨거운 야심이나 권력을 얻을 필요는 없는 후보. 하지만 편지를 보낸 사람들은 스미스의 경력(국회의원 일은 1940년부터 시작했다)이 다른 후보들보다 더 많다는 점을 강조했다. 스미스의 온건성과 정치적 자립 역시 유권자들의 마음을 움직이는 요소였다. 마지막으로 결과야 어떻든 선거에 출마하면 '처음으로' 여성이 유력한 미국 대통령 후보가 되지 못하게 막는 장벽을 깰 것이라는 말이 스미스의 마음을 움직였다. 스미스 역시 과거의 선구적 여성들 덕분에 정치인이 될 수 있었기 때문이다. '받은 것을 돌려줄' 기회가 생긴 것이다.[63]

스미스는 본인의 대선 출마가 일종의 봉사라며 선행과 이타심의 중요성을 이야기했다. 이 두 가지는 19세기 대통령 후보들에게는 대단히 중요한 가치였다. 물론 스미스가 정치계에서 여성으로 일하면서 지킨 가치이기도 했다. 스미스는 그 가치를 훌륭하게 실천했다. 좋은 평판을 얻은 것도 강한 의지와 성실함, 청렴함, 독립심 덕분이었다. 정치인으로 일하는 동안 조지프 매카시만이 유일하게 그녀가 권력을 욕심낸다고 비난했다. 스미스는 당연히 할 말이 있었다. 기사 한 편이 통찰력 있게 그녀의 심경을 대변했다. "스미스 의원이 영향력을 갖게 된 비결은 자신의 권력을 자랑하지 않는 겸손함 때문이다. 의회 인명록 신상 정보란에 의원 대부분이 본인의 성과를 상당히 길게 적는다. 하지만 스미스 의원 칸에는 다음이 전부다. '마거릿 체이스 스미스. 공화당 의원.'"[64]

이 모든 장점에도 불구하고 스미스가 출마해서는 안 되는 이유는 많았다. 스미스는 그 이유를 항목별로 하나하나 솔직하게 밝혔다. "여자는 감히 대통령을 꿈꾸지도 말아야 한다고 주장하는 사람들이 있습니다. 남자들의 세계이고 계속 그래야 한다면서요." 어떤 사람들은 선거 출마가 무모하다고 주장했다. 나가봤자 '참패'를 당할 거라면서. 또 누구는 '체력과 정력이 부족해 대통령이 되지 못한다'고 생각했다. '전문적인 정치 조직'과 충분한 '자금력' 부족도 선거운동을 못 하는 이유였다. 마지막으로 호명 투표에 대한 자신의 애착도 문제라고 스미스는 말했다. 선거운동을 시작하면 상원 일을 하지 못할 터였다. 스미스의 지지자들은 계속 마음을 졸이면서 그녀의 발언을 들었다. "선거에 출마하면 안 되는 훨씬 더 강력한 이유를 찾았습니다." 잠시 숨을 고르던 스미스는 청중석에서 항의의 목소리가 터져나오자 그제야 결론을 말했다. "출마해서는 안 되는 이 강력한 이유들로 인해 저는 뉴햄프셔 대통령 선호 후보 예비선거와 일리노이 주 예비선거에 출마하기로 결정했습니다." 당시 『시카고 트리뷴』은 다음과 같이 진망했다. "거의 100년 전에 활동한 최초의 여성 참정권 지도자 수전 B. 앤서니와 엘리자베스 케이디 스탠턴이 틀림없이 천국에서 웃고 있을 것이다." 천국에서 무슨 일이 벌어지든 간에 전국여성언론인클럽 회원들은 기뻐했다. 상원에 출마할 때도 수없이 들었던 반대의 목소리도 있었다. 스미스는 언제나처럼 이런 장애물을 도전이라고 생각했다. 우레와 같은 박수갈채가 쏟아졌다.[65]

출마 선언을 마무리하면서 스미스는 앞으로 진행할 선거운동의 몇 가지 원칙을 설명했다. 뉴햄프셔 예비선거는 '여러모로 시험대'가 될 것이라고 말했다. 자신은 후보가 '선거 자금 없이' '얼마나 많은 지지를 얻을 수 있는지'를 알아볼 작정이고 '선거 비용은 개인 경비와 출장 경비로 제한되며 후보자가 낸다'는 원칙이었다. 또 선거운동은 '일반인 자원봉사자들이 무보수로 진행할 예정이었다. 스미스는 대통령 후보가 상원에서 맡은 일을 계속하기로 결정한다면 얼마나 지지를 받을 수 있을지를 시험해보기로 했다. 즉 뉴햄프셔 선거운동은 법안 표결이 없는 상원 휴회 기간에만 진행할 예정이었다. '텔레비전이나 라디오의 정치 방송 시간을 사거나 신문에 정치 광고를 내지도' 않을 생각이라고 했다. 마지막으로 선거 공약을 일체 하지 않기로 했다. 지금까지 쌓아온 경력으로 대신할 생각이었다.[66]

스미스가 실험하려고 했던 모든 과제는 사실 스미스가 이전 선거에서도 따른 원칙이었다. 앞선 선거, 즉 메인 주에서는 쉽게 승리했다. 하지만 텔레비전과 고액 기부자, 광고, 전문가가 이끄는 정치 시대에 그런 방법으로 한 나라의 대통령이 될 수 있을까? 전국여성언론인클럽 지지자들이 의심을 품었다는 증거는 없다. 그들은 찬성의 외침으로 스미스의 출마 약속을 환영했다. 흥분의 열기 속에서 스미스가 세운 원칙이 좋든 나쁘든 현대 미국 선거의 흐름과 맞지 않다는 사실은 쉽게 간과됐다. 이전 선거에서는 적어도 겉보기에 부패를 낳는 선거운동의 영향력과 관행을 멀리하는 방법으로 승리했다. 거액의 자금, 거창한 공약, 당 지도부의 권모술수 따위였다. (사실 스미스는 의회에서 정치인으로 일하는 동안 힘 있는 남자들의 지지를 받았다. 버나드 바루크, 제임스 포레스털, 상하원 대표들, 그리고 린든 B. 존슨 대통령 등이었다.) 스미스는 솔직하고 독립적이며 소박한 성향 덕분에 그 자리에 올랐다. 하지만 곧 모순적인 상황에 직면한다. 1964년 1월, 마거릿 체이스 스미스를 매력적인 대통령 후보로 만들어준 그 성향, 스미스 의원이 계속해서 지킨 바로 그 성향들이 선거에서 이길 가능성을 가로막은 것이다.

스미스의 출마 선언에 많은 언론이 공화당 후보 지명전의 새로운 후보 스미스에 대한 기사를 쏟아냈다. 신문들은 하나같이 스미스의 외모와 나이를 언급했다. 출마 선언을 한 날 『뉴욕 타임스』는 이렇게 보도했다. "스미스 의원은 백발의 균형 잡힌 몸매로 검은색 정장과 갈색 악어가죽 하이힐을 신었다. 액세서리는 두 줄로 된 진주 목걸이와 옷깃에 꽂은 노란 장미가 전부였다. 평소에는 빨간 장미를 하고 다니기에 누군가가 노란 장미는 텍사스 품종이냐고 물었다.린든 존슨 대통령이 텍사스 주 출신이었다. '그럴지도요. 대통령은 정말 좋은 친구입니다'라고 답했다." 또 다른 신문은 이렇게 전했다. "모델처럼 늘씬한 스미스는 정치인이라기보다는 시민 단체 여성 회원처럼 꾸미고 다닌다. 66세인 그녀는 정말 매력적이다." 기자 한 명은 "'늘씬한 은발'에 진실되고 잘 웃는다"며 스미스를 칭찬했다.

이처럼 논평가와 기자들은 스미스의 외모를 극찬한 반면 나이에 대해서는 우려를 표했다. 『로스앤젤레스 타임스』의 칼럼니스트 리처드 윌슨은 스미스의 나이가 가장 큰 장애물이라고 이야기했다. '재능 있고 유능한' 여성임엔 틀림없지만 취임 나이가 67세임을 고려하면 "대통령 적정 연령을 넘겼다는 평을 받는다"고 덧붙였다. 윌슨은 스미스가 연임할 경우 두 번째 임기가 끝나는 나이는 75세로, 드와이트 아이젠하워 대통령의 퇴임 당시 나이(70세)보다 더 많다는 점을 지적했다. "다른 모든 부분에서 스미스 의원은 역대 많은 대통령 못지않은 자격과 경력을 갖추었다. 하지만 나이만큼은 결격 사유다." 무엇보다 그냥 나이만 많은 게 아니라 나이가 많은 여성이기 때문이었다. 윌슨이 보기에 대통령의 최적 연령은 40대 후반, 많으면 50대 초반이었다. 게다가 그 시기쯤 "여성들은 제각기 강도와 기간은 다르지만 신체적 변화와 정신적 고통을 겪는다". 윌슨은 기사에서 '폐경기'라는 무례한 용어를 사용하지는 않았다. 하지만 중년 여성의 이런 변화가 "판단력과 행동에 영향을 미친다고 알려져 있다"는 점을 강조했다.[67]

꾸준히 나이가 거론됐음에도 스미스는 별다른 타격을 받지 않았다. 출마 선언을 한 지 2주 뒤 스미스는 NBC 텔레비전에 출연해 언론이 나이를 집중 보도하는 데 대해 반대하는 발언을 했다. "제가 출마 선언을 한 이후부터 거의 모든 기사가 '66세의 상원의원'이라는 말로 시작합니다. 하지만 남자 후보들의 나이를 강조하는 기사는 단 한 건도 없었습니다." 스미스는 불만을 제기했다. 아니나 다를까,『로스앤젤레스 타임스』는 그녀의 이런 발언을 기사화하며 다음과 같은 헤드라인을 달았다. "66세의 스미스 상원의원, 나이 언급."「투데이 쇼」진행자 마틴 애그론스키는 스미스에게 또 한 번 나이에 대한 질문을 했다. "많은 사람은 여성이 남성보다 약하다고 생각하는데요. 스미스 의원님이 대통령이 되면 백악관에서 밤새 진행되는 위기 대책 회의를 버텨낼 수 있을까요?" 스미스는 여성이 남성보다 수명이 길다는 점을 언급하며 질문에 답했다. 선거 유세를 막 시작했을 무렵 뉴햄프셔 북부 지역에서 또 한 번 나이 이야기를 했다. 유세 장소는 로터리 클럽이었다. "저를 반대하는 사람들이 제가 대통령 선거에 출마하면 안 되는 이유를 몇 가지 내놓았습니다. 그중 하나인 제 나이는 거의 매일같이 언급됐죠." 그 현상을 반박하며 스미스는 자기보다 나이가 더 많은 세계의 남성 지도자 이름을 여럿 거론했다.[68]

여성으로서 미국 최초이자 최장 기간 상원의원을 지낸 스미스는 출마 선언을 하자마자 정신이상자로 그려졌다.『월스트리트 저널』은 1면에 스미스의 출마 선언 관련 기사를 냈다. "메인 주 여성 상원의원 마거릿 체이스 스미스가 미국의 정신 나간 유권자들의 표를 얻기 위해 인상 깊은 출마 선언을 했다. 본인이 공화당 대통령 후보 지명을 받아야 하는 이유와 받지 말아야 하는 이유를 열거했다. 출마를 반대하는 주장이 훨씬 더 설득력 있다고 평가하고는 곧이어 다짜고짜 출마를 선언했다. 논리 없는 이 용감한 도전을 다른 후보들이 상대하기는 어려울 것이다."『로스앤젤레스 타임스』는 스미스의 출마를 대단히 환영했다. 덕분에 선거에 참신함과 활기가 생겼다고 평했다. "앞뒤가 안 맞기는 했지만 여성들에게는 일상의 문제에 맞서던 역사가 있다는 사실을 잊지 말자." 하지만 기사들 대부분은 스미스의 입후보가 '제스처일 뿐'이며 승산은 없다고 예측했다. "스미스 의원은 후보 지명을 받을 승산이 없음을 잘 알고 있다.』『하트퍼드 쿠런트』의 평이었다. 실패하리라는 추정이 맞아떨어질 기미가 없자 언론은 어떻게든 실패로 몰아가려고 안간힘을 썼다.[69]

사실 스미스의 선거운동은 2단계로 진행되고 있었다. 유세 현장에 나간 스미스는 뉴햄프셔의 눈 덮인 추운 거리를 터벅터벅 걸었다. 슬럼으로 변하고 있는 지역에서 여성 대통령이 탄생할지도 모른다는 전망은 흥분과 당혹감을 동시에 불러일으켰다. 여러 지역에서 온 기자들은 거리의 남녀 시민들을 붙잡고 스미스의 출마에 대한 의견을 물었다. 일부 시민이 19세기스러운 답변을 내놓으리라 예상은 했지만, 시민들은 어떤 면에서 1870년 빅토리아 우드헐의 출마 선언 때보다 더 케케묵은 답을 내놓았다. "여자가 대통령이 되면 안심이 안 될 것 같아요." 한 여성이 답했다. 변호사라는 남성 응답자 역시 비슷한 이야기를 했다. "이 나라는 여성 대통령을 받아들일 마음의 준비가 되지 않았어요." 시민들은 '퍼스트 젠틀맨', 즉 대통령 남편의 불편한 심경을 걱정했다. 스미스는 남편과 사별했는데도 말이다.

"대통령 남편 자리는 만만치 않을 것이다."『뉴욕 타임스』의 칼럼니스트 러셀 베이커가 전망했다. 베이커는 남녀 전체와 진부한 선거운동을 재치 있게 조롱하며 퍼스트 맨First Man의 처지를 짐작했다. "예비선거운동을 하는 동안 일을 내팽개치고 아내 뒤를 쫓아 전국을 돌며 담배 냄새 풍기는 뚱뚱한 남자들에게 둘러싸여 지낼 것이다. 공항에 내릴 때마다 커다란 장미 꽃다발을 받아들고 사진을 찍어야 할 것이다. 여기자들은 즐겨 하는 요리가 뭔지, 아이를 잘 키우는 비법은 없는지를 캐물을 게 뻔하다. 훌륭한 퍼스트 맨 재목을 찾기보다는 좋은 여성 대통령 후보를 찾는 편이 더 쉬울 것이다. 보통은 부인이 의회에서 첫 번째 연두 교서를 발표하기 전에 나라를 뒤집어놓을 스캔들을 터트린다. 스미스 의원의 입후보가 궁극적으로 여성을 위한 선택이냐는 질문은 연속극만큼 진부하다. 이 나라는 여자를 양처로 만들 만한 남자를 키워낼 수 있을까?"[70]

사실 스미스 옆에는 그런 남자가 있었다. 스미스의 보좌관 빌루이스는 선거운동을 진두지휘하고 선거운동 기간 내내 스미스의 가장 가까운 조언자 역할을 했다. 두 사람은 캐나다 국경에 자리잡은 뉴햄프셔의 작은 마을 피츠버그에서 선거 유세를 시작했다. 기온은 영하 35도를 밑돌았다. 스미스 후보가 추위에 강하다는 사실은 입증했지만, 정작 모인 유권자 수는 많지 않았다. 기자단 버스도, 선발대도, 선거 본부도, 전세기도, 결집한 군중도 없었다. 하지만 아이러니하게도 기자들은 추위를 뚫고 스미스 상원의원을 집중 취재했다. 갑자기 등장한 "공화당의 매력적인 얼굴". 한 신문은 스미스와 그녀의 입후보에 대해 이렇게 전했다. 스미스는 뉴햄프셔에서도 메인 주의 상하원 의원에 연이어 당선된 선거운동 공식을 따랐다. 유권자들의 일터를 찾아 인사하고, 작은 클럽에서 연설하며, 수많은 사람과 악수를 나눴다. 누구에게도 자기를 뽑아달라고 직접적으로 부탁하지는 않았다.

상원 일을 계속하겠다는 출마 선언 당시 세운 원칙을 지키느라 뉴햄프셔에서 보낼 수 있는 시간은 많지 않았다. 스미스에게 가장 중요한 예비선거가 될 뉴햄프셔에 쏟은 시간은 불과 2주뿐이었다. 메인 주와 이웃한 뉴햄프셔 선거에서 이기지 못하면 후보로서 신뢰성은 돌이킬 수 없이 추락할 터였다. 결국 "본인의 정치 인생에서 가장 힘든 도전, 즉 주요 당 최초의 여성 대통령 후보로 지명받기 위한 선거운동을 시작했다"고 한 논평가는 전했다. 공화당 지도부의 지지를 받지 못했기에 예비선거는 스미스에게 대단히 중요한 모험이었다. 한 기자는 "스미스 후보는 열심히 선거운동에 임하고 공화당 대통령 후보 지명을 받기 위해 진심을 다했지만 자원봉사지의 일화에 '큰소리로 웃었다'"고 선했다. 자원봉사자는 피츠버그 잡화점 주인의 열 살배기 아들을 붙잡고 '곧 여자 대통령이 나올 것'이라고 말했다고 한다.[71]

마거릿 체이스 스미스는 뉴햄프셔 예비선거에서 첫 패배를 맛봤다. 3000표도 득표하지 못한 채 1위 헨리 캐벗 로지 주니어에게 큰 표차로 뒤졌다. 골드워터와 록펠러는 각각 3, 4위를 기록했다. 당시 주 베트남 미국 대사였던 로지 주니어가 뜻밖의 선전을 했다. 로지 주니어는 후보자 명단에 있지도, 선거운동을 하지도 않았다. 하지만 기명 투표정식 후보가 아닌 사람의 이름을 직접 기재해서 투표하는 방식 홍보물을 잘 만들어 발송하는 방법으로 공화당 온건파와 진보파 다수가 찾던 골드워터와 록펠러, 그리고 스미스의 대안을 제시했다. 뉴햄프셔가 20세기 후반에 자본과 전문 조직, TV 방송 없이 선거운동과 공약에 물량 공세를 쏟는 후보를 제치고 대통령 예비선거에서 이길 수 있다는 명제를 실험하는 장소였다면, 실험은 대실패로 돌아갔다. 스미스는 선거를 계속하기는 했지만, 심지어 예비선거를 진행한 일리노이 주와 오리건 주에서는 선거운동을 더 적게 했다. 스미스의 대통령 선거운동은 4월에 잠시 활기를 띠었다. 일리노이 주에서 골드워터와 근소한 차로 2위를 차지하며 총 투표수의 거의 30퍼센트를 가져왔다. 특히 여성 클럽 회원들이 일리노이 주에 집결해 시간과 에너지를 쏟은 덕분이었다. 그들은 정작 후보 본인은 부인한, 스미스의 의미 있는 입후보를 위해 단결했다.[72]

7월, 공화당이 샌프란시스코에서 전당대회를 열었을 때 스미스는 오랜 친구이자 버몬트 주 상원의원인 조지 에이킨이 자신의 이름을 지명한 걸 보고 흐뭇해했다. 얼마 되지도 않을 대의원 표를 포기하고 사퇴하라는 압력을 거부하며 골드워터의 만장일치 승리를 허락하지 않았다. 스미스는 선거에 영향을 줄 수 있는 후보는 지명 투표가 있는 날에 대회장에 들어오지 않는다는 관례도 어겼다. 대신 '강렬한 붉은색 드레스'를 입고 싱싱한 아이보리색 장미 한 송이를 꽂은 채 자기 손으로 열어젖힌 역사를 지켜봤다. 선거 유세단이 대회장 안을 행진하는 동안 '스미스를 대통령으로' '메인 주 출신 여자 대통령'이라고 적힌 현수막이 아래위로 흔들렸다. 이튿날 『로스앤젤레스 타임스』의 여기자 한 명이 애도의 뜻을 담은 기사를 냈다. "전당대회에는 늘 조연들의 이야기가 있고, 여성들은 언제나 조연을 맡아왔다. 화요일, 한 여성은 더 이상 조연이 아니었다. 주변부에서 벗어나 역사의 중심으로 걸어 들어왔다. 그녀는 이 나라가 시작된 이래 그 어떤 여성도 해내지 못한 일을 할 능력을 갖추고 있다. 바로 주요 정당의 전당대회에서 대통령 후보로 지명되는 일이었다. 그녀는 이제 거의 누구나 아는 이름, 66세의 메인 주 상원의원 마거릿 체이스 스미스다."[73]

제3장
셜리
치점

SHIRLEY
CHISHOLM
1972

"뒤집어엎어"

———

"미국 뉴욕 주 하원의원 셜리 치점은 여성이고, 흑인이며, 다음 화요일에 있을 민주당 플로리다 주 대통령 예비선거에서 승산이 없다." 1972년 3월, 팜비치 선거 유세를 취재한 이 기사에서는 당시의 통념이 엿보인다. 셜리 치점만은 생각이 달라 선샤인 스테이트플로리다 주의 별칭를 돌며 선거운동을 하던 내내 "실제로 대통령이 될 수 있다"고 주장했다. 민주당에서는 11명이 대통령 후보 경쟁에 뛰어들었다. 잭슨빌에서 마이애미로, 멕시코 만 연안에서 대서양으로 전국을 오가며 치점이 싸워야 했던 상대는 다른 후보들만이 아니었다. 출마 자체를 불신하는 분위기도 팽배했다. 성별과 인종을 이유로 상징적인 도전이라고만 치부하는 분위기가 버스로 들르는 전국 각지의 야외 집회, 대학 캠퍼스, 댄스홀, 교회, 외딴 시골 마을마다 가득했다. 치점은 이런 편견에 맞서야 했다. "그런데 치점 의원님, 의원님은 '진지한' 후보입니까?" 선거운동을 하는 열 달 내내 계속된 질문이다. 넌더리가 날 정도였지만, 치점은 "의심을 품는 그 누구도 절대 탓하지 않았다".[1]

1870년대 초, 빅토리아 우드헐은 아프리카계 미국인의 완전한 정치적 평등을 가로막는 장벽이 사라지는 날을 상상했다. 그리고 100년이 흘렀다. 우드헐은 당시 아프리카계 미국인들이 새롭게 얻어낸 자유가 여성 참정권 획득의 발판이 되기를 바랐다. 1972년, 우드헐의 대통령 출마 이후 한 세기, 재건 시대에서도 한 세기, 여성 투표권이 비준된 지 반세기가 흘렀다. 이 시점에서 셜리 치점은 자신이 대통령 후보로 부족함이 없다는 대담한 생각을 하기에 이르렀다.[2]

치점은 '언젠가someday'라며 뒤로 미루는 것을 싫어했다. "지금이 아니라면, 대체 언제라는 거죠?" 대통령 선거에 뛰어든 이유에 대한 질문을 받자 치점은 이렇게 되물었다. 수백 년 동안 아프리카계 미국인은 민주주의가 결실을 맺기까지 기다리라는 말을 들었다. 인내는 아무런 결실도 맺지 못했다. 투쟁만이 진전을 이끌어냈다. 미국 대통령에 도전한 이들이라고 뭐가 달랐을까? "제가 출마한 한 가지 이유는 이 나라 최고위 공직자들이 형제애와 아메리칸드림을 실현하지 못하리란 이야기를 듣는 데 질렸다는 사실을 미국에 알리고 싶어서입니다." '무력하고 약한 이들'이 힘을 모은다면 그 대변자를 자처한 치점을 밀어올릴 수 있었다. 치점은 넌지시 뜻을 내비쳤다. 7월에 있을 마이애미 전당대회에서 "무슨 일이 일어날지는 아무도 모르지요"라고 말했다. 1968년 시카고에서 민주당 전당대회가 열렸을 때 거리에서는 폭동이 일어나고 대회장에서는 난장판이 벌어졌다. 그 일에 대해 생각하면 치점의 말은 일리가 있었다.[3]

물론 치점은 그 누구보다 유세 중 맞닥뜨릴 난관들을 잘 알고 있었다. 불가능을 극복하는 과정으로 점철된 정치 역정이었다. 아프리카계 미국인 여성으로서 최초로 하원의원에 당선되기까지 갖은 애를 써야 했다. 1940년대의 정계는 정치 기구political machine 유권자들의 표를 정치적 거래를 통해 동원하는 당 조직가 주도했다. 치점이 활동하던 브루클린 정계는 제17선거구민주당클럽이 장악하고 있었다. 대학 시절 이 클럽에 발을 들인 치점에게 처음 주어진 일은 여성 회원 대상 연례 복권 추첨식에서 시가 상자를 장식하는 일이었다. 이후 치점은 다양한 지역 정치 클럽, 사회운동, 단체에서 활동하며, 이를 발판 삼아 뉴욕 주의회에 입성했다. 1968년에는 전국적으로 이름난 민권 운동가 제임스 파머를 물리치고 하원의원에 당선, 워싱턴 DC로 정치 여정을 이어갔다.[4]

일부 지지자가 47세의 치점이 백악관에 도전했다가 '모욕'을 당하지나 않을까 우려하자 그녀는 지체 없이 답했다. "모욕에는 얼마든지 대처할 수 있어요. 그게 제 인생인걸요." '오로지 백인 남성만 대통령에 출마할 수 있는 전통'에 도전하기 위해서라면 "멸시와 비방과 모욕과 폭언은 기꺼이 받아들일 준비가 돼 있어요. 각오가 서 있습니다. 그게 어떤 건지 잘 아니까요."[5]

1972년 대선에 나선 치점의 무기는 용기와 번뜩이는 유머감각이었다. 유서 깊은 흑인 대학 플로리다 메모리얼 대학에 방문했을 때 "백악관에 어떤 변화를 일으킬 생각"인가라는 질문을 받자 치점은 답했다. "'백'악관이 아니게 되겠지요." 대학생들은 흑백을 막론하고 열광적인 반응을 보였다. 많은 학생이 얼마 전 새롭게 투표권을 얻은 터였다. 투표 가능 연령을 18세로 낮추는 수정 헌법 제26조가 1년여 전에 비준된 덕분이었다. 치점은 또한 여성, 그중에서도 당시 부활의 기치를 드높이던 여성운동으로 고무된 여성들을 핵심 유권자로 보았다. 빈곤과 저임금으로 고초를 겪던 이들 역시 메시지에 응답하리라 믿었다. 이에 따라 치점은 플로리다 주 예비선거가 끝나가던 무렵 유세 장소를 팬핸들로 옮겼다. '월리스의 텃밭'으로 익히 알려진 지역이었다.[6]

팬핸들의 표심은 조지 C. 월리스에게 크게 쏠려 있었다. 앨러배마 주지사로 역시 1972년 민주당 대선 후보 지명을 노리던 조지 C. 월리스는 플로리다 전역에서 구름 같은 군중을 몰고 다녔다. 그는 완강하게 분리주의를 지지했고(본인은 과거 의견이라고 주장), 강제버스통학에 반대했으며, 한결같이 선방 정부를 반대했다. 『뉴욕 타임스』는 월리스가 이러한 전적 덕분에 '민주당 예비선거의 유력 후보로 자리매김'했다고 보도했다. 치점이 팬핸들에서 노린 유권자층은 달랐다. 바로 아프리카계 미국인들이었다. 이들은 대개 빈곤했으며, 일부 소도시에서는 다수층, 그 외 많은 지역에서는 '다수인 소수층large minority'이었다. 치점은 유세 버스를 타고 '먼지투성이 시골길'을 따라 내려가면서 시골지역의 빈곤을 목도하고는 놀라움을 금치 못했다. 눈으로 본 현실은 '알고 있던 통계 수치가 과소평가되어 보일 지경'이었다.[7]

치점은 이후 플로리다 주 '마리애나'라는 조용한 마을의 법원 광장에서 300여 명의 군중을 앞에 두고 연설을 했다. 치점은 남북전쟁 이야기를 꺼냈다. 남부 유세를 다니며 본 남부연합 병사의 동상들 중 하나가 소총을 들고 선 모습이 마치 '나를 겨냥한 듯했다'는 이야기였다. 이어 법원에 대해 언급했다. "법원 앞에 서 있자니 이런 기분이 듭니다. 법원이란 곳은 지난 100년 동안 흑인들에게 공포의 대상이었지요. 바로 이곳에서 백인 판사들이 흑인들에게 선고를 내렸습니다." 1934년에는 린치로 목숨을 잃은 흑인의 시체가 이 광장에 매달렸다. 한 노인이 치점에게 털어놓았다. "법원 계단에서 흑인이 연설하는 모습을 보리라고는 꿈에도 생각지 못했습니다." 치점은 자신이 상징적인 존재가 아니라고 거듭 주장했다. 하지만 남부 시골에서 유세하는 그녀의 모습은 영락없이 변화의 상징이었다.[8]

그날 뒤이어 월리스가 헬리콥터로 마리애나에 도착했다. 전국 언론이 이 행보를 주목했다. 한 기자는 치점과 월리스 모두 "가난한 이들의 대변자를 자처했다"고 대서특필했다. 하지만 두 사람의 "연설은 정반대였다". 월리스는 "연방 보조금 제도를 축소하겠다고 밝힌 반면, 치점은 빈곤층을 위한 입법과 원조를 확충하겠다고 약속했다". 이런 현격한 차이에도 월리스는 경쟁 후보인 치점을 칭찬하며 기자단을 놀라게 했다. 그는 설리 치점이 "시카고에서도 플로리다에서와 똑같이 이야기했습니다. 의견이 일치하는지는 상관없이 저는 일구이언하지 않는 사람들을 존경합니다." 치점은 개인적으로 그 칭찬을 무척 좋아했다.[9]

사실 윌리스와 마찬가지로 치점 역시 북부 및 중서부 지역 민주당 진보 후보들을 경멸했다. 이들은 예비선거 내내 모호한 태도로 일관했고, 특히 공교육에서 백인과 흑인의 균형을 맞추기 위해 학교를 골고루 배정하던 제도인 강제버스통학제에 대한 입장을 제대로 밝히지 않았다. 오랫동안 민권 투쟁을 하면서 아프리카계 미국인들의 전폭적인 지지를 받던 휴버트 험프리조차 이 질문을 피해갔다. 조지 맥거번, 존 V. 린지, 에드먼드 머스키도 '애매모호'한 답변만 늘어놓았다. 치점은 이를 '딱한 행실'이라고 평했다. 예비선거와 함께 비의무적 주민투표도 시행됐다. 〔흑인〕 학생들을 버스에 태워 거주지역이 아닌 타지역의 학교로 통학시키는 일에 대한 찬반을 묻는 투표였다. 윌리스는 무조건 반대 입장을 내세웠다. 치점 역시 부정적인 의견이었다. 하지만 학교와 주거지에서 인종비 균형을 달성하는 방법으로 주거개방제도open housing가 더 효과적이라고 생각하며 이를 강하게 지지했다. "그렇지만 예비선거 기간 동안 플로리나에 팽배한 분위기 속에서 동조하는 듯한 행동을 취해 인종차별주의자들에게 힘을 실어줄 수는 없었습니다." 치점이 훗날 밝힌 소회다. 치점은 흑백분리학교 문제를 해결하는 데 강제버스통학제는 '미봉책'이지만 수수방관하는 것보다는 낫다고 판단했다. 치점은 백인 청중에게 날카롭게 질문했다. "여러분은 어디 계셨습니까? 흑인 아이들이 덜컹거리는 버스에 실려 동네 밖 멀리 떨어진, 지붕은 얼기설기하고 화장실도 없는 더러운 학교에 갈 때 어디에 계셨습니까? 동네 학교들을 믿으셨다면 그때는 어디에 계셨습니까? 여러분이 이제야 강제버스통학의 문제점을 발견하셨다고 해서 악어의 눈물을 흘리지는 않겠습니다." 전직 유치원 교사인 치점 특유의 준엄한 꾸짖음이었다.[10]

강제버스통학제를 주민투표에 부친 덕분에 3월 14일 플로리다 주 대통령 예비선거는 높은 투표율을 기록했다. 투표한 유권자 중 80퍼센트에 육박하는 수가 강제버스통학에 반대했다. 선거운동이 후반에 접어들 무렵 월리스는 떠들썩한 군중 앞에 서서 '멍청한 헛똑똑이들'이 만든 아이디어를 내세우는 민주당 동료 후보들에게 경고해달라고 촉구했다. 월리스는 '보통 사람들'이 '신물났으며', 예비선거일에 '그들이 민주당에 경험해보지 못한 강력한 한 방을 날릴 것'이라고 예언했다. 예언은 적중했다. 월리스는 플로리다 주 전 카운티에서 압승을 거뒀다. 예상대로 치점은 대부분의 민주당 표밭에서 크게 뒤처졌다. (리처드 닉슨은 공화당 예비선거에 나서 허울뿐인 반대 속에서 손쉽게 승리했다.) 예비선거 당일, 『뉴욕 타임스』는 근심 섞인 경고를 했다. 치점의 유세가 플로리다 주 선거인단 중 극히 일부만을 놓고 싸우는 '진보 진영을 위태롭게 한다'는 내용이었다. 『뉴욕 타임스』는 이어 '많은 흑인 지도자'조차 치점의 유세가 '백인 진보 후보들'에게 피해를 입힐까 봐 우려한다고 강조했다. 사실 치점은 표심을 끌어모으지 못했다. 조직력 미비, 자금 부족, 유능한 참모진의 부재 탓이었다. '치점의 역정'에서 비일비재한 일이었다. 하지만 선거 캠프를 이끌던 치점의 유쾌한 솔직함, 열정, 결의는 빛이 바래지 않았다. 꿈을 포기할 기미는 전혀 없었다.[11]

낮은 확률 속에서도 치점은 대담하기 그지없었다. 이번 예비선거 이전에도 높디높은 장애물을 숱하게 뛰어넘은 경험 덕분이었다. 치점은 1924년 브루클린에서 태어났다. 어릴 적부터 이민자였던 부모님이 큰 기대를 걸었지만, 그 무게에 굴하지 않았다. 기회는 바늘구멍 같고 차별은 뿌리 깊은 이민자의 삶 속에서 그저 살아남기 위해 싸워야 하는 현실도 배워나갔다. 치점의 아버지 찰스 크리스토퍼 세인트 힐은 바베이도스 태생이었다. 역시 바베이도스 출신인 어머니 루비 실과는 고향에서 약간 안면이 있기는 했지만, 1920년대 초반 각자 뉴욕으로 향했다.

두 사람이 도미한 이유는 경제적 혼란을 피하고 더 큰 기회를 찾아 카리브 해 지역을 떠날 수밖에 없었던 수만 명의 서인도 제도 사람들과 마찬가지였다. 치점의 외할아버지를 비롯해 어떤 사람들은 사탕수수 농장을 벗어나 파나마 운하에서 일할 기회를 잡았다. 외할아버지가 보내온 돈 덕분에 치점의 어머니 루비 실은 고향을 떠나 뉴욕으로 향할 수 있었다. 1921년의 일이있다. 당시 브루클린에는 든든하고 활기찬 서인도 제도 출신 이민자들의 공동체가 있었다.[12]

브루클린의 어느 바베이도스 클럽에서 열린 친목회에서 만난 두 사람은 곧 결혼하여 가정을 꾸렸다. 이내 첫째 셜리가 태어나고, 뒤이어 3년도 채 지나지 않아 둘째 딸 오데사와 셋째 딸 뮤리엘이 차례로 태어났다. 치점은 어린 시절 조숙했다고 회고했다. 걸음마도 일찍 뗐고 말도 일찌감치 튼 데다 동생들이나 어머니한테도 도도하게 굴었다. 그리고 호시탐탐 기회를 노리며 말

썽을 부렸다. "어머니도 저를 무서워하셨어요." 치점이 세 살 때의 자기 모습을 돌이켜보며 이야기한 것이다. 아마도 이런 성격 덕분에 어린 치점이 부모님의 결정을 이해할 수 있었는지도 모른다. 치점의 성장에 중대한 영향을 미칠 일이었다. 1928년 세인트 힐 부부는 세 딸을 바베이도스에 보내 외할머니에게 맡기기로 결정했다.

"어머니는 어떻게 해야 할지 모르셨던 거예요. '어쩔 수 없이' 그런 결정을 하셨던 거죠. 그래서 저는 바베이도스에 계신 외할머니 댁으로 갔어요."

사실 경제적 필요가 치점 가족의 모든 결정을 좌지우지했다. 브루클린의 수많은 흑인 남성처럼 아버지 찰스 세인트 힐도 보수가 좋고 안정적인 공장 일은 얻을 수 없었다. 그는 기술이 딱히 필요 없는 빵집 조수로 일하면서 쥐꼬리만 한 월급을 받으며 녹초가 될 때까지 장시간 일했다. 어머니 루비 세인트 힐 역시 여느 흑인 여성들과 마찬가지로 가족을 부양하기 위해 일을 했다. 아이들이 아주 어렸을 때에는 재봉사로 일했다. 세인트 힐 부부는 브루클린에 집을 얻고 아이들에게 좋은 교육을 받게 해주고 싶었다. 두 가지가 가장 절실했다. 맞벌이를 하느라 낮에는 아이들을 돌볼 사람이 없었기 때문에 형편이 나아질 때까지는 딸들을 할머니에게 맡기는 편이 낫겠다고 생각했다. 루비는 아이들을 데리고 바베이도스행 증기선에 올랐다. 셜리가 네 살 때였다. 바베이도스 항구에서 버스로 갈아타고 외할머니가 사는 복스홀 마을로 향했다.[13]

셜리는 여전히 활발하고 제멋대로였지만, 외할머니는 '감히 거역하거나 말대꾸도 할 수 없는 몇 안 되는 사람 중 한 명'이었다. 외할머니 에멜린 실은 키가 크고 당당하며 아름다운 여성이었다. '목소리가 우렁차고' 신앙심이 깊으며 엄격하고 정이 많았다. 외할머니의 농장에서 치점네 세 자매와 그 사촌들까지 일곱 명의 아이가 자랐다. 치점은 외할머니의 미모와 몸가짐에서 깊은 영향을 받았다. 자신감 넘치고 겁 없는 성격은 바로 외할머니 덕분이었다.[14]

치점은 바베이도스에서 받은 정규 교육에 대해 평생 자부심을 지녔다. 치점이 다닌 학교는 하나뿐인 교실에서 1학년부터 7학년까지 아이들이 옹기종기 모여 수업을 받았다. 수업 방식은 '영국식'으로 긴 수업 시간이 특징이었다. 또 학생들에게 읽기, 쓰기, 수학, 영국사, 도덕을 철저하게 숙달하도록 했다. '식민지 꼬마들'이 '줄지어 서서' 영국 국가인 '신이여 국왕을 보우하소서God Save the King'나 '영국이여, 지배하라Rule, Brittania'를 부르며 하루를 시작했다. 루비 세인트 힐은 딸들이 새집에 적응하는 여섯 달 동안 함께 지냈다. 특히 딸들이 흑인 선생님들에게 이런 식으로 지도를 받을 수 있다는 사실을 높이 평가했다.[15]

바베이도스에서 보낸 목가적이고 '겨울이 없던' 어린 시절은 치점의 기억 속에 깊이 남았다. 농장일과 가축들, 하늘빛 바다와 바닷가의 모래사장, 마을에서 열리던 장날, 외할머니의 정원에서 자라는 신선한 과일과 채소, 친척들이 보여준 온기와 정, 이 모든 것이 치점을 키웠다. 언제 어느 때건 치점 주변에는 바베이도스 사람들이 있었다. 그중에는 브리지타운 신문에 글을 기고하던 삼촌도 있었다. 이들의 다양한 역할은 어린 치점에게 감명을 주었고, 자신감과 할 수 있다는 생각을 키워주었다. 치점의 어머니는 6년 동안 아이들을 보러 오지 못하다가 1934년 3월, 마침내 아이들을 데리러 왔다. 셜리의 말투에는 서인도 제도 억양이 짙게 배어 끝내 사라지지 않았다. 브루클린으로 돌아온 가족들의 삶은 무척 힘겨웠다. 그사이 넷째 딸 셀마가 태어났다. 경제적 안정을 원하던 가족의 소망은 대공황이 불러온 궁핍으로 멀어져 갔다. 힘든 적응기를 거쳐야 했던 것이다.[16]

당시 열 살이었던 치점은 '끔찍하게 추운' 브루클린의 겨울을 유독 생생하게 기억한다. 추위는 자매들을 '겁에 질리게 만들었다'. 치점은 브라운스빌에 있는 온수가 나오지 않는 아파트에 살았다. 겨울이면 석탄 스토브가 있는 부엌은 그나마 훈훈했지만 다른 공간들은 냉골이 따로 없을 정도였다. 치점의 자매들은 침대에서 온종일 나오지 않을 때도 있었다. 한기를 피하기 위해서였다. 이런 경험 탓에 치점은 평생 추위를 두려워했다. 피난처는 영화관이었다. 토요일마다 세인트 힐 자매들은 주간 상영 시간 내내 영화관에 죽치고 앉아 영화를 봤다. 입장료는 10센트였는데, 저녁 식사 시간 전에 집에 들어가지 않으면 어머니에게 다시 돌려줘야 했다. 어머니는 자매들을 아주 단호하고 엄격하게 '숙녀'로 키웠다. 매주 일요일에는 예배를 세 차례 드리도록 했고, 친구관계도 깐깐하게 감독했다.[17]

치점은 잘생기고 카리스마 있는 아버지를 숭배하다시피 했다. 찰스 세인트 힐은 5학년까지밖에 교육을 받지 못했지만, 독서광이었고 시사에 관심이 무척 많은 데다 몸담고 있는 국제제과제빵노동자연맹에 대해 큰 자부심을 지녔다. 또한 1920년대에 흑인 민족주의 운동을 주도하며 활약했던 마르쿠스 가비를 열렬하게 추종했다. 치점은 아버지를 '자부심이 대단한 흑인 남자'이자 '자녀들에게 자부심을, 곧 스스로와 인종에 대한 자부심을 심어준 사람'이라고 기억하며, "그 시절 흑인은 오늘날처럼 앞장서서 분위기를 주도하는 존재가 아니었다"고 이야기했다. 아버지는 서인도 제도 출신 친구들을 집으로 불러 부엌에서 저녁 모임을 여는 것을 즐겼다. 본인은 술 한 모금 마시지 않았지만, 바베이도스 정세를 토론하는 친구들에게 위스키를 내주었다. 자매들은 옆방 침대에 모여 앉아 늦은 밤까지 이어지는 대화를 엿듣곤 했다. 치점은 영국 식민 통치에 반대하여 '꼬리에 꼬리를 물고 이어지는 이야기'를 듣던 일을 기억했다.[18]

새집에 왔으니 새 학교를 다녀야 했다. 셜리의 새 학교는 브라운스빌에 있는 84 공립학교였다. 당시 브라운스빌은 유대인이 많이 사는 동네였다. 자매들은 학교에서 극히 소수민족에 속했다. 하지만 치점은 이 점에 대해 그다지 신경 쓰지 않았다. 자매들은 백인 친구들과 쉽게 어울렸다. 브라운스빌의 '인종 경계선'은 아직 뚜렷하지 않았다. 어머니는 자매들에게 유대인 이웃들을 존중하라고 가르쳤다.[19]

1936년, 세인트 힐 가족은 베드퍼드스타이베선트에 있는 넓고 난방이 잘되는 아파트로 이사했다. 1972년 대통령에 출마했을 때 치점은 자신이 살았던 베드퍼드스타이베선트 동네를 사례로 들며 대공황 시절 블록버스팅흑인 등 소수민족을 전입시켜 백인 거주자에게 불안감을 줌으로써 부동산을 싸게 팔게 하는 투기 수법이 게토 발생에 어떻게 일조했는지를 설명했다. 베드퍼드스타이베선트의 흑인 인구는 1920년대에 크게 늘었다가 대공황 시기에 그 두 배로 증가했다. (1940년대 초반에 와서는 '브루클린의 할렘'이라 불릴 정도였다.) 치점은 "껌둥이, 유대놈, 유대 잡종, 깜둥이 새끼 등 인종차별적 비하 표현과 욕설이 처음 나오기 시작했다. 검다는 말이 모욕적으로 쓰이는 게 낯설었다"고 회상했다. 초등학교를 졸업한 다음에는 오션힐-브라운스빌에 있는 중학교로 진학했다. 수십 년 뒤인 1968년, 바로 이 학교에서 지역사회의 학교 통제를 둘러싸고 치열한 전투가 벌어지며 교사 파업이 일어나 심각한 분열을 초래했다. 치점이 의회에 입후보했을 때의 일이다. 1930년대 중반에 청소년기를 보낸 치점은 남부 출신의 흑인 이주민들 사이에서 '인종 의식'이나 '리더십'이라고는 찾아보기 힘든 모습을 목격했다. 아프리카계 미국인들이 뿌리 깊은 인종차별을 견뎌왔지만, 그런 의식을 갖지 못한 것이 현실이었다.[20]

　대공황은 세인트 힐 가족 같은 가정에 특히 치명타를 입혔다. 대공황 이전에 찰스 세인트 힐은 마대자루 공장에 일자리를 구했다. 전망이 좀더 밝아 보였기 때문이다. 하지만 1930년대 중반이 되자 근무 시간과 봉급이 계속 줄어 주당 18달러 수준까지 떨어졌다. 어머니도 일자리를 구해야 할 상황이 되어 플랫부시에 가정부 자리를 구했다. 맞벌이 부모 밑의 '집 지키는 아이가 된 치점에게도 할 일이 생겼다. "어머니는 정말 내키지 않는 일을 하셔야만 했어요. 제 목에 열쇠를 걸어주는 일……. 매일 정오가 되면 학교를 나와, 28 공립학교에 가서 여동생들을 데리고 집에 가 점심을 먹이고 다시 학교에 데려다줬어요. 보통 시간을 넘겨서 돌아갈 수밖에 없었지만 선생님들은 이유를 아시고는 봐주셨어요. 점심은 보통 우유 한 잔, 빵 하나였어요. 목요일에는 어머니가 25센트짜리 동전 하나를 주시면서 빵집에 가서 오래된 빵이든, 케이크든, 파이든 할인 판매를 하는 것으로 일주일 치를 사오라고 하셨어요. 어머니는 학교가 끝나면 곧장 집에 가서 문을 닫아걸고 자신히 친히 올 때까지 아무에게도 문을 열어주지 말라고 하셨죠." 자매들은 창가에 앉아 어머니가 돌아오기만을 기다리곤 했다. "우리는 항상 어머니가 보이면 신이 나서 소리를 질러댔어요. 그러면 아래층에 살던 집주인이 고함을 질렀죠. '조용히 해!'"21

치점의 부모님은 자녀 교육에 신경을 많이 썼다. 이미니는 매일 밤 숙제를 검사했다. 읽기를 특히 강조해서 매주 토요일이면 자매들을 지역 도서관에 데리고 가서 '1인당 최대 권수인 세 권씩' 대출하도록 했다. 1939년, 셜리는 베드퍼드스타이베선트에 있는 명문 공립학교인 걸스 고등학교로부터 입학 허가를 받았다. 브루클린 일대의 똑똑한 여학생들이 가는 학교였다. 당시 이 지역은 흑인 동네로 변모 중이었지만, 그 학교만은 예외였다. 치점은 뛰어난 성적으로 1942년 졸업할 즈음 사립대 두 곳, 즉 오벌린 대학과 바사 대학의 입학 제의를 받았다. 하지만 부모님은 집

근처에 있는 브루클린 대학으로 가라고 했다. 집에서 다닐 수 있고 학비도 무료였기 때문이다. 브루클린 대학의 설립 목표는 포부가 큰 뉴욕 대학생들에게 교육의 장을 마련해주는 것이었다. 치점이 입학할 당시 아프리카계 미국인 학생은 극소수였다. 재학생 1만 명 중 고작 60명뿐이었다.[22]

치점은 브루클린 대학이 '인생을 바꿔줄 곳'이라 생각했다. 전쟁 기간 동안 캠퍼스는 학생 단체들이 주도한 "학생운동으로 활력이 넘쳤다". 좌익 성향이라는 평판이 자자해 '리틀 빨갱이 학교 Little Red Schoolhouse'라는 별칭까지 붙었던 이 학교에서 치점은 세상에 대한 이해를 무한히 넓히는 한편 인종차별에 대한 인식도 날카롭게 다듬어갔다. 일찍이 유명한 흑인 작가 W. E. B. 듀보이스가 미국에 사는 흑인이라면 피할 수 없는 경험을 일컬어 묘사한 '이중 의식', 곧 '항상 타인의 눈을 통해 자아를 보는 감각'에 그녀도 공감한 것이다. 치점은 입학 당시부터 인종 때문에 기회가 제한되리라는 사실을 알고 있었다. 한 예로, 사교 클럽이 '흑인 학생들을 환영하지 않으리란 점'은 명백했다. 치점과 친구들은 이에 대응해 흑인 여학생 동아리를 만들었다. "우리는 백인 그룹에 들어가려고 애쓰는 데 지쳤어요. 그리고 생각했죠. '대체 걔들이 뭔데?'"[23]

하지만 '진보적'이라 자평하는 사람들 사이에서도 극심한 편견이 만연한 현실은 여전히 당혹스러웠고, 다른 한편으로는 정신이 번쩍 들었다. 정치과학학회에 참석했다가 초빙 강사들이 우리 인종인 흑인을 무능한 '다른 종breed'이라고 표현하는 말을 들었다. 더 무능한 백인들이 아프리카계 미국인들 위에 군림하고, '겉으로는 만인이 평등하다고 하는 집단에서조차 복종을 기대하는' 모습을 보았다. 브루클린 정계의 거물 스탠리 스타인것은 이 흑인학생협회를 상대로 한 연설에서 흑인들은 오직 백인의 지도 아래에서만 발전할 수 있다고 주장했다. 모욕감은 이루 말할 수 없었다. 이 '백인 정치가'의 "흑인은 지도자가 될 수 없다"는 주장은 정말 "목구멍에 턱 걸리는 것 같았다". 치점은 그 말이 틀렸다는 사실을 입증하고 말겠노라고 다짐했다.[24]

치점은 여학생들이 학내 단체에서 소외되고 있다는 사실에도 분개했다. 남성만 지도부를 맡던 전통에 반발해 두 백인 여학생이 학생회장 선거에 각각 출마하자 두 사람을 위해 열정적으로 선거운동을 했다. "포스터를 그리고, 슬로건이나 연설문을 쓰고, 집회를 조직하고, 직접 연설도 했어요." 하지만 모두 소용없었다. "그 백인 여학생들은 결국 패배했다." 치점은 여성이자 아프리카계 미국인으로서 두 가지 난관에 맞서야 한다는 사실을 분명하게 깨달았다.

치점은 브루클린 대학에서 뒤를 든든히 받쳐주는 멘토를 만나기도 했다. 정치학 교수 루이스 워소프였다. 워소프 교수는 법사학과 헌법사 전문가로, 대법원이 재건 시대 이래 아프리카계 미국인의 시민권 보호에 관심을 보이지 않았다는 결론의 책을 막 탈고한 참이었다. 치점은 맹인이었던 워소프 교수를 '처음으로 진실로 알고 믿었던 백인 남성'이라고 설명했다. 워소프 교수는 브루클린 정치에 열정을 지녔고, 훗날에는 버러파크 일대 여러 민주당 모임에서 활발하게 활동했다. 그는 치점의 능력과 리더십을 높이 평가했다. 셜리가 학내 토론 클럽에서 연설하는 모습을 본 뒤에는 정계에 입문하라며 강력하게 권했다. 셜리는 대답했다. "교수님은 두 가지를 잊고 계세요. 저는 흑인이고 여자예요." 위소프 교수가 맞받아쳤다. "그 사실에 감정이 많잖니?" 치점은 교수의 말을 인정했다. "교수님과 나눈 대화가 마음 깊이 남았어요. 제가 그 두 가지 문제에 앙금이 있다는 사실을 깨달았죠."[25]

치점이 한 말 중 자주 인용되는 문구가 하나 있다. "제 두 가지 '핸디캡' 중 여자라는 점이 흑인이라는 점보다 제 진로에 더 많은 걸림돌이 되었습니다." 이 말 속에는 치점이 브루클린 대학에서 감내해야 했던 실상이 그대로 드러나 있다. 대학생활 내내 '흑백을 가리지 않고 점점 더 많은 사람이' 치점을 칭찬하고 재능을 높이 사며 충고했다. "너는 큰일을 해야 해." 관건은 '그런데 무엇을?'이었다. 치점은 젊은 아프리카계 흑인이자 대졸 여성으로서 자신의 재능과 가능성을 견줘본 뒤 교사가 될 준비를 했다. "젊은 흑인 여성에게는 선택의 여지가 없었어요. 법학, 의학, 간호 쪽으로 나가자니 학비가 너무 많이 들었고, 흑인 남자도 잘 받아주지 않는 마당에 여자가 갈 곳은 훨씬 더 찾기 힘들었죠. 1940년대 초반에는 사회복지 분야도 흑인에게는 열려 있지 않았습니다." 치점은 아이들과 일하면서 '사회복지 일'도 고려했던 듯하다.[26]

1946년, 치점은 우수한 성적으로 대학을 졸업했다. 스페인어도 유창한 수준으로 익혔는데, 이는 훗날 커다란 자산이 된다. 그럼에도 교사 자리를 얻기란 쉽지 않았다. 거듭 고배를 마시자 어려 보이는 외모 탓이라는 생각도 들었다. 체구가 워낙 작았고, 스물한 살인데도 키는 160센티미터를 살짝 넘고 몸무게도 40킬로그램 남짓밖에 되지 않아 초등학생을 지도하기에 어른스럽지 않아 보일 수 있겠다 싶었다. 인종도 문제였다. 브롱크스의 부촌인 리버데일에 있는 한 학교에서 면접을 봤을 때의 일이다. 면접관으로 나온 교장은 치점에게 자격 미달이라고 했다. 서류상 자격 요건은 충분했으니 새로운 변수는 인종뿐이었다. 치점은 고용주가 될지도 모르는 교장에게 대놓고 이를 지적하며 쏘아붙였다. "교장 선생님은 행정 경험이 더 많은 사람을 찾고 계신 게 아닙니다. 제가 흑인이라는 사실을 모르셨던 거겠죠." 치점은 학교를 나서며 다짐했다. "언젠가 기회가 오면 백인들이 나를 절대 잊지 못하게 해주겠어." 마침내 할렘에 있는 한 보육원에 보조교사 자리를 얻을 수 있었다. 이 일이 무척 마음에 든 치점은 컬럼비아 대학 교육대학원에서 유아교육 석사과정을 밟기로 결정했다.[27]

치점은 1951년에 석사학위를 취득했고, 2년이 채 안 되어 관리직으로 올라섰다. 처음엔 브루클린의 한 유치원 원장이 되었다. 이듬해에는 맨해튼의 한 대형 보육원으로 자리를 옮겨 직원 24명을 통솔해 거의 절반이 히스패닉계인 아동 125명을 보육하는 업무를 관리했다. 유창한 스페인어 실력이 큰 도움이 됐는데, 이는 이후 정치계에 투신한 뒤에도 마찬가지였다. 1960년에는 그간 보여준 성과 덕분에 뉴욕 시 아동보육 부서 자문에 임명되었다. 10년도 안 되어 뉴욕의 워킹 맘과 가족들의 충실한 대변자로 자리매김한 것이다.[28]

치점은 일자리를 찾은 뒤 대학을 졸업했다. 또한 젊은 여대생으로서는 흔치 않게 조직화된 정당정치 경험을 상당히 쌓은 터였다. 학부생 시절 우연히 제17선거구민주당클럽 모임에 여러 차례 참여한 적이 있었다. 물론 '연사에 관심이 갈 경우'에 한해서였다. 어쩌면 위소프 교수의 권유 때문이었는지도 모른다. 치점이 살던 베드퍼드스타이베선트 일대에서 이 클럽이 발휘하는 정치적 영향력은 참고만 살아야 했던 흑인 주민들의 무력함과 크게 대조되었다.[29]

치점의 관심을 끈 제17선거구민주당클럽은 뉴욕 시 정계를 주름잡던 다른 여러 정당 조직과 비슷했다. 아일랜드계 미국인으로 이루어진 지도부가 '선거구를 운영'했고, 지역 차원에서 엽관제도 선거에서 이긴 정당이나 대통령이 관직 임명권을 갖는 제도를 총괄했다. 각 선거구의 지역구 위원장과 주의회 하원의원 등 공석이 된 자리에 당이 내세울 후보도 결정했다. 지역장은 투표를 독려하고 선물을 돌렸다. 추수감사절 칠면조가 가장 흔했다. 대표와 그가 이끄는 당 조직에 대한 충성을 확보하려는 목적이었다. 간단히 말해, 지역구 위원장과 지역장은 '지역사회의 막후 실세'로 지역의 선출직 공직자들을 '뽑거나 잘랐다'. 클럽은 수십 년 동안 인구 구조가 광범위하게 변화하는 와중에도 뛰어난 회복력을 보였다. 클럽 회원들은 매주 클럽 회관에서 지역구 위원장의 주재하에 집회를 가졌고, 이 자리에서 주민들은 우려를 제기하거나 지원을 요청할 수 있었다.[30]

1940년대 중반 제17선거구민주당클럽의 대표는 아일랜드계

미국인 스티븐 카니였다. 제17선거구의 유권자 다수는 아프리카
계 미국인이었지만, 이 지역의 정치를 관장하는 제17선거구민주
당클럽은 여전히 '모두 백인(대개 아일랜드계)'이었다. 치점은 카니
가 '방 한구석에 있는 단상에 아첨꾼들에게 둘러싸여 앉아서 유
권자들이 발언 기회를 기다리는 모습 그리고 흑인과 백인이 양쪽
으로 나뉘어 앉아 있던 모습'을 생생히 기억했다. 아프리카계 미
국인들은 "오기는 했지만 제자리에 잠자코 앉아 있을 뿐이었습니
다…… 흑인들이 참석한 이유는 조직으로부터 환영받거나 실질
적인 성과를 남길 가능성이 보여서가 아니었어요. 도움이 필요해
서였습니다."[31]

이 성실한 사람들이 발언 기회를 한번 얻으려고 '매일 저녁 가
만히 기다리는' 모습에 치점은 분노했다. "그네들에게는 모욕적
이고 굴욕적인 일이었죠. 마치 가축처럼 취급받았으니까요." 집
회가 있던 '어느 날 밤', 치점은 당당히 앞으로 나가 단상에 올
랐다. 그리고 발언 기회를 요청했다. 간부 둘이 앞을 막고 '줄 끝
으로' 가서 순서를 기다리라고 하자 셜리는 거부했다. "안 됩니
다. 시급한 문제예요." 치점은 베드퍼드스타이베선트 주민들에게
시정이 제대로 미치지 않는 이유를 설명해달라고 시 공무원들에
게 요구했다. 왜 흑인 동네의 쓰레기는 수거가 안 되는데 백인 동
네의 쓰레기는 정기적으로 수거되는지, 왜 베드퍼드스타이베선
트에는 '경찰의 충분한 보호'가 없는지, 왜 '주거 규정이 시행되지
않는지'를 물었다. 치점이 질문 공세를 퍼붓자 그 자리에 있던 정
치인들은 정중하게 경청하더니 "질문에 답하더군요. 하지만 제도

가 변하지는 않았죠". 치점은 유감을 표했다.[32]

　치점의 대담한 행동은 제17선거구의 분위기가 전반적으로 변하고 있다는 증거였다. 백인의 정치 독점에 대한 아프리카계 미국인들의 반발은 치점이 민주당클럽에 참석하기 시작하던 1940년대 중반 무렵 이미 흐름을 타고 있었다. 그 초창기에 손에 꼽을 만한 도전으로 서인도 제도 혈통의 성공한 회계사 버트럼 베이커가 1938년 제17선거구 조직의 '하부 조직'을 창설한 일을 들 수 있다. 아프리카계 미국인들의 존재감과 힘을 키우고 공직 임용의 가능성을 높이려는 목적이었다. 치점이 제17선거구민주당클럽 모임에 참석하기 시작하던 무렵, 베이커의 조직은 백인 정치 기구가 독점한 관직 임명권을 빼오는 문제에서 변변찮은 성과만을 거둔 터였다. 베이커가 백인 중심의 민주당에 지나치게 유착되어 있고, 백인의 식탁에서 떨어지는 '부스러기'에 너무 빨리 안주했다는 비판이 제기됐다. 치점도 이 점에 동의했다.[33]

　대학 4학년 재학 당시, 치점은 선거구 내 흑인 실력자 웨슬리 맥도널드 홀더와 안면을 텄다. 홀더는 치점의 삶을 극적으로 변화시켰다. 치점의 아버지처럼 영국령 기아나 출신의 이민자로 마르쿠스 가비의 열렬한 추종자였던 홀더는 킹스 카운티 정계의 떠오르는 실력자였다. 그는 '흑인 공동체를 대변할 수 있는 흑인 후보를 당선'시키겠다는 결의에 차 있었다. 치점은 홀더와 불편한 시기도 겪었다. 하지만 1946년경 처음 만난 뒤 치점은 홀더를 '누구보다 더 영민하고 강인한, 타고난 흑인 정치인'으로 평가했다. 여기에 신념까지 갖춘 홀더는 치점의 마음을 끌어당겼다.[34]

베드퍼드스타이베선트는 주민 구성이 변하면서 정치적으로도 변화하고 있었다. 치점은 수십 년간 백인 정치인들이 '허울 좋은 약속에 대한 대가'로 아프리카계 미국인들의 표를 얻어갔다고 평가했다. 하지만 표를 얻은 백인 정치인들은 힘도, 관직 임명권도, 원조도 내놓지 않았다. 1940년대 후반 민주당클럽의 백인 지도부는 아프리카계 미국인들의 표심을 잡기 위한 조치가 필요하다고 판단했다. '구색 맞추기로 몇몇 흑인'에게 자리를 줬다. 지역사회 운동가들은 지도부의 모욕적인 처사에 제17선거구민주당클럽이 여전히 정치적 미래와 관직 임명권을 장악하고 있다는 사실을 깨달았다. 클럽의 횡포에 진절머리가 난 치점은 아일랜드계 정치인 클럽에 들어가 무엇을 배울 수 있을까를 알아보기로 결심했다.[35]

클럽은 치점을 '카드 파티 준비위원회'에 배정했다. 이에 따라 치점은 '대부분 회원의 부인들로 구성된' 여성의 세계에 합류했다. 치점은 금세 이 클럽이 '여성을 착취한다'는 결론을 내렸다. '여성들이 운영하는 연례 복권 추첨식과 카드 파티의 수익금'이 클럽의 '밥줄이었지만 정작 위원회의 운영 자금은 받지 못했다. 치점은 위원회 동료 여성들에게 이 점을 지적해 동의를 얻어냈다. 그들은 압력을 가해 예산을 얻어내는 데 성공했다. 곧 여성회원들 사이에서 치점이 반항아라는 소문이 퍼져나갔다. 치점은 자신이 '클럽의 착한 흑인 여성'이자 전시용이라는 사실을 알았지만 (본인의 말마따나) '마음에 담아두지 않았다.'[36]

한편 교직과 지역 정치에 발을 들이던 시기에 치점은 대학 4학년 때 만난 남자와 사랑에 빠졌다. 이 첫사랑은 치점에게 깊은 상처를 남기며 끝났다. 치점은 청소년기에 남학생들과 그들이 있는 세상을 '접하지 못했다'. 대학 시절에도 마찬가지였다. 부모님과 함께 살고, 많은 '시간을 도서관에서' 보냈다. 치점은 브루클린 대학에서 친한 친구를 사귀지 못했다고 고백했다. 춤을 아주좋아하고 이따금 파티에 참석했지만, 남학생들은 자신을 '책벌레'나 '다가가기 힘든' 사람으로만 보는 듯했다. 매주 일요일에는 여전히 어머니가 시키는 대로 예배를 세 차례 드렸고, 대학생이 되었는데도 '데이트는 금지'였다.[37]

그러던 중 부활절 방학 동안 맨해튼에 있는 보석상에서 일할때 '잘생긴 연상의 남자'가 나타났다. 치점은 이 매력적인 자메이카 남자에게 반해서 점심을 같이 먹기 시작했고, 이내 사랑에 빠졌다. 하지만 방학이 끝나자 학교로 돌아와야 했다. 새 남자친구는 '토요일에 브루클린의 집으로 찾아오겠다며 고집을 부렸다'. 1946년 봄, 세인트 힐 가족은 베드퍼드스타이베선트에 있는 1만 달러대의 프로스펙트 플레이스 맨션을 구입하는 어마어마한 성공을 이뤄냈다. 쥐꼬리만 한 보수에 고된 노동을 하며 한 해 한해 희생하고 '아끼고 아껴'온 부부의 꿈이 이뤄진 것이었다. 치점은 부모님의 '놀라운 성공'이 그렇게도 자랑스러울 수가 없었다.[38]

어머니는 치점의 남자친구가 속물이라며 반대했지만 두 사람의 관계는 깊어만 갔다. 2년 후에는 약혼을 했다. 하지만 정식으로 결혼 약속을 한 지 얼마 되지 않아, 치점은 약혼자가 자메이카에서 이미 결혼해 가족을 꾸리고 있다는 사실을 알게 됐다. 사랑을 약속했던 그 남자는 사귀는 내내 거짓말투성이였다. 미혼 행세뿐 아니라 범죄 조직에 연루된 사실도 숨겼다. 그 '범죄'란 '이민 사기'였다. '위조 출생증명서를 이용해 사람들을 미국으로 데려온 뒤 그들을 협박해 돈을 뜯어내는' 일이었다. 딱 이런 종류의 사기 사건이 1948년 뉴스로 터져나왔다. 이민 당국은 자메이카 출신으로 뉴욕에 거주하는 50세의 세일즈맨을 체포했다. 40명으로 구성된 조직의 두목이었다. 치점은 약혼자의 과거와 배신을 알아채자마자 파혼을 했다. '이민 귀화국이 그를 체포하고 추방'한 직후였다.[39]

실연에 큰 충격을 받은 스물네 살의 치점은 한동안 심각한 우울증에 시달렸다. '충격' 때문에 먹지도 자지도 못하고 '자살까지 생각했다'. 시간이 얼마쯤 지나서야 '겨우 정신을 차리고 현실로 돌아왔다'. 하지만 상처는 아물지 않은 채였다. 끝이 좋지 않았던 경험 탓에 남자에 대한 의심이 커졌고, 남자들을 지나칠 만큼 공손하게 대하던 버릇도 고쳐갔다.[40]

치점은 실연의 후유증 속에서도 일을 계속했고, 컬럼비아 대학에서 학업도 이어나갔다. 거기서 콘래드 치점을 만났다. 자메이카 출신으로 '전쟁 통에 도미한 콘래드는 즉석요리 요리사로 일하다가 사립 탐정으로 전직해 차근차근 성장해가던 중이었다. 콘래드가 치점에게 관심을 보였지만, 치점은 그의 관심을 꺾기 위해 애썼다. 콘래드는 치점의 '믿음직한 성품'을 높이 평가했다. "셜리는 침착하고 차분하며 신중했어요. 그리고 원하는 게 있으면 얻어냈죠. 그래서 말했어요. 내가 찾던 사람이라고요." 열두 형제 중 한 명이었던 콘래드는 따뜻하고 자상했으며, 가족과 가정을 중시하는 사람이었다. 치점은 이렇게 회상했다. "결국 콘래드의 차분한 의지와 한결같이 공감해주는 면이 제 마음을 파고들었어요. 이 사람은 다르다는 사실을 알게 됐지요. 우리는 1949년에 결혼했습니다."[41]

콘래드는 치점의 꿈을 최우선으로 생각하는 남자였다. 블러드 대령에게 의지한 빅토리아 우드헐처럼, 빌 루이스에게 온전히 의지한 마거릿 체이스 스미스처럼 설리 치점 역시 반려자의 헌신 덕분에 자유를 얻었다. 콘래드가 어느 날 말했듯이 그는 '좋은 여자를 지키는 원더맨'이었다. 콘래드는 설리 치점이 본격적으로 정치에 뛰어든 뒤에도 한결같이 지지해주었다. 치점은 이렇게 이야기했다. "생각 없는 사람들은 제 남편을 보고 잡혀 사는 걸 즐기는 약한 남자임이 분명하다고 이야기합니다. 그 사람들은 두 가지 점에서 틀렸습니다. 콘래드는 강하며 제 앞가림을 할 수 있는 사람이라는 점과 제가 그를 잡고 사는 게 아니라는 점입니다. 약한 남자가 저희처럼 불안정한 생활을 했다면 진작 결딴났겠죠." 콘래드는 치점이 갈망하던 '세상의 이목'에는 별 관심이 없었다. 치점은 선거운동 중에 남편이 사진가들에게 이렇게 말하던 모습을 떠올렸다. "아내 사진이나 찍어주세요." 그러고는 '카메라를 피해 방구석에 서서 파이프를 입에 물었다.

사실 결혼생활 초부터 둘만의 보금자리를 꾸리느라 노력한 사람은 콘래드였다. 설리 치점은 그때 "물도 끓이지 못했다". 콘래드는 '우리 가족 요리사'가 되었고, 뒷날 '요리를 무척 잘했노라'며 자랑스레 회상했다. 치점 부부에게는 아이가 없었다. 그래서 두 사람의 가정생활은 둘만의 시간을 중심으로 돌아갔다. 콘래드 는 다음과 같이 회고했다. "집에서 설리는 싸움과 거리가 먼 사람 이었어요. 우리는 그저 함께 사는 좋은 사람들이었고, 가끔 서로 약한 모습을 보일 때도 있었죠. (…) 아내가 제 어깨에 기대어 울 기도 했고요."[42]

설리 치점은 공직에 뛰어들기 전인 결혼생활 초반, 다양한 시 민 단체에서 활발히 활동했다. 1950년대에는 전미유색인종지위 향상협회NAACP 지부와 두 흑인 여성 단체 키위민오브아메리카 the Key Women of America, 전미여대생협회 뉴욕 지부에 소속되어 있 었다. 1958년, 서른세 살의 치점은 이미 베드퍼드스타베이선트에 서 유명인이었다. 이해에 '돋보이는' 지역사회 활동으로 브루클린 여성협의회에서 표창을 받기도 했다. 하지만 정치만큼 끌린 것은 없었다. 치점은 베드퍼드스타베이선트의 아프리카계 미국인 정 치 비주류파와 백인이 주를 이루는 민주당 당 조직 사이를 오갔 다. 치점의 '고집'과 '힘 있는 자들이 가난한 이들의 앞길에 쏟아 놓는 온갖 모욕, 비방, 매도에 저항하겠다는 결의'를 본 사람들이 치점 주위로 모여들었다.[43]

1950년대 초반에는 민주당 고위층의 권위에 반기를 든 웨스 홀더(통칭 맥)에게 운명을 맡긴다. 치점이 대학 시절 처음 만난 바 로 그 사람이었다. 브루클린 최초로 아프리카계 미국인을 판사에 당선시킨 홀더는 베드퍼드스타이베선트정치연맹BSPL을 발족시킨 다. 치점이 '사실상 당내 반동 그룹'이라 평한 BSPL은 뉴욕 주정부 곳곳에 흑인 후보들을 지역사회의 대표로 세우는 일에 주력했다. 치점은 "그 출발부터 함께했고, 점차 맥의 피후견인이자 주요 참모 중 한 명으로 자리잡았다". BSPL은 '치열하고 투쟁적인 흑인 리더십'을 표방하며 1954년 오로지 흑인만을 후보로 내세웠지만 선거에서 패했다. 이후 몇 년 동안 패배가 거듭됐다. 당 조직이 선거를 휩쓰는 경우가 많았다. 그럼에도 BSPL은 유권자 등록을 장려하며, 언젠가 지역사회가 지역 민주당 고위층의 견고한 권력을 깨트리고 말리라는 이상을 고수했다.[44]

한편 제17선거구클럽 지도부는 흑인이 선거구의 다수를 차지하게 되리라는 사실을 깨달았다. 즉 클럽의 생존은 아프리카계 미국인의 충성을 확보하는 데 달려 있었다. 머뭇거림 속에서 이를 위한 조치가 취해졌다. 1957년 초, 치점을 부회장으로 앉힌 것이다. "클럽에서 흑인들을 보니 기뻤습니다. 제가 그렇게 권하기도 했고요." 빈센트 카니(스티븐 카니의 형제로 당시 제17선거구클럽 지도자)는 훗날 이렇게 주장했다. "흑인들이 돌아섰습니다." 1950년대 중·후반, 미국인들은 민권운동의 세력 확장이 남부에 국한되는 현상이라고 생각했을지 모른다. 북부 여러 도시로 번지던 민심의 동요를 보지 못한 탓이다. 이로써 북부 정계도 흔들리기 시작했다. 치점은 시류에 몸을 싣고 힘을 얻다가, 파도가 베드퍼드스타이베선트를 휩쓸자 그 위에 올라탔다.[45]

제17선거구 위원회에서 잠시 일하기는 했지만, 치점은 이러한 구색 맞추기로 진짜 권위를 얻었다고 착각하지 않았다. 대신 '정계 위로 올라가겠다'고 다짐했다. '착취의 냄새가 나는 흑인 지배나 백인 지배는 일체' 거부했다. 1958년, 치점은 정치 멘토인 웨스 홀더에 대항해 출마하기로 결심했다. 홀더가 세운 BSPL의 회장 선거였다. 치점의 도전에 홀더는 놀라고 분노했다. 그리고 자리를 지키기 위해 방비 태세를 단단히 했다. 선거일 밤, 홀더의 글이 실린 전단이 돌았다. 치점은 이를 '잉크로 쓴 독설'이라며 비판했다. 홀더는 피후견인 치점을 맹비난했다. "저는 3년 동안 설리 치점을 밀어주었습니다. 그런데 치점은 그 대가로 오늘밤 저를 밀어내려고 합니다." 승리는 홀더에게 돌아갔다. 패배한 치점은 금세 정치판에서 밀려났다. '정치 스승'과의 관계 역시 10년 동안 얼어붙었다.[46]

하지만 야인생활은 짧았다. 1960년 치점은 돌아왔다. 백인이 장악한 정치 기구의 전복을 노리는 활동가들에게 합류했다. 이번에는 아프리카계 미국인 변호사 톰 존스가 투쟁을 이끌었다. 새로운 단체 통합민주당클럽Unity Democratic Club, UDC이 후원했다. UDC는 장기간 방치됐던 시급한 지역사회 문제 해결을 정강으로 내세웠다. 최저임금 인상, 아프리카계 및 푸에르토리코계 미국인들의 고용 기회 확대, 학교, 보건, 주택 개선 등의 현안이었다. UDC 회원들은 무엇보다 정치 토론회나 세대별 방문을 통해 투표의 중요성을 시민들에게 인식시키고자 노력했다. "보스가 지배하는 플랜테이션 농장은 이제 그만!" UDC의 구호에 담긴 요구였다.[47]

UDC는 첫 선거에서 비록 실패했지만, 1962년에는 상황이 달라졌다. UDC의 '적극적인 골목길 유권자 등록운동'이 변화를 이끌었다. 톰 존스는 주의회 하원의원과 지역구 위원장에 출마하여 손쉽게 승리하며 제17선거구민주당클럽의 수장을 밀어냈다. 치점은 만족스러웠다. "마침내 그 백인 단체가 베드퍼드스타이베선트에서 명을 다했습니다." UDC는 제17선거구의 '공식 민주당 조직'이 되었다. 이제 브루클린 정계에서 아프리카계 미국인들의 역할이 바뀌었다. 적어도 겉보기에는 그랬다. 민주당 카운티 및 주 위원회는 곧장 UDC 지도부를 주목했다. 당연하게도 민주당은 이 베드퍼드스타이베선트의 반동 세력을 제 편으로 만들려 했다. 민주당 고위층은 친숙한 백인 조직의 지지를 잃는 한이 있더라도 흑인 표를 잃을 생각이 없었다. 그들은 관직 임명권의 필요성을 인식했다. 1964년 민주당 카운티위원회 지도부는 톰 존스를 민사법원 판사로 내세웠다. 그가 염원하던 자리였다. 자연스레 존스의 주의회 의석이 공석이 되었다. 마침내 치점에게 선출직을 차지할 기회가 찾아온 것이다.[48]

치점은 재빨리 UDC에 선거운동을 시작해달라고 요청했다. "저는 그 의석을 원했습니다. 제게 자격이 있다고 생각한다며 클럽에 이야기했죠." 누구도 치점을 위해 길을 닦아주지 않았다. 셜리 치점은 마거릿 체이스 스미스처럼 별세한 배우자를 대리해서 의석을 차지하지는 않았다. 오직 스스로의 정체성과 노력을 통해 정당정치 안에서 길을 찾아냈다. 치점은 이에 대해서 가감없이 이야기했다.

그때까지 저는 10년 남짓 지역 정계에서 일하면서 공직 출마 빼고는 온갖 일을 다 했습니다. 시가 상자 담당부터 시작해서 유권자 목록을 정리하고, 민원을 접수하고, 집집마다 찾아다니고, 전화도 받고, 편지봉투도 붙이고, 유권자들이 투표소에 잘 찾아가도록 돕기까지 했습니다. 전부 다른 사람의 당선을 위해서였죠. 당선자들이 모두 남자라는 건 두말할 나위도 없었습니다. 정치란 그런 식이었으니까요. 이 상황은 언젠가 바뀌어야 했고, 저는 그때가 변화를 시작할 시기라고 결의를 다졌습니다. 저야말로 누구보다 자격이 있었고, 여성이라는 이유로 거부당하지 않을 작정이었습니다.

치점은 UDC의 동료들에게 단도직입적으로 주장했다.[49]

UDC 내에서 즉각 반대의 목소리가 터져나왔다. 민주당 카운티위원회 지도부, 그리고 치점도 곧 알게 되듯이, 그저 여자가 출마한다는 사실에 반대하는 일부 유권자였다. 존스도 치점의 입후부를 전적으로 지지하시는 않는 듯했나. 애초부터 존스는 UDC 지도부의 요직을 남자가 맡았으면 하고 바랐다. 한편으로는 '흑인 남성 청년'들에게 긍정적인 '이미지'를 주기 위해서였다. UDC의 남성들은 자기가 치점의 선거운동이나 돕고 있을 사람이 아니라고 느끼곤 했다. 치점을 싫어하는 사람들도 있었다. 1964년까지 오랫동안 민주당에 몸담으면서 얼마간의 적이 생긴 것은 당연했다. 결국 존스는 치점 편에 섰다. 치점은 UDC와 민주당 킹스카운티 지도부의 지지를 얻어냈다. 이 후보 지명은 『암스테르담 뉴스』의 말처럼 "브루클린 정계 역사에 길이 남을 일"이

었다.[50]

치점은 곧 여성이라는 점에 일장일단이 있다는 사실을 깨달았다. 한편으로는 부채, 다른 한편으로는 자산이었다. 남녀를 막론하고 치점에게 으름장을 놓았다. "여기 말고 집에나 붙어 있으시죠." 동시에 수많은 아프리카계 미국인 여성들과 친분을 쌓기도 했다. 오랫동안 지역 정계와 지역사회 활동에 참여해온 사람들이었다. 세17선거구의 등록 유권자 중 남성보다 여성이 많다는 점도 장점으로 작용했다. 거의 5000명이 더 많았다. "브루클린의 여성들이여, 움직이자." 한 아프리카계 미국인 여성 저널리스트가 셜리 치점의 입후보를 다룬 칼럼에서 쓴 글이다. "우리는 분명히 그녀를, 그리고 다른 많은 여성을 당선시킬 수 있다. 단결하면 힘이 생긴다. 우리가 수적 우위에 있다." 치점은 주의회 선거 유세를 하면서 유권자 등록에도 큰 공을 들였다.[51]

오랫동안 지역사회 활동을 하면서 여성 단체와 아동 및 복지 이슈에 큰 비중을 두었던 사실이 치점에게 힘이 되었다. 마거릿 체이스 스미스처럼 셜리 치점 역시 클럽 여성들의 지칠 줄 모르는 노력을 통해 큰 힘을 얻었다. 아프리카계 미국인 시민 단체 키위민오브아메리카의 브루클린 지부장이었기에 대규모 인력 동원도 용이했다. 키위민오브아메리카는 선거운동 과정에서 궂은일을 도맡아 하는 한편, 자금 조달에도 힘쓰며 치점이 후보로서 짊어져야 할 부담을 덜어주었다. 한 간부가 '우리는 셜리 치점의 중추와도 같은 존재'라고 말할 정도였다. 치점에게는 '우편물, 포스터, 집회'와 투표 독려활동을 감당할 자금이 거의 없었다. UDC

는 내줄 돈이 별로 없었고, 민주당 카운티위원회는 '크게 도울 생각이 없었다.' 치점은 사재를 털었다. 선거운동 중 은행에 네 차례 들러 총 4000달러를 인출했다. "지금 기준으로는 그다지 큰 금액이 아니죠. 그래도 그럭저럭 꾸려갔습니다." 결국 치점은 예비선거에서 70퍼센트 이상, 나아가 본선거에서 90퍼센트에 육박하는 득표율로 오히려 표차를 더 벌리며 승리를 거머쥐었다.[52]

여성들이 선거운동의 '중추' 역할을 했지만, 빼놓을 수 없는 집단이 하나 더 있었다. 치점은 극찬을 아끼지 않으며, 이 집단이 승리를 굳건히 해주었다고 주장했다. 바로 베드퍼드스타이베선트에 점점 더 늘어나던 푸에르토리코계 이민자들이었다. 선거 다음 날, 셜리 치점은 거리로 나가 유권자들에게 답례를 했다. 『암스테르담 뉴스』가 현장 소식을 전했다. '깃털 달린 로빈 후드 모자를 삐딱하게 쓰고 의기양양한 어깨 위에는 베이지 색 테두리의 주홍색 망토를 걸친' 치점은 '주변에서 환호하는' 인파를 향해 "스페인어와 영어로 끊임없이 감사 인사를 외쳤다". 이 유권자들이 '사상 최초로 브루클린에서 흑인 여성을 주의회에 당선'시켰으며, 치점의 감사 인사는 '야단스러웠다'고 신문은 전했다. 치점은 반대파에게 가볍게라도 한 방 날리지 않고서는 견딜 수 없었다. '콧대 높은 흑인 부르주아들이 좀더 지지를 해줬다면' 표 차이가 더 컸을 거라고 큰소리로 외쳤다.[53]

이 말을 들은 전 UDC 회원인 아프리카계 미국인 저널리스트 앤드루 쿠퍼는 『암스테르담 뉴스』에 편지를 보내 치점을 맹비난했다. "셜리 치점의 화려하고 극적인 옷차림은 신성한 주의회 의

사당에서 심각하게 논의해야 할 문제라고 확신합니다. 안타깝게도 선출된 공직자가 별난 옷을 입고 기이한 행각을 벌이는 모습을 유권자들이 참아야 하던 시대는 오래전에 지났습니다." 치점은 아프리카계 미국인이 자신을 지지하지 않았다는 사실을 꼬집으며 자신이 속한 공동체를 모욕하고 '매도'했다는 것이었다. 쿠퍼는 치점이 '제17선거구의 흑인과 푸에르토리코 시민들'을 분열시키려든 점을 사과하라고 요구했다. 하지만 1964년 뉴욕 주 선거에서 아프리카계 미국인들이 일궈낸 진전에 대한 찬사가 주를 이루었다. 선거구 조정이 변화의 주된 원인이었다. 이제 뉴욕 주 하원에는 6명, 상원에는 3명의 흑인 의원이 입법부에서 유권자를 대변하게 되었다.[54]

치점은 뉴욕 주의 주도인 올버니에 도착하자마자 정치적 독자 노선을 택했다. 마거릿 체이스 스미스가 당선됐을 때 택한 방식과 흡사했다. 두 여성 모두 다른 이들이 약점이라고 생각하던 여성이라는 소수자의 위치를 강점으로 삼았다. 당의 남성 간부들이 여성이라는 이유만으로 윗사람 행세를 하려든다거나 나아가 존재 자체를 무시하면 예측 불가능한 방법으로 응징했다. 1965년 1월, 주의회 의장직을 놓고 두 브루클린 의원 사이에 정치 투쟁이 벌어졌을 때가 대표적이다. 그중 한 명인 스탠리 스타인컷은 민주당 킹스카운티위원회 위원장으로 영향력이 대단했고 승리가 확실해 보였다. 그는 치점의 전임 의원인 톰 존스와 긴밀한 관계였고, 이 때문에 스타인컷 세력은 신임 의원 치점의 표를 당연시했다. 표를 얻으려는 노력을 전혀 하지 않은 데다 진행 중인 논의에 치점을 끼워주지도 않았다. 치점은 훗날 이렇게 설명했다. "저는 여성일 뿐 아니라 신참이었으니 으레 규칙을 수용하고 전통을 따르려니 하고 다들 생각한 거죠." 하지만 치점은 예상을 깨고 스타인것의 경쟁 후보인 앤서니 트라비아에게 표를 던졌다. 오랫동안 소수당 원내총무를 역임한 인물이었다. 트라비아가 의장직을 차지하자 치점은 대단히 기뻐하면서도 곧 트라비아에게 경고했다. 자신의 표를 당연시하지 말라고.[55]

치점은 뉴욕 주의회에서 4년간 일하며 '미국 정치의 작동 방식에 대한 교양 수업'을 받았다. '지역구와 카운티에서 받은 기초 교육에 이은 대학원 과정' 같았다. 이 시기는 치점에게 여러모로 괴로웠다. "배운 내용 중 마음에 안 드는 부분이 많았어요." 당리당략 및 사사로운 이익을 위해 신념과 양심을 내놓는 거래가 의원들 사이에 비일비재했다. 당선 전에 딱 세 번 와본 올버니에서 새 삶을 꾸려나가기에 치점은 준비가 부족했다. 낮에는 위원회 회의에 참석하고 입법과정을 배웠다. 저녁에는 디윗 클린턴 호텔 빙에서 홀로 시간을 보냈다. 동료 의원들은 곧잘 저녁을 함께 하며 한담을 나누었지만, 치점을 초대하는 일은 드물었다. 한 남성 의원은 "치점 의원이 밤에도 호텔에서 일하는 편을 좋아하는 줄" 알았다고 회고했다. 사실 맞는 말이었다. 치점은 저녁에 펼쳐지는 대규모 '행사' 분위기를 싫어했다. 주말이 되어 브루클린 집과 남편에게 돌아가기만을 학수고대했다.[56]

치점은 주의원으로 일하며 탄탄한 입법 기록을 남겼다. 4년의 임기 동안 50개 법안을 발의하여 그중 약 15개가 발효되는 뛰어난 성과를 거두었다. 특히 노동, 교육, 주택, 보건, 인종차별이라는 사회악 등 지역구의 핵심 이슈를 주로 다뤘다. 일하는 여성들의 어려움에도 귀를 기울였다. 발의한 법안 중에는 경험에서 우러나온 것도 있었다. 장애 학생의 등교 개선을 위한 복도 설계에 대한 법안이 대표적이었다. 치점은 이 법안을 무척 자랑스러워했다. 가정부의 처우 개선을 위해 노력했고, 뉴욕 주 최초로 가사노동자 대상 실업보험을 이끌어내는 성과를 거두기도 했다. 가정부 중에는 치점의 어머니처럼 가난한 유색 인종 여성이 많았다. 한편 교육계에 몸담은 경험으로 인해 교사와 학생들의 어려움에도 민감하게 대응했다. 치점은 출산휴가 중인 여성 교육자들을 보호하는 법안을 추진했다. 출산 휴가 기간을 재직 기간에 포함시키는 것이 골자였다. 공교육과 보육원 예산의 확대도 이끌어냈다. 의원으로서 진보적 개혁 의제를 추진하겠다는 약속을 지켰던 것이다.[57]

치점이 뉴욕 주의회에서 보인 활약은 유권자들의 반향을 불러일으켰다. 선거구 조정 때문에 4년 동안 선거를 세 번이나 치러야 했지만 1965년, 1966년에도 손쉽게 재선에 성공했다. 1966년, 치점을 오래전부터 비판했던 앤드루 쿠퍼가 베드퍼드스타이베선트에서 게리맨더링자기 정당에 유리하게 선거구를 변경하는 일 행위를 했다며 뉴욕 시 선거관리위원회를 고소했다. 선거관리위원회가 '의도적으로 비상식적이고 복잡하게' 경계선을 획정해 '베드퍼드스타이베선트 주민의 이익과 필요가 걸린 의회 대의권을 침해'했다는 게 이유였다. 당시 이 지역은 5개 선거구로 분할되어 있었다.

1967년 연방지방법원은 쿠퍼와 별개로 뉴욕자유당이 제기한 소송에서 게리맨더링이 위헌이라고 판결했다. 이에 따라 뉴욕 주는 선거구를 재획정했고, 베드퍼드스타이베선트의 대부분 지역은 크라운하이츠, 플랫부시, 부시윅, 그린포인트, 윌리엄스버그 지역과 함께 신생 제12연방의회선거구로 묶였다. 새 선거구 인구의 80퍼센트가량이 아프리카계와 푸에르토리코계였다. 이제 베드퍼드스타이베선트 주민들은 연방 의원 선출에 한층 더 결정적인 역할을 할 수 있게 됐다.[58]

새로운 선거구가 탄생하면서 새 의석이 생겼고, 그 주위를 맴도는 후보들도 나타났다. 1967년 12월, 베드퍼드스타이베선트 주민 위원회가 열려 선거에 내보낼 후보들을 심사했다. 위원회는 민주당 후보 12명을 면접한 뒤 셜리 치점을 지지하기로 결정했다. 치점의 '정치적 자주성', 주의회 활동 기록, 당 조직에 승리를 거두며 입증된 능력을 특히 높이 평가했다. 하지만 위원회의 열띤 지지도 여성 의원인 치점의 입지를 공고히 하기에는 부족했다. 아프리카계 미국인 후보 두 명이 민주당 예비선거에서 치점에게 도전장을 내밀었다.[59]

이때 예상치 못했던 조력자가 등장했다. 과거에 치점을 도왔던 맥 홀더가 다시 한번 미래의 킹메이커로 나선 것이다. 맥 홀더는 치점이 방향만 잘 잡으면 브루클린 최초의 흑인 하원의원이 될 가능성이 누구보다 더 높다는 사실을 인식하고 묵은 감정은 잠시 접어두었다. 홀더는 치점에게 '자신과 시민들 없이는 이길 수 없다'고 이야기했다. 둘은 화해했고 홀더가 선거 사무장을 맡았다. "우리가 흑인 남성의 불평등한 지위를 놓고 싸울 때 치점 의원에게 의지할 수 있다고 믿습니다." 맥 홀더가 전혀 비꼬는 기색 없이 설명했다.[60]

선거 전략은 이전 선거 때와 동일했지만, 이제 더 큰 힘이 모였다. 치점은 "윌리엄스버그, 크라운하이츠, 베드퍼드스타이베선트 거리를 행진했다". 흑인 동네에서는 "치틀린가난한 흑인들이 즐겨 먹던 돼지내장 요리을 먹고", 유대인 동네에서는 베이글과 훈제연어를 먹고, 푸에르토리코계 주민 동네에서는 스페인식 닭볶음밥을 먹었다". 그리고 특히 여성에게 다가갔다. 치점은 '모든 동네의 여성 지도자들에게 부탁했다. "여러분 지역의 여성들이 투표를 하도록 하세요." 치점은 자신을 '닮은' 사람, 그리고 '게토화된 지역사회에서 살아가는 사람들의 삶에 영향을 미치는 문제들을 해결하고자' 정진하는 사람으로 내세웠다.

예비선거에서 치점은 다음과 같은 슬로건을 내걸었다. "싸우는 셜리 치점, 돈과 권력에 휘둘리지 않는 후보." 진작 정평이 난 치점의 정치적 독립성이 담긴 문구였다. 또한 흑인 여성으로 살아오면서 얻은 자유를 상징하기도 했다. 돈을 뿌리고 권력을 휘두르는 자들의 지지와 후원을 받지 못한 정치인, 그렇기에 갚아야 할 돈도 섬겨야 할 주인도 없는 정치인, 그런 정치인이 바로 치점이었다.[61]

1968년 늦겨울부터 봄까지 치점의 메시지는 거센 반향을 일으켰다. 1968년, 그 끔찍했던 해에 1960년대 존 F. 케네디의 대통령 당선으로 시작된 자유주의적 이상주의가 갑작스런 사망 선고를 받았다. 당시 남부의 인종분리주의에 맞선 싸움이 전국으로 번져가고 있었다. 1965년 와츠 폭동에서 1967년 디트로이트 폭동까지 인종차별, 분리주의, 경제적 불평등, 도시에 만연한 빈곤은 결국 논쟁과 사회운동의 불씨가 되었다. 베트남 전쟁 또한 미국을 크게 분열시켰다. 페미니즘의 새로운 물결이 1960년대 내내 힘을 키웠다. 1960년대 말, 여성 해방 운동은 미국 여성의 경험과 지위를 극적으로 변화시켰다. 치점이 선거운동을 하던 1968년 내내 충격적인 사건 없이 조용히 넘어가는 달이 없었다. 1월 베트콩의 구정 대공세1968년 음력설인 1월 28일 베트콩이 취한 전면 공세로, 승리의 초석이 되었다부터 4월 마틴 루서 킹 주니어 암살, 6월 로버트 F. 케네디 상원의원 암살이 잇따랐다.

이런 상황에서 치점은 뉴욕 주 제12연방의회선거구 의석을 두고 선거운동을 시작했다. 2월, 치점을 비롯한 뉴욕 주의 아프리카계 미국인 정치 지도자들은 뉴욕 주 아프리카계 미국인의 지지를 당연시하지 말라고 민주당에 경고했다. '관직 임명권, 권력, 승인' 없이는 '민주당의 전국, 주, 지역 단위 후보인 명단'을 그대로 받아들이지 않겠다는 결정이었다. 민주당흑인당선자협의회는 "우리와의 협상에 실패한다면 다음에 나설 사람들은 스토클리 카마이클극좌 단체 블랙팬서의 지도자과 랩 브라운학생비폭력조정위원회 의장이자 민권 운동가을 보수주의자로 둔갑시킬 것'이라며 으름장을 놓았다. 사실 치점에게 흑인 강경파보다 훨씬 더 골치 아픈 사람들은 백인으로 구성된 민주당 킹스카운티 위원회와 훗날 치점의 성별을 문제 삼은 아프리카계 미국인 남성 정치인들이었다. 치점이 6월에 열린 민주당 예비선거에서 약 46퍼센트의 득표율로 두 경쟁자를 물리치자 『암스테르담 뉴스』는 다음과 같은 헤드라인을 내걸었다. "전직 교사, 연방의회를 노리다."[62]

한편 인종평등회의Congress of Racial Equality, CORE의 전직 의장이자 전국적으로 유명세를 떨치던 민권 운동가 제임스 파머가 3월에 자유당 후보로 선거전에 합류했다. 파머는 제12선거구는커녕 브루클린 거주자도 아니었으나, 5월에 선두로 치고 나갔다. 당시 그는 공화당 후보로도 지명을 받았다. 그의 선거 캠프에 돈이 쏟아져 들어갔다. 파머와 맞붙자 치점의 오랜 민주당 정치 경험과 4년의 주의회 경험도 그 의의가 급격히 퇴색했다. 민주당 소속의 브롱크스 자치구장 허먼 바디요는 진보적 명분에 '일생'을 바친 점을 강조하며 파머를 지지했다. 뉴욕 주지사 록펠러도 그 대열에 합류했다. 그는 파머를 '전국적인 사랑과 존경'을 얻은 사람, 의회에 영향력을 미칠 수 있는 인물로 평했다. 언론으로부터 소외당한다고 느낀 치점은 어느 날 저녁 TV 방송국에 전화로 불만을 털어놓은 뒤 "의원님이 뭐라도 됩니까? 학교 선생을 하다가 어쩌다 주의회에 가게 된 것 아닙니까?"라는 말을 들었다. 치점은 기회가 될 때마다 이런 편견에 맞섰고 다음과 같은 주장을 하기도 했다. "파머 후보는 본인이 전국적인 유명 인사이기 때문에 연방 의석을 차지할 자격이 있다고 생각하시는 듯합니다. 글쎄요, 연방 정부에서 파머 후보에게 일자리를 하나 찾아주면 좋겠군요."[63]

아무리 치점이 일부 언론에서 '키 작은 학교 선생'이라는 비하를 당했다지만, 지역사회의 이익을 고려할 때 치점이 그렇게 영향력 있는 인물을 무시해도 되느냐는 의문을 제기하는 사람들도 있었다. 『월스트리트 저널』은 선거운동을 다루면서 사회학자 대니얼 패트릭 모이니핸의 1965년 보고서를 인용해 직접적인 질문을 던졌다. 보고서의 결론은, 『월스트리트 저널』의 표현을 인용하자면, '흑인 가정은 대체로 여성이 가장이며' 이는 흑인 남성과 어린이들의 희생을 발판으로 삼는다는 내용이었다. 『월스트리트 저널』의 관점에 따르면 '브루클린 선거전은 흑인 게토지역의 남성 대 여성 문제에 국한될 뿐이며, 의회에 여성을 보내는 문제가 흑인 빈민가에 만연한 모계사회를 영속시킬 가능성'이 있었다. 파머 캠프는 그렇게 생각하는 듯 보이며, '여성 가장 문제를 이용'하려 한다고 보도했다. 파머 캠프의 공격 전략 중 하나는 "산전수전을 다 겪은 강력하고 남성적인 흑인 리더십을 따르라. 우리 아이들에게는 제임스 파머와 같은 흑인 남성성의 상징이 필요하다"며 흑인 커뮤니티에 촉구하는 것이었다.[64]

치점은 경쟁 후보가 편견을 이용해 여성의 의회 진출을 막으려 한다는 사실에 치를 떨었다. 뒷날 파머가 "건장한 흑인 남성의 이미지를 심어주려고 트럭에 아프로 헤어스타일을 한 젊은 청년들을 잔뜩 태워 톰톰을 두드리게 하면서 선거구를 돈다"고 불만을 토로한 적도 있다. 치점은 선거운동에 성별 문제를 끌어들일 생각이 없었지만, 뒷날 회고한 대로 선택의 여지가 별로 없다고 느끼기도 했다. "누군가가 성별을 이용해 나를 공격하려든다면 기꺼이 맞서주겠다." 언론은 끊임없이 성별 문제를 언급했다. 『뉴욕 타임스』는 '파머 대 여성, 베드퍼드스타이베선트의 치열한 선거전'이라는 헤드라인으로 장문의 기사를 내기도 했다. 여성이 당선되면 아프리카계 미국인 남성과 가정의 기반이 약화될 가능성이 있지 않느냐는 질문을 받은 치점은 기자의 표현대로 '분노했다. "5년 전 제가 이곳에 왔을 때 오로지 흑인 남성들만 의석을 차지하고 있었습니다. 하지만 그들은 기대에 부응하지 못했지요. 사람들이 저를 찾아와 무언가를 해달라고 부탁했습니다. 흑인 여성이 흑인 남성을 무력하게 만드는 게 아닙니다. 흑인 남성들이 기대에 부응하지 못한 것이죠. 제가 이 자리에 선 이유는 그 공백을 메우기 위해서입니다."

치점은 특히 '정치 분야의 여성 차별'에 공세를 취했다. 여성들은 남자를 내세우는 정치 단체들에서 아주 오랫동안 '차례를 기다리며' 열심히 일했다. 치점은 다음과 같이 주장했다. "여성은 남성이 하지 않는 일을 했습니다. 제가 그 일들을 다 해봤기 때문에 잘 알고 있습니다." 그녀는 이제 파머에게 주눅 들지 않았다. "파머 후보가 맨해튼에서 이쪽으로 건너온 이유는 제가 쉬운 상대라고 생각했기 때문이겠죠. 저는 파머 후보가 두렵지 않습니다. 저는 지금껏 상대한 남자 후보들을 크게 혼쭐내줬습니다." 치점은 또다시 그럴 태세였다.[65]

선거를 세 달 앞두고 치점은 골반 양성종양 제거 수술을 받았다. 의사들은 한동안 휴식을 취하며 회복기를 가지라고 충고했다. 하지만 치점은 곧바로 선거운동을 재개했다. 홀더는 치점에게 위험한 흑인 가모장의 이미지를 덧씌우려는 상대 진영의 공격에 맞설 전략을 구상했다. 홀더는 유권자 기록을 조사하여 여성

등록 유권자의 수가 남성 등록 유권자의 2.5배라는 사실을 파악
했다. 일각에서 흑인 공동체의 약점이라 여기는 가모장 가구는
한편으로는 치점이 기댈 수 있는 유권자들이었다. 홀더와 치점은
여성들을 찾아갔다. 여성 클럽이나 단체의 지도층이 주요 대상이
었다. 그중 많은 수가 치점 캠프에 합류해 표심 결집에 힘을 보탰
다. 11월 5일, 치점은 『암스테르담 뉴스』의 표현대로 파머를 '때려
눕혔다'. 두 배 가까운 표 차를 내며 아프리카계 미국인 여성 최
초로 미국 연방의회 하원에 입성한 것이다. 그날 밤, 녹색 정장
차림에 국화 꽃다발을 들고 나타난 치점은 의회에서 침묵하지는
않겠노라고 지지자들 앞에서 약속했다. 그로부터 1년도 안 돼 치
점은 대통령 출마를 구상하기 시작한다.[66]

최초의 흑인 여성 하원의원이라는 위상은 하룻밤 새 치점을
전국구급 인물로 격상시켰다. 전국 언론이 그녀의 당선 사실을
대서특필하며 놀라운 성공을 전했다. 치점의 승리는 사실 전 사
회적 변화의 소산이었다. 1969년 1월 초, 치점은 취임식에서 다
른 9명의 아프리카계 미국인 하원의원들과 한자리에 앉았다. 한
흑인 신문에서 보도한 대로 '재건 시대 이후' 하원에 그렇게 많
은 '흑인 의원들'이 자리한 적은 없었다. 치점의 당선을 미국 여
성의 승리라고 부르며 축하하는 목소리도 이어졌다. 『뉴욕 타임
스』는 "'지난 열두 달 동안' 여성은 새로운 권리와 공직을 차지했
고 여성이 진출한 전례가 없는 곳에서도 인정받았다"며 1968년
이 '여성의 해로 역사에 남을지' 궁금증을 표했다. 치점은 열 번
째 여성 하원의원이었지만, 91대 의회까지도 역대 여성 상원의원

은 마거릿 체이스 스미스가 유일했다.[67]

새로운 회기 초반부터 치점 등 아프리카계 미국인 의원들은 비공식 코커스를 세울 만한 수적 세력을 확보했다고 판단했다. 1971년, 이들은 힘을 규합해 블랙코커스CBC를 설립했다. 치점은 창설 멤버 중 한 명이었으나, 동료 남성 의원들이 온전히 동료로 받아들였다고 생각하지는 않았다. 전국적으로 언론의 관심을 받는 것을 질투하거나 독립적인 태도와 솔직한 언행에 반감을 느끼는 사람이 많은 듯했다. 1971년 치점은 여성 해방 운동가들과도 손잡고 전국여성정치회의 창립에 가세했다. 이 단체의 목표인 여성의 본격적인 정치 및 공공 영역 진출을 전적으로 수용하면서도, 유색 인종 여성이 주요 역할을 맡고 빈곤 여성 문제에도 신경을 쓰도록 유도했다. 치점은 하원의원으로서 여성과 아프리카계 미국인, 페미니즘과 흑인 투쟁이라는 갈림길에서 어느 하나를 '선택'하지 않았다. 오히려 그 사이에서 다리 역할을 해야 한다고 생각했다.[68]

치점은 뉴욕 주의회에서 일한 경험 덕분에 초선 의원이 해낼 수 있는 일에 별다른 환상을 품지 않았다. 그럼에도 하원의 복잡한 의식 및 절차를 보고 놀라움을 금치 못했다. 역시 치점은 그런 일을 오래 참아내지 못했다. '연공서열제' 아래에서 원하는 상임위원회에 소속되려면 '몇 선 의원인지'가 중요했다. 치점은 교육노동위원회에 가고 싶었다. 도심 빈곤지역에 있는 제12선거구에 산재한 시급한 문제를 가장 잘 다룰 수 있으리라는 생각에서였다. 다른 일도 흔쾌히 받아들일 생각이었다. 하지만 민주당 지도부가 자신을 농업위원회 산하 농촌개발및삼림분과위원회에 배정하리라고는 예상하지 못했다. 치점은 이렇게 꼬집었다. "워싱턴에서는 브루클린에 숲이 있는 줄 아나봅니다. 그것 말고는 제가 농업위원회에 배정된 다른 이유를 찾진 못하겠네요."[69]

마거릿 체이스 스미스 역시 원치 않는 위원회에 배정된 경험이 있었다. 스미스 또한 치점처럼 자신을 소외시키려는 조치로 받아들였다. 하지만 치점은 스미스와 달리 지도부의 결정을 고분고분 따르지 않았다. 우선 하원 의장인 존 매코맥을 찾아가 불만을 토로했다. 매코맥 의장은 치점에게 설교를 하려들었다. "치점 의원, 원래 이런 걸세. 명령에 잘 따르는 병사가 되셔야지." 치점이 대꾸했다. "저는 43년 평생을 명령에 잘 따랐습니다." 치점은 의장이 위원회 변경에 손을 써주지 않는다면 "자기식대로 하겠다"고 이야기했다. "뭐라고?" 거의 여든이 다 된 의장의 반문에 초선 의원인 치점이 답했다. "제가 해야 할 일을 하겠다는 이야기입니다. 뒷일은 신경 쓰지 않겠습니다." 다음 순서는 민주당 코커스였다. 그 자리에서 자신을 '뽑아준 수많은 흑인과 푸에르토리코계 유권자들, 대개 일자리도 없고 굶주리며 허름한 집에 사는 그 유권자들'을 위해 더 많은 일을 할 수 있는 위원회로 재배정해 줄 것을 요청했다. 치점은 아프리카계 미국인 의원이 크게 부족한 만큼 지도부가 소수의 흑인 의원을 적재적소에 배치할 의무가 있다고 주장했다. 반항한 성과가 있었다. 치점은 보훈위원회로 재배정되었다. 이상적인 결과는 아니었지만 치점의 "선거구에는 나무보다는 참전 용사가 많았다". 동료 의원들은 '정치적 자살 행위'라고 했지만 치점은 동요하지 않았다. 오히려 마음이 '편안해' 졌다. 한 신문은 다음과 같은 헤드라인을 내걸었다. "브루클린의 딸, 농사는 몰라도 소동은 피울 줄 안다."[70]

치점은 하원이 돌아가는 방식과 자신의 낮은 위상을 따져본 뒤, '지역구의 아이들'은 '제명을 못 채우고 죽어가는' 마당에 동료 의원들의 비위나 맞추고 진보적 입법안에 지지 의사를 표하는 정도에서 그칠 순 없다고 결론 내렸다. 1968년에도 기존의 인종차별 금지법들은 제 구실을 못 했다. 복지 프로그램은 고사 직전이었다. 현행 법률과 정책 개선이 급선무라는 판단이 섰다. 치점은 '입법을 통한 개혁가가 되기보다는 '목소리'를 내는 의원이 되는 편이 낫다고 생각했다. 하지만 최우선은 지역구 유권자들이었다. 지역구 문제를 최대한 신속하고 빈틈없이 다루기 위해서 치점은 맥 홀더를 브루클린 지역구 사무소의 사무장으로 임명하는 한편, 워싱턴 의원실은 젊은 여성들로 채웠다. 절반은 아프리카계 미국인이었다. 이들의 에너지와 헌신에 치점은 감동했다. '업무의 대부분이 의원의 이미지 개선인데' '적은 임금과 승진에 대한 기대도 없이' 일하는 이들에게 보답하고 싶었다. 그리하여 '내 의원실에서는' 상황이 '다르리라'고 약속했다.[71]

치점은 약속을 지켰다. 1969년 3월, 의회 첫 연설에서 닉슨 대통령을 맹비난했다. 컬럼비아 특별구의 헤드스타트프로그램빈곤 아동을 대상으로 한 교육지원 제도 예산 삭감이 발표된 바로 그날 공포된 대탄도 미사일 시스템 구축 계획이 그 이유였다. 치점은 하원에 국방부 예산 관련 세출 법안이 상정되면 반드시 반대표를 던지겠다고 다짐했다. '가공할 낭비'이자 '엄청난 국방 예산 손실'이며 '무의미한 전쟁'에 혈세가 투입된다는 사실을 비난했고, 국가의 자원을 '국민과 평화'에 쏟아야 한다고 주장했다. "의원 여러분, 요즘 미국이 벌이는 일은 '전쟁'입니다. 변화가 필요한 때입니다." 그날 회의실을 나서던 치점은 한 동료 의원이 모두 들으라는 듯 "다들 알겠지만 저 여자는 제정신이 아니에요!"라고 말하는 것을 들었다. 하지만 치점은 굴하지 않았다. 취임 6주 뒤 유대여성연맹에서 이렇게 말했다. "정부가 가장 두려워하는 일은 언젠가 이 나라의 여성들이 모여서 정의와 자유를 위해 전방위적으로 투쟁하는 것입니다. 우리는 이를 실행에 옮겨야 합니다."[72]

치점은 의회에서 자처한 선동가 역할에만 그치지 않았다. "뒤집어엎어." 치점은 '시스템'에 불만을 품은 이들에게 불을 붙였다. 초선 의원인 치점은 독자 노선을 택했다. 현행 제도를 기반으로 하는 다양한 계획을 통해 연방 차원의 사회·경제적 복지 지원을 확대하고자 애썼다. 공동 발의한 법안 중에는 취업 제도 학대, 서민 대상 주택 확대, 노동조합원 권리 보호, 가사노동자 대상 건강보험, 보육원 확대, 복지 개혁, 최저임금 인상 등에 대한 대책이 있었다. 또 투표권법 확대를 위해 로비를 벌이는 한편 전임 린든 B. 존슨 대통령이 주창한 '위대한 사회' 정책의 핵심인 경제기회국을 해체하려는 시도에 반대해 싸웠다.

치점은 현대 여성 해방 운동의 핵심 요구 사안을 단호하게 지지했고, 이는 시금석으로 남았다. 1970년 전미여성기구에서 한 연설은 "제가 정계에서 겪은 가장 가혹한 차별은 반페미니즘이었습니다. 그들 가운데는 남성도, 남성 우월적 시각에 세뇌된 여성도 있었습니다"라는 발언을 담았다. 이 발언은 언론에 대서특필됐다. 마거릿 체이스 스미스처럼 치점도 양성평등 수정 조항을 지지했다. 불과 취임 4개월 만에 의회에서 이를 지지하는 첫 연설을 했을 정도다. 양성평등 수정안이 (다시) 하원에 상정되자 치점은 노동보호법이 여성의 경제적 성장을 가로막는 장벽이라고 주장하는 페미니스트 지도자들과 한목소리를 냈다.[73]

낙태를 범죄시하는 낙태제한법 폐지도 치점이 집중한 문제였다. 치점은 공공연하게 낙태 찬성 지지자 및 단체와 손을 잡았다. 이러한 입장에 대한 논란이 뒤따랐다. 생식권 반대파뿐 아니라 낙태와 피임을 은밀한 종족 말살 시도라 여기는 흑인사회 일각에서도 논란이 번졌다. 치점은 "낙태시술소가 흑인 인구를 억제하려는 백인 권력층의 음모라는 의혹이 흑인들 사이에 널리 퍼져 분노를 자아내고 있습니다. 하지만 제가 아는 흑인이나 푸에르토리코계 여성 중에 그렇게 생각하는 사람은 없었어요"라고 주장하며 그런 비난이 '남성의 구미에 맞는 남성적 표현'이라고 못박았다.[74]

1970년에 이르러서는 솔직하다는 말로는 부족할 정도였다. 치점은 페미니즘 지지 의사를 분명히 표명했고, 인종차별과 그 징후에 대해 직접적으로 관심을 촉구했다. 미국의 베트남 전쟁 개입 지속에도 비판을 아끼지 않았으며, 닉슨 행정부를 대담하게 비난하는 한편 젊은 층, 아프리카계 미국인, 푸에르토리코계 미국인, 여성, 빈곤층, 아메리카 원주민들이 이루는 새로운 정치 연대에 열의를 보였다. 이러한 정견은 치점의 성품과 맞물려 대학 캠퍼스에서 강연자로서 큰 인기를 모았다. 임기 첫해에만 40곳이 넘는 대학에서 연설을 했다. 치점도 대학생 청중의 에너지와 이상주의를 반겼다. 하원에서 좌절감과 고립에 시달리던 그녀에게는 생명수 같았다.

치점이 처음으로 대통령 출마를 고려하기 시작한 때는 대학생들과 가진 질의응답 시간이었다. 1972년 어느 날, 언제나처럼 마지막 질문은 1972년 대선 출마 여부였다. 치점은 보통 이런 질문을 받으면 빤한 이유를 대며 상황을 모면하곤 했다. "분명히 알아야 할 부분은 제 능력으로 대통령 자리를 감당할 수 있는지, 또 여러분이 저를 믿는지는 차치하고라도 제가 흑인이고 여성이라는 사실입니다." 하지만 이날은 여느 때와 달랐다. 한 백인 남학생이 지지 않고 되물었다. "그러면 그런 전통은 언제쯤 깨질 수 있을까요?" 그 질문은 "어쩐지 마음에 남았어요". 치점은 진지하게 고민하다가 석설한 답 하나를 찾았다. "절대요. 지금부터 시작하지 않으면 절대 깨지지 않겠죠." "이날 결단을 내렸습니다."[75]

치점은 수십 년간 미국 정치계의 흐름을 기민하게 관찰했다. 그리고 이제는 그 흐름이 민주당을 변화시키고 있다고 믿었다. 민주당이 변하면 여성이나 소수계층 후보들에게 더 위로 올라갈 가능성이 새롭게 열릴 수 있었다. 1968년 선거와 휴버트 험프리의 패배가 증거였다. 험프리는 민권운동에서 뛰어난 성과를 보였지만, 아프리카계 미국인을 비롯해 소수계층 유권자들을 결집시키진 못했다. 환멸을 느낀 사람들은 소수계층뿐만이 아니었다. 험프리가 존슨 행정부의 베트남 전쟁 수행에 동조하자 젊은 유권자들도 등을 돌렸다. "젊은 층의 이탈이 결정적이었습니다." 민주당의 '오랜 지지층'이 변하고 있었기 때문이다. "남부는 더 이상 고정표가 아니었으며, 민주당이 반세기 이상 다수당을 유지할 수 있었던 연대가 붕괴하고 있었습니다." 이러한 징후는 1968년 선거 이전부터 뚜렷이 감지됐다. 하지만 1970년 치점은 "의심의 여지가 없다"고 언급했다.

문제는 전통적인 지지층의 이탈만이 아니었다. '민주당 도시 지역 정치 기구의 중추였던 백인 중산층과 노동계층 투표 블록'이해관계를 같이하는 유권자들의 투표 연합이 교외로 빠져나갔다. 이들이 교외지역에서 '수단 방법 가리지 않고' 대도시의 흑인과 히스패닉 계통 이민자들의 유입을 막는 장벽을 세운다고 치점은 주장했다. 또한 닉슨 대통령이 인종차별 폐지를 등한시하는 '남부 전략'으로 남부 표를 공화당으로 끌어들이려 한다고 경고했다. 루스벨트, 트루먼, 케네디를 당선시킨 블루칼라 노동자, 아프리카계 미국인, 노조, 남부, 도시 소수계층의 뉴딜 연대가 무너지기 일보 직전이었다.[76]

치점은 닉슨의 '남부 전략이 제2의 베트남 전략이 될 것'닉슨이 베트남 전쟁을 주도했다이라고 단언하는 한편, 민주당이 당면한 난관을 넘길 경우 재차 힘을 얻으리라고 내다보았다. 실제로 민주당은 1968년 최고의 성과를 거둔 이후, 1년간 자체 분석을 거쳐 운영 절차, 예비선거, 대의원단 선정 등에 대한 규정을 신설했다. 이러한 결정은 민주당의 대통령 후보 지명에 어마어마한 영향을 미치리라는 전망이었다. 많은 사람이 이것을 바랐다. 이제 민주당 주 위원회는 전당대회에 파견할 대의원단에 '합당한' 수의 소수 계층, 여성, 젊은 층을 포함시켜야 했다. '합당한'의 의미를 두고 의견이 분분했다. 하지만 민주당으로서는 주위원회 대의원 선정 기준을 정해 밀어붙일 기회가 생겼다. 결국 민주당은 각 주의 인구 구성 비율을 반영하라고 권고했다. 대의원을 주 전당대회에서 임의로 선정하지 못하게 되자 예비선거가 최선의 대안으로 떠올랐다. 치점은 이러한 변화로부터 조금이나마 힘을 얻었다. 치점은 이를 '이론적으로 혁명이라고 부르기에는 조금 부족한 변화'라고 생각했다. 신설 규정을 시행한 결과, 1972년 민주당 전당대회에서 여성 및 소수계층 대의원의 참여가 늘었다.

치점은 이러한 변화가 '새로운 남성 및 여성' 후보를 필요로 하는 '새 정치'를 태동시키길 바랐다. '소수의 백인 남성이 이끌고 나머지는 뒤따르는 권력 위임의 습관적 행태'가 바뀐 규정 아래에서도 사라지지 않는다면 정당 참여가 확대된다 한들 별 의의가 없었다. 민주당 전당대회에 파도가 휘몰아치는 가운데 이 전국무대에서 누구보다 더 돋보인 사람은 미국 최초의 아프리카계 여성 의원인 치점이었다. 치점은 구체제를 거치며 그 속에서 승리를 거두었고, 민주당의 개방성 확대를 반겼다. 다음 선거에서 대권을 되찾으려는 민주당의 노력에 일조할 수 있겠다고 생각하는 것도 당연했다.[77]

물론 대권을 염두에 둔 사람은 치점만이 아니었다. 1871년 가을, 상당한 정견 차를 보이던 일단의 남성 아프리카계 미국인 지도자들이 전략 구상을 위해 조용히 회합을 갖기 시작했다. 그 중에는 워싱턴 DC 하원의원 월터 폰트로이, 조지아 주 하원의원 줄리언 본드, 맨해튼 자치구장 퍼시 서턴 등 선출직 공직자들은 물론, 버넌 조던, 제시 잭슨 목사 등 민권운동에서 두각을 나타내며 유력 단체(잭슨 목사의 경우, 흑인의 경제력 향상을 목표로 하는 오퍼레이션 브레드바스켓[이후 오퍼레이션 푸시])를 이끄는 인사들이 있었다. 핵심 인물은 흑인 민족주의자 아미리 바라카로, 그는 제3당을 통해서라도 흑인의 정치력을 모아 조직적 선거 정치에 영향력을 행사하겠다는 비전을 지니고 있었다. 그해 9월 일리노이 주 노스레이크에서 중요한 회합이 비공개로 열렸다. 출석률도 좋았다. 다가오는 대선에서 택할 수 있는 방안은 두 가지라는 데 중지가 모였다. 본드는 흑인 투표 블록이 큰 주에서 아프리카계 미국인 남'녀' 여러 명이 예비선거에 입후보해야 한다고 주장했다. 흑인 투표율을 현저히 높이고 흑인 대의원을 확보할 가능성이 있었다. 이어서 이들 대의원이 전당대회에서 아프리카계 미국인의 영향력을 제고하여 결과적으로 후보 지명을 받는다는 계획이었다. 한편 다시 한번 민주당을 압박해 흑인 단일 후보에게 힘을 모아주는 편이 낫다는 의견도 있었다. 어느 쪽이 됐든 1972년 3월 인디애나 주 게리에서 대규모 아프리카계 미국인 집회를 열자는 바라카의 생각에는 모두 동의했다.[78]

치점은 노스레이크 회합 참석을 거절하며 '선거 본부장 새디어스 개릿'을 대신 회합 장소에 보냈다. 치점은 뒷날 불참 사유를 밝혔다. 가장 큰 이유는 회합이 비생산적이고 그곳에선 설왕설

래만 하리라 예상했기 때문이다. "이런 바보짓에 쓸 시간이 없다
고 판단했습니다. 그들이 무슨 일을 할지 알고 있었습니다." '계획
도 단합도 없이 회합을 더 하자는 것 외에는 어떤 합치도 보지 못
한 채' 남성들이 밑도 끝도 없는 논쟁을 벌이리라 예상했다고 회
고했다. 또한 대통령이 되겠다는 야심이 반감을 사리라고 내다봤
다. 치점의 야심은 1971년 여름, 구체화되기 시작했다.[79]

 워싱턴 DC에서 열린 전국여성정치회의의 첫 집회는 치점의
대통령 출마 구상을 가속화시켰다. 7월에 열린 집회에는 글로리
아 스타이넘, 베티 프리던, 벨라 앱저그, 그리고 치점이 참석하며
전국 언론의 관심을 끌었다. 전국여성정치회의의 목표는 여성의
정치적 영향력 제고였다. 특히 정부 내 여성 역할의 확대가 주된
방책이었다. 나아가 1972년 공화당 및 민주당 전당대회에 참석하
는 모든 대의원 중 50퍼센트는 여성이어야 한다는 요구도 내놓았
다. 프리던은 이러한 시도가 성공을 거둔다면 "건국 200주년을
맞는 1976년, 여성의 대통령 출마가 더 이상 농담이 아닐 것"이라
고 내다보았다. 프리던의 발언과 전국여성정치회의 출범 이후 여
성 대통령의 실현 가능성을 점치는 기사가 쏟아졌다. 패션지 『위
민스 웨어 데일리』조차 "여성 대통령? 좋고말고! 76년, 삼총사를
주목하라"라는 표제로 토막 기사를 내고, "벨라 앱저그나 셜리
치점, 아니면 베티 프리던이 1976년 백악관에 입성할지도 모른
다"며 대담한 예측을 내놓았다. 한편 닉슨 대통령과 참모진이 전
국여성정치회의를 조롱하며 스타이넘, 프리던, 앱저그, 치점이 모
여 앉은 사진을 비웃었다는 보도도 나왔다. 한 정부 관료는 그들

의 모습이 마치 '해학극(벌레스크)' 같다고 논평했다. 치점은 이에 강하게 응수하며 『암스테르담 뉴스』에서 발언했다. "우리는 1972년에 여성이 힘을 합치면 무슨 일이 일어나는지 그들에게 똑바로 가르쳐주겠습니다."[80]

2주 뒤, 치점은 1972년 대선 출마를 '진지하게 고려 중'이라고 공식 발표를 했다. 로드아일랜드 주 프로비던스에서 열린 전국 복지권기구 집회에서 연설한 뒤, 기자들에게 약 27개 주에서 매우 전략적인 위치에 있는 지지자들이 자신의 입후보를 대비해 분위기를 살피고 있다고 전했다. 선거운동을 어떤 식으로 해나갈지는 "민주당을 변화시키는 노력의 일환으로 진행 중인 연대가 어떻게 될지에 달려 있다"고 이야기했다. 상황이 순조롭게 돌아가면 치점에게도 가능성이 생길 수 있었다. 만약 민주당이 그녀를 거부하거나 가장 시급한 시대적 문제에 이렇다 할 관심이 없는 후보를 내세운다면 제3당을 통한 출마 가능성도 배제하지 않았다. 여러 언론에서 치점의 선언을 두고 '불같다' '여장부' 등으로 묘사했다. 첫날부터 상징적 출마에 불과하지 않겠느냐는 냉소적인 반응이 나왔다. 『하트퍼드 쿠런트』는 불신을 담아 "흑인 여성, 대통령 출마?"라는 헤드라인을 냈다. 하지만 치점이 미끼를 던진 지 며칠 뒤에 나온 갤럽 조사에 반가운 소식이 담겨 있었다. 여성 대통령 후보에게 투표하겠느냐는 질문에 응답자 중 66퍼센트가 긍정적으로 답변했으며, 역대 갤럽 조사 중 최초로 여성의 여성 대통령 지지율이 남성보다 높았다. 2년 만에 무려 18퍼센트나 상승했다. 남녀 전체의 여성 대통령 지지도는 1937년

이 질문이 처음 나온 이래 두 배 이상 올랐다.[81]

7월, 치점은 대담했던 발표에 비해 사실 출마에 대한 확신이 별로 없었다. 프로비던스 기자회견에서는 분위기를 떠본 것뿐이었다. 현실은 '선거운동을 감당할 자금이 없고' '그저 낭비일' 뿐이라면 자금을 모을 시도조차 하기 어려웠다. 여성, 대학생, 서민들의 격려가 계속됐지만 치점은 "어떤 상황에 처할지 알고 있었다. 일단 빚더미에 오를 터였다". 또 "잠재적 지지자들은 몰랐겠지만 제 입후보가 흑인 공동체 안에서, 흑인과 다른 민족 집단 사이에, 민주당 내부에 어떤 논란을 일으킬지 알고 있었습니다".[82] 불화의 징후는 금세 수면 위로 드러났다. 블랙코커스에서 함께 활동하는 미시간의 존 코니어스 의원이 9월 중순경 클리블랜드 시장 칼 스토크스를 대통령 후보로 공개 지지하고 나섰다. '1972년 민주당 전당대회에서 블랙코커스의 협상력 확대'가 목적이었다. 스토크스 시장은 출마 의사가 없다고 거듭 밝혔지만, 코니어스는 흑인 민주당원들에게 스토크스 시장을 중심으로 집결하라고 촉구했다.

9월 노스레이크 회합 이후 코니어스는 한발 더 나아갔다. 그는 당시 회합 참석자들이 치점에 대해 '흑인 후보'보다는 '여성 후보'에 더 가깝다는 불만을 내놓았다고 밝혔다. 한 '남성 정치인'은 이렇게 말했다. "협상이 성사되지 않으면 하나는 포기해야 할 텐데, 치점 의원은 무엇을 포기할까요? 흑인의 이익일까요, 여성의 이익일까요?"('모든' 아프리카계 미국인과 '모든' 여성을 근본적으로 분열시킨다고 평가받은 이슈가 무엇이었는지, 또는 아프리카계 미국인 여성이 아프리카계 미국인과 여성 중 어디에 속했는지는 확실히 알 수 없다.)『워싱턴 포스트』에 따르면, 일부 '흑인 정치인들'은 최소한 이번 선거에서 치점의 성별만 고려해도 자격 미달이라고 대놓고 언급했다. "흑인이 고위직에 처음으로 진지하게 도전하는데, 이왕이면 남자가 좋을 것 같다"고 이야기한 인사도 있었다.[83] 치점의 참모인 새드 개릿은 이러한 발언을 단호하게 비판했다. 블랙코커스의 동료이자 치점을 일찍부터 지지한 캘리포니아의 론 델럼스 의원도 합세했다. 개릿은 치점이 흑인과 여성 중 한쪽 편을 들 것이라는 생각에 반대했다. "치점은 흑인으로 살아온 흑인 여성이며, 전국에서 가장 흑인색이 강한 베드퍼드스타이베선트 출신입니다. 무슨 일을 하든 흑인일 수밖에 없습니다." 델럼스 의원도 치점의 성별이 문제라는 주장에 반박하며 오히려 "치점 의원은 이 나라 정치에 극적인 변화를 가져올 수 있다"고 주장했다. 하지만 1972년 출마는 '승리의 가능성이 있는' 1976년 선거의 초석으로 보는 편이 가장 타당하다는 의견도 내비쳤다. (12월 델럼스는 '하늘이 무너지는 날까지' 치점의 대통령 출마를 지지하겠다고 약속했다.) 개릿은 치점의 출마 의사가 얼마나 진지한지에 대해서는 과소평가했다. "지금 우리 목표는 다름 아닌 펜실베이니아 애비뉴 1600, 즉 백악관입니다." 치점의 비판 세력이 의혹을 제기해 치점의 뜻을 꺾을 수 있다고 믿었다면 철저한 오산이었다. 9월 말, 치점은 다가오는 1월 1일까지 10만 달러가 모이면 공식 선거운동을 시작하며 예비선거에 뛰어들겠다고 발표했다.[84] 치점의 입후보를 둘러싸고 일부 아프리카계 미국인 활동가들 사이에 감돈 팽팽

한 긴장감은 발표 후 계속 터져나왔다. 10월 한 언론 보도에 따르면, 블랙코커스 회원들은 '치점 지지 의사에 대한' 대답을 회피했다. 남성 정치인 한 명은 『월스트리트 저널』에 비공개를 요청하며 치점의 '출마'는 "남자의 자존심을 피투성이로 만들었다"고 털어놓았다. 오퍼레이션브레드바스켓이 시카고에서 주최한 블랙엑스포에 치점이 등장하자 긴장감은 더해졌다. '정치계 여성' 워크숍에 연사로 초빙된 치점은 잘 차려입은 '중년' 아프리카계 흑인 남성들 옆을 지나가다 자기를 두고 입방아 찧는 소리를 들었다. '정치인'으로 보이는 사람들이었다. "저기 치점이 지나가네. 저 꼬마 흑인 여족장이 일을 망치고 있어." 이 말을 들은 치점은 '냉랭한 눈길'로 응수했지만 단상에 올라설 때까지 꾹 참았다. 이윽고 단상에 오른 치점은 자신을 '지지하지 않을 흑인 형제들'에게 맹공을 퍼부었다. 나아가 그들의 지지를 기대하지도 애걸하지도 않을 것이라며, "흑백을 막론하고 정치인들을 지나치게 오래 상대하다 보니 너무 많은 것을 알아버렸다"고 이야기했다. '구태의연한 사고방식에 사로잡힌 사람들' '남자라는 자존심을 다친 사람들' '직장에서 남성적 허영심'의 포로가 된 사람들, 그런 남자들은 '절대 나를 지지하지 않을 것'이라고 주장하며, '보통 사람들'이 보내는 지지가 더 중요하다고 말했다. "형제들이여, 흑인 여성들은 여러분과 경쟁하거나 싸우기 위해 이 자리에 온 것이 아닙니다"라며 회유적인 태도로 연설을 마무리했지만, 자신의 노선을 확고히 했다.[85]

치점의 추동력이 성별, 아니면 인종에 대한 맹목적인 의리라는 우려가 팽배했다. 하지만 그해 가을 민주당전국위원회DNC의 주요 보직을 놓고, 치점은 흑인 여성 퍼트리샤 해리스 대신 백인 남성인 아이오와 주 상원의원 해럴드 휴스를 지지했다. 치점의 이런 결정에 사람들의 우려가 얼마간 누그러졌다. 휴스는 1968 년 이후 민주당 규정 완화의 견인차 역할을 하던 인물로, 10월 자격심사위원회 위원장직을 노렸다. 전당대회에서 시행될 핵심 규정을 결정하는 요직 중의 요직이었다. DNC 위원장 래리 오브라이언은 당내 개혁 세력을 견제하기 위해 휴스를 밀었다. 휴버트 험프리와 손을 잡은 유명한 워싱턴 출신의 변호사였다. 치점은 휴스를 지지하고 후보로 추천하기까지 하면서 '인격 문제가 아니라' DNC가 약속한 개혁을 실제로 이행하느냐의 문제라고 강조했다. 남부 백인들은 거의 만장일치로 휴스에게 표를 던졌다. 이결과를 본 『보스턴 글로브』 기자는 "남부 출신 열성 당원들이 흑인 후보에게 표를 던진다면 그 이유는 하나뿐이다. 어떻게든 통제할 수 있다고 믿는 것"이라고 꼬집었다. 치점은 DNC의 '기득권층'이 휴스를 '흑인 위원들에게 망신을 주려는 수단'으로 내세웠다고 비난했다. 그리고 아프리카계 미국인 여성 대신 백인 남성을 지지했다고 비판하는 사람들에게는 이렇게 응수했다. "그들은 권력을 이해하지 못합니다. 신께서 제게 뇌를 주셨으니 써먹어야죠." 그럼에도 치점은 휴스가 압승을 거두자, 그가 위원장직을 훌륭하게 해내리라 믿는다며 패배를 품위 있게 받아들였다.[86]

대통령 선거운동 전망은 대담한 치점마저 주눅 들게 만들었다. 뒷날 직접 밝혔듯이 '이기지 못할 것'을 알았다. 치점은 전국 유세에 들어가는 자금 때문에 어마어마한 빚을 떠안았다. 주의회나 연방의회 선거운동을 할 때는 쥐꼬리만 한 쌈짓돈을 들고 '순전히 노력만으로' 성과를 올렸다. '인지도도 높고 자금도 충분한 공화당 후보 파머를 쓰러뜨렸다.' 거의 전부가 여성인 자원봉사자들을 이끌고 거리를 누비며 승리를 일궈냈다. 하지만 "그런 방식으로 전국적인 선거운동을 하는 것은 말도 안 되는 일이었죠". 치점은 인정했다.[87]

치점의 생각이 맞았다. 1972년, 소폭 수정된 선거자금 관련 법안이 닉슨 대통령의 서명에 따라 통과되었다. 대통령 후보 개인이 '직접' 기부 가능한 선거 자금 한도액(5만 달러)과 매체비로 지출 가능한 한도액(600만 달러) 설정이 골자였다. 하지만 새 법안은 전국 선거 비용에는 제한을 두지 않았다. 새로운 정보 공개 규정 때문에 대통령 선거운동 비용은 통제 불능의 상태로 치달을 게 뻔했다. 맥거번 캠프와 닉슨 캠프는 각각 '1억 달러 이상'을 지출할 것으로 점쳐졌다. 4년 전 후보들이 쓴 비용의 두 배였다. 세나가 전당대회까지 가는 데만 해도 엄청난 돈이 필요했다. 1972년 선두 그룹은 예비선거에서 최소 100만 달러를 지출하리라 예상됐다. 민주당의 새로운 개혁 규정은 예비선거를 장려했다. 양당에서 예비선거를 경쟁적으로 치르며, 1972년 선거에서는 무려 23회 이상의 예비선거가 시행됐다. 3월에서 6월까지 전국 각지에서 시행되는 예비선거는 그저 후보들의 지출을 증가시킬 뿐이었다.[88]

셜리 치점이 1972년 1월 말 대통령 출마를 공식 발표할 때까지 모금액은 목표한 10만 달러 근처에도 가지 못했다. 지지자들이 보내는 정치 후원금은 대개 10달러 미만이었다. 선거운동을 시작할 무렵 치점은 '최소 비용이 얼마나 들지도 알지 못했다'. 하지만 '서류 수수료, 배지, 자동차용 스티커, 우편 요금, 항공표, 숙박비' 등을 전부 따지면 '아무리 못해도 25만 달러는 필요하다'고 추산했다. 최종적으로 치점은 30만 달러 가까이가 필요했지만, 모금액은 12만 달러가 채 안 됐다. 결국 치점의 '신용카드에 의존해서 선거운동을 해야 했고, 전국적인 언론 홍보는 '고려할 가치도 없다'는 결론이 나왔다. '언론 홍보에 쓸 수백만 달러를 모을 방법이 없다'는 이유에서였다. 대신 모금과 지출 모두 각 주와 도시의 지역 단체에 일임했다. 지역 단체들이 알아서 책임을 지게 했다. 선거 본부는 주로 자원봉사자와 국가 보조금으로 꾸려 나갔다. 현실이 이러니 예비선거를 골라서 참여할 필요가 있었다. 치점은 플로리다, 조지아, 노스캐롤라이나, 매사추세츠, 뉴저지, 미시간, 캘리포니아를 가장 유력한 지역으로 꼽았다.[89] 공식 선거운동은 1972년 1월 25일, 베드퍼드스타이베선트에 있는 콩코드침례교회 강당에서 막을 올렸다. 단상 위에 오른 치점을 둘러싼 군중 속에는 오랜 지지자와 친구들을 비롯해, 맥 홀더 이하 브루클린 지역구 사무소 보좌진, 맨해튼 자치구장 퍼시 서턴, 론 델럼스, 베티 프리던, 그리고 당연히 남편 콘래드 치점이 있었다. 그는 보호자의 눈빛으로 아내를 지켜봤다. 선거 유세 기간 내내 그랬다. 치점은 솔직담백하고 붙임성 있는 태도로 윙윙거리는 TV 카메라들 앞에서 출마 연설을 시작했다. 경제적, 사회적

정의를 위해 헌신하겠다는 포부를 밝히며, 전 국민의 후보가 되겠다는 점을 강조했다. 또한 "미국 국민이 단지 백인이 아니거나 남성이 아니라는 이유로 자격을 충분히 갖춘 후보에게 투표하지 않는다는 어리석은 편견을 일소하겠습니다. 1972년 지금 이 순간, 미국 국민의 절대 다수가 여전히 그런 편협한 고정관념을 품고 있다고는 생각지 않습니다"라는 기대를 밝혔다.[90]

하지만 그와 같은 편견을 품은 기사의 홍수는 막지 못했다. 출마 발표 며칠 전, 한 흑인 신문은 치점에게 진심으로 미합중국 대통령 자격이 충분하다고 믿는지를 물었다. 치점은 주저 없이 답했다. "자격은 더할 나위 없이 충분합니다. 저는 기업, 은행, 노조를 비롯해 이 나라의 어떤 거대 이해 세력과도 손잡지 않은 유일한 후보입니다. 보통 사람들이 지지하는 유일한 후보입니다. 저는 문자 그대로, 또 비유적으로 다크호스입니다."『뉴욕 타임스』는 다크호스라는 발언을 강조하며 치점이 '성별과 인종이라는 투 스트라이크를 먹은 상태'에서 선거에 뛰어들었다고 보도했다.[91]

몇몇 예비 지지자가 떠오르는 후보들을 살피며, 그 투 스트라이크에 주목했다는 사실을 알았다면 치점은 놀라움을 금치 못했을 것이다. 예비선거는 이미 만원이었다. 약 14명의 후보가 민주당 후보 지명에 도전장을 던졌다. 그중에는 또 다른 여성 후보인 하와이 주 하원의원 패치 밍크도 있었다. 오리건 주의 진보 세력이 밍크를 설득해 입후보하도록 만들었다. 밍크가 입후보를 수락한 이유는 '대통령을 꿈꿀 수 있는 여성의 권리를 확고히' 하기 위해, 그리고 선거 유세에서 베트남 전쟁을 종식시키자는 주장을 펴기 위해서였다. (밍크는 5월에 하차한다.) 유력 남성 후보로는 조지 맥거번, 휴버트 험프리, 에드먼드 머스키, 조지 월리스, 존 V. 린지(현재 민주당) 등이 있었다. 여성 해방 운동가들은 원론적으로는 치점의 입후보를 옹호했지만 막상 치점이 선거에 뛰어들자 상황을 관망했다. 치점은 이에 크게 실망했다.

누구보다 치점을 화나게 한 사람은 뉴욕 정계의 베테랑으로 동료 의원이자 전국여성정치회의 공동 창립자인 벨라 앱저그였다. 치점이 워싱턴에서 다시금 출마 발표를 하기 위해 기자회견을 열 때 굳이 옆자리에 앉겠다고 고집을 부리던 앱저그는 그 자리에서 치점을 지지하지는 않는다는 의사를 표명했다. 치점은 훗날 심경을 토로했다. "실망스럽고 혼란스러웠습니다. 중립을 택할 생각이면 왜 출마 발표 자리에 굳이 함께 참석하겠다고 했을까요?" 발표 몇 주 후 열린 전국여성기구 집회에서 앱저그는 치점이 이끄는 백악관의 비전을 그리며 청중을 즐겁게 했다. 그러더니 또 『뉴욕 타임스』에서 치점을 '확고하게 지지하지는 않는다'고 입장을 밝혔다.

같은 집회에서 베티 프리던은 치점을 소개하며, 한 달 전 베드퍼드스타이베선트 발표식 때 했던 기이한 발언을 되풀이했다. "우리는 부통령 정도는 돼야 만족할 것입니다." 치점은 그 말을 간과하지 않았다. 무대에 오른 치점은 단호한 어조로 말했다. "분명하게 말씀 드리고 싶습니다. 저는 미합중국 대통령에 출마합니다. 뜨뜻미지근한 지지는 원치 않습니다. 저는 전폭적인 지지를 원합니다. 애매한 태도로 저와 함께하시려거든 아예 오지 마십시오." 프리던은 뉴욕 주에서 치점 측 대의원으로 나설 생각이었다. 프리던이 망설인 이유는 역시 입후보를 고려 중이던 유진 매카시에 대한 의리 때문이었다. 프리던은 후에 치점을 지지하는 선거운동을 하겠지만, 두 사람이 겹치지 않는 주에서는 매카시를 위한 선거운동을 하고 싶다고 얘기했다. 치점은 프리던에게 양자택일을 하라고 했다. "그런 이중적인 지지는 제게 이미 있던 문제, 즉 진지한 후보로 받아들여지는 문제를 키울 뿐이었습니다." 치점은 안타까워하며 회고했다. 앱저그는 "제 선거운동을 하겠다고 제의한 적이 없습니다. 플로리다에서도, 노스캐롤라이나에서도, 심지어 뉴욕에서도요."[92]

평소 치점에게 찬사를 아끼지 않던 글로리아 스타이넘 역시 치점의 출마에 전폭 지지하는 문제를 고민하는 듯했다. 치점은 그렇게 느꼈다. 공식 출마 선언 전날, 두 사람은 함께 시카고 TV 프로그램에 출연했다. 이 자리에서 스타이넘은 치점의 가능성을 높이 샀지만 이렇게 덧붙였다. "저는 치점과 맥거번 둘 다를 지지합니다. 이해관계가 충돌한다고는 생각하지 않습니다. 저는 맥거번이 최고의 백인 남성 후보라고 생각합니다." 치점이 스타이넘과의 '동시 지지'를 목격한 것은 이때가 처음이 아니었다. 하지만 인내심은 한계에 다다랐다. "글로리아, 조지 맥거번과 저 셜리 치점을 동시에 지지하신다고요? 당신이 맥거번을 지지한다 해도 저는 괜찮습니다. 맥거번을 지지하시려거든 그렇게 하세요. 하지만 제게 호의를 베푸신답시고 반쪽짜리 지지를 보내지는 마세요. 그런 도움은 필요 없습니다." 결국 스타이넘은 치점의 말대로 '치점

편에 섰다. 스타이넘은 최근까지 치점이 자신이 써준 원고로 TV 연설을 하는 모습을 지켜본 순간을 조직 정치 인생에서 '가장 뿌듯했던 순간'으로 꼽았다.[93]

치점에게 훨씬 더 다루기 어려운 문제는 가장 열성적인 지지자들 사이에 있었던 반목이다. 치점은 새로운 정치 연대의 리더를 자처하기는 했지만, 구성원들을 단결시키는 일은 지난했다. "흑인, 여성, 멕시코계와 푸에르토리코계라는 각기 다른 집단이 최초로 함께 선거운동에 뛰어들었고, 모두 어느 지역에서든 제일선에 있기를 원했습니다." 지치지 않고 치점을 돕던 페미니스트 백인 여성들과 열정 면에서 결코 뒤지지 않았던 아프리카계 미국인 자원봉사자들 간의 반목이 가장 큰 골칫거리였다. "상황을 해결하려고 노력했습니다. 페미니스트들에게는 선거운동에는 그들의 관심사 이상이 걸려 있다고 설득하려고 애썼죠." 치점이 애석해하며 말했다.[94] 이러한 경직된 관계는 선거운동 막바지까지 누그러들지 않았다. 민주당 전당대회를 불과 3주 앞두고, 『암스테르담 뉴스』는 베티 프리던에게 중요한 역할을 맡긴 치점을 비판했다. 『암스테르담 뉴스』에 따르면, 할렘/웨스트사이드 제19선거구의 대의원으로 치점을 지지하던 프리던은 "할렘의 여성들에게 전할 메시지가 있으니 그곳에서 유세를 하겠다며 고집을 피웠다". 역시 치점을 지지하던 아프리카계 미국인 대의원들은 "업타운의 여성들은 베티의 메시지가 필요 없다며 맞고집을 피웠다". 프리던은 "집요했고, 모든 사람을 지치게 했다". 6월 20일로 예정된 뉴욕 예비선거가 열리기 전 마지막 토요일, 보도자료를 통해

프리던의 '할렘행'을 홍보하며 '수박 유세'가 있을 예정이라고 밝혔다. 『암스테르담 뉴스』는 "그렇다. 베티 프리던은 밴드 등의 인력을 이끌고 토박이들에게 수박흑인이 좋아한다고 알려진 과일로, 비하 표현으로 사용됐다을 나눠주기 위해 할렘으로 향할 계획이었다. 아프리카계 미국인 여성 대의원 한 명은 이 소식을 듣고 뒷목을 잡아야 했다. 그녀는 마지막으로 설득해보려고 프리던의 자택으로 향하던 길이었다. 수박과 베티는 결국 할렘에 가지 못했다"고 썼다. 치점에게 헌신하던 다양한 집단 사이에 벌어진 이런 분쟁은 치점을 지치게 했고, 선거운동 전체를 약화시켰다.[95]

더 약해질 여력이 없는 선거운동이었다. 지역 단체에 모금과 행사 진행을 맡긴다는 전략은 불가피한 선택이었다. 하지만 갈등을 조정할 노련한 선거운동 전문가들이 없었기에 치점 캠프는 뒤죽박죽이었다. 치점의 워싱턴 본부에서 인턴으로 일했던 리자베스 코언은 당시 사무소에 감돌던 불안과 긴장감을 생생히 기억한다. 이상주의자였던 코언은 당시 프린스턴 대학 3학년에 재학 중이었다. 예산은 빠듯하고 인력은 부족한 데다 후보는 동분서주하느라 연락도 잘 닿지 않는 상황에서 사전 작업을 하려면 어떤 선거운동이 됐든 긴장이 커질 수밖에 없었다. 치점은 혼란 속에서 '옹졸한 질투와 경쟁 구도가 만연'했다는 사실을 인정했다. 막판에 행사가 취소된다든가, 오기로 한 사람이 나타나지 않는다든가, '세부적인 일이 처리되지 않고 방치된' 참사가 크게 늘었다. 이를테면 다른 후보들이 '여섯 량짜리 열차'나 '버스 행렬' '전세기'를 타고 플로리다로 서둘러 떠날 때 치점은 '여객기나 자원봉사자의 자가용'을 타고 움직여야 했다. 마거릿 체이스 스미스처럼 치점도 의회 업무를 최우선으로 생각했다. 예비선거 기간 내내 워싱턴에서 의회 업무를 돌볼 "시간을 많이 빼앗기지 않는 선에서 선거운동을 하려고 했어요". 스미스가 그랬듯이 치점 역시 이러한 성실성이 선거운동에는 별 도움이 되지 않는다는 사실을 깨달았다.[96]

수많은 문제에도 불구하고 치점은 단호한 태도로 자신의 목소리를 전했다. 그 대상은 번드르르한 미디어 정치 시대에 멸종된, 에두르지 않고 명확한 입장을 밝히는 진정성 있는 후보에 목마른 유권자들이었다. 5월, 치점이 지지자들을 당황시킨 사건이 있었다. 조지 월리스가 메릴랜드 주 로럴에서 유세를 하던 중 암살당할 뻔한 사건이 일어난 직후였다. 치점은 월리스를 문병했다. 이 제스처는 전국 언론의 조명을 받았고, 당시 가장 극렬한 분리주의자로 손꼽힌 월리스의 행적을 눈여겨보던 이들을 당혹케 했다. 어떻게 보면 치점이 민주주의에서 '동기를 문제 삼거나' '인격을 비판'하지 않고 경쟁 상대의 반대 입장을 존중하는 것이 중요하다는 신념을 전달하고자 했기 때문이었다. 또 한편으로는 치점의 말처럼 "암살 위협을 당하는 공직생활에 동변상련을 느껴서"였다. 치점은 마찬가지 이유로 블랙팬서 당이 자신의 입후보를 지지한다는 사실을 '부인'하지 않았다. "블랙팬서는 미국 시민들입니다. 스스로의 결정에 따라 누군가를 지지할 권리가 있습니다." 사실 치점은 블랙팬서의 지지를 반겼다. 이런 '억압당한 집단'이 당연히 예상할 만한 '무의미한 정강과 헛된 공약'에도 절

차적 정치에 참여하길 바란다는 사실을 높이 샀다.[97]

치점이 끌어모은 사람들의 온기와 열정은 치점의 마음을 움직이고 앞으로 나갈 수 있는 힘을 줬다. 하지만 군중의 에너지가 정작 선거일에는 높은 득표로 이어지지 않았다. 치점은 예비선거를 치르고 또 치렀다. 뉴저지에서 승리했지만, 유권자들의 지지 표시만 있을 뿐 강제력은 없는 소위 이 '미인 대회'를 통해서는 대의원을 확보할 수 없었다. 노스캐롤라이나에서는 3위를 차지했지만 대의원을 확보할 수 있는 문턱을 넘지 못했다. 매사추세츠와 미네소타에서 간신히 대의원 두 사람의 표를 얻어냈지만 미시간에서는 '참패'했다. 조지 윌리스가 손쉽게 승리를 가져갔다. 치점이 마지막 6월 캘리포니아 예비선거까지 버틸 수 있었던 힘은 단호한 결의였다. 캘리포니아 예비선거 기간은 선거운동 전체를 통틀어 가장 기이한 시기였다. 우선 치점은 투표소 밖에서 승리를 한 번 거두었다. 주요 TV 방송국들이 토론 방송을 하며 유력 후보인 맥거번과 험프리만을 초대하고 치점을 제외시키자, 치점은 이에 반기를 들고 동일한 방송 시간 할당을 거부당했다며 연방통신위원회에 제소했다. 승소하지는 못했지만, 예비선거 4일 전 연방항소법원이 방송국들에 시정 명령을 내렸다.[98]

한편 캘리포니아 유세 도중 치점은 닉슨 행정부 고위 관료가 주도한 비열한 계략의 희생자가 되었다. 도널드 세그레티가 험프리 캠프의 사무용품 도난 사건에 대한 거짓 보도자료를 뿌린 것이었다. 세그레티는 백악관 일정 담당 비서관 드와이트 채핀의 허가를 얻었다고 주장했다. 이 보도자료를 비롯해, 정도는 약하지만 '민주당 선두 후보의 신뢰성을 떨어뜨릴' 목적으로 여러 문서가 조작된 사실이 밝혀졌다. 닉슨 행정부 내 악당들의 기준에서도 악랄하기 그지없던 이 보도자료들이 선두 주자와는 거리가 먼 치점을 겨냥한 사실로 미루어, 역설적이게도 치점이 그간 추진해오던 의제들을 통해 대통령 후보로 어느 정도 주목을 받았다는 것을 알 수 있다.

허위 기사에 따르면, 치점은 '복장 도착자처럼 남자 옷'을 입고 '적대적일 뿐 아니라 공격적'이며, 1950년대 초반 정신분열증 진단을 받고 버지니아의 한 정신병원에 입원한 적이 있었다. 또 당시 그녀의 주치의였다는 의사가 "치점 의원이 얼굴을 찡그리고 혼잣말과 몸짓을 하며 돌연 웃음과 울음을 터뜨리기도 했다. 때로는 대소변에 비정상적인 관심을 보이며 벽이나 자기 몸에 문질렀다고 기록했다"고 전했다. 나아가 치점이 아직 '정기적으로' 정신과 치료를 받고 있다고 주장하며 '전국 유권자'들에게 "'지성적이고 의미 있는 선택'을 해야 하며, 흑인 유권자들은 치점의 영향력이 강한 만큼 이러한 사실을 알아야 한다"고 경고했다. 이 보도자료를 받은 어떤 언론도 이를 기사화하지 않았지만 소문은 일파만파 퍼져나갔다. 치점은 이 사실을 알고 그 잔인무도함에 극도로 상심해 끝내 눈물을 쏟았다. 1973년 가을 워터게이트 조사가 시작되고 나서야 이 보도자료가 닉슨의 백악관에서 흘러나왔다는 사실이 밝혀졌다.[99]

치점은 훗날 이 보도자료로 인해 큰 피해를 입었다고 주장했다. 하지만 캘리포니아에 왔을 때는 이미 오랜 시간 힘겨운 전투를 치르느라 만신창이가 된 상태였다. 캘리포니아 예비선거에서 3위를 차지하고 대의원 12명을 확보했지만 예비선거는 '승자 독식' 원칙이었다. '6개월 이상 11개 주에서 선거운동을 한 끝에' 고작 대의원 28명을 확보했을 뿐이었다. '452명의 흑인 대의원 및 대체 대의원'이 1972년 전당대회에 참석할 계획이었다. 민주당 역사상 가장 많은 아프리카계 미국인 대의원이었다. 치점은 대통령 입후보 전에는 전당대회에 참가한 적이 없었다. 결국 아프리카계 미국인 대의원들은 대부분 조지 맥거번에게 표를 던졌다. 하지만 전당대회 중 험프리를 지지하던 흑인 대의원들이 치점에게 표를 던졌고, 치열한 협상 끝에 추가적인 지지표를 얻을 수 있었다. 치점은 151표를 넘기며 당시까지 그 어떤 여성 후보보다 더 많은 대의원 표를 얻었다. 이 기록은 2008년 힐러리 클린턴에 의해 깨졌다.[100]

2008년, 『네이션』의 워싱턴 특파원 존 니컬스가 치점과 클린턴 사이에 인연의 끈을 이었다. 그는 치점이 "힐러리 클린턴과 버락 오바마를 위한 길을 닦았다. 클린턴은 이제 민주당 대통령 후보와 대통령이 될 여성을 위해 실질적인 길을 닦을 수 있다"고 전했다. 사실 치점을 비롯한 다른 어떤 여성 후보도 대통령을 향한 '길을 닦지'는 못했다. 제도적, 정치적, 구조적 장벽을 무너뜨리기 위해서는 용기 있는 시험용 후보 이상이 필요했다. 치점은 자신의 '가장 위대한 업적'을 '미국 대통령에 도전한 대담성과 용기'라고 생각했다. 하지만 그럼에도 난관을 극복할 때는 현실주의자였다. 세상을 떠나기 3년 전인 2002년 역사가 자신을 어떻게 기억해주면 좋겠느냐는 질문을 받고 치점은 이렇게 답했다. "미국 대통령에 도전한 최초의 흑인 여성이 아니라 20세기를 살았고 감히 자기 자신으로 살기를 원했던 흑인 여성으로, 미국의 변화를 위한 촉매제였다고 기억되고 싶습니다."

치점은 여성의 대통령 도전이 계속되리라 확신했다. "형제자매들이여, 마침내 제가 이 자리까지 왔습니다!" 1972년 대통령 후보 지명에 나섰던 날 밤, 치점은 이렇게 외쳤다. 그리고 이후 두번 다시 대권에 도전하지 않았다. 하지만 훗날 이렇게 말했다. "더 넓은 의미에서, 제 유세는 계속될 것입니다. 사실 지금부터가 시작입니다."[101]

2016

"패배에서 많은 것을 배웠습니다." 힐러리 클린턴이 2008년 민주당 대통령 예비선거에서 패하고 몇 년 후 심경을 밝혔다. 한때의 경쟁자가 꾸린 행정부에서 국무장관으로 다사다난한 4년을 보낸 뒤였으니, 역사에 길이 남을 대통령 선거운동의 '아픈 결말'에 대한 생각도 바뀌었을 법하다. 예비선거를 치르는 여정은 '길고, 힘들고, 치열하고, 아슬아슬했다'. 클린턴은 고작 1퍼센트도 안 되는 차이로 버락 오바마에게 승리를 내줬다.

힐러리는 대통령 자리가 아쉽지 않을 만큼 최초라는 업적을 수없이 이뤄냈다. 8년 동안 영부인으로 지내며 돋보이는 정치 경력의 토대를 쌓았다. 남편 빌 클린턴이 대통령에 재임 중이던 2000년, 뉴욕 주 상원의원에 출마한 힐러리는 민주당 예비선거에서 손쉬운 승리를 거두고, 본선거에서 공화당 경쟁 후보도 단

박에 물리쳤다. 첫 임기를 수행하면서 동료 의원들의 존중과 지역구민의 높은 지지를 이끌어냈다. 재선에도 쉽게 성공했다. 영부인에서 물러난 지 불과 8년 후인 2008년, 힐러리는 스스로의 힘으로 훌륭한 대통령 후보감으로 올라섰다. 2008년 대통령 선거에 나서자 최유력 후보로 거론될 정도였다. 그리고 민주당 대통령 예비선거 역사상 가장 많은 표를 얻은 여성 후보가 되었다. 사실상 예비선거 제도가 시작된 이래 양대 정당의 그 어떤 남성 후보보다 더 많은 득표였다. 그래도 부족했다. 힐러리는 예비선거가 끝난 뒤 '실의에 차고 녹초가 되어' 있던 자신의 모습을 회고했다.[1]

2008년 6월 예비선거 결과를 받아들이던 힐러리의 속내는 읽기 힘들었다. 국립건축박물관의 아치형 지붕 밑에 선 힐러리는 운집한 지지자들에 둘러싸여서 감사의 마음을 표하고, 선거운동을 통해 이룬 성과와 유산에 대해 이야기했다. 한 표 한 표에 의미가 있었다며 지지자들을 위로하기도 했다. 미국 민주주의에 존재하는 '가장 높고 단단한 유리천장', 곧 여성이 대통령 자리에 오르지 못하도록 막아선 그 천장에 이제 '1800만 개의 금이 갔다(클린턴이 경선에서 얻은 득표수)'는 이야기였다. 클린턴은 단언했다. "이제 그 천장을 통해 내려오는 빛은 예전 같을 수 없습니다. 그 빛을 통해 다음에는 조금 더 쉬운 길이 되리라는 확신과 희망을 품게 됩니다." 힐러리의 선배들인 마거릿 체이스 스미스와 셜리 치점 역시 이러한 마음가짐으로 위안을 삼았다. 빅토리아 우드헐 역시 미래의 후배를 위해 길을 터주었다고 생각했다. 하지만 이제 우드헐로부터 한 세기 반 가까운 시간이 지났다. 이 질문을 던져도 될 만한 시점이다. 얼마나 변했는가?[2]

이 질문에 대한 답은 힐러리의 2008년 선거운동으로 명백하게 드러났다. 출마 자체로도 여전히 흔치 않은 일이고, 변화의 증거였다. 셜리 치점 이후 수십 년 동안 대통령 선거에 뛰어든 여성들이 있었다. 민주당과 공화당에서 각기 나선 야심찬 여성 후보들은 대부분 자금과 당 차원의 지원 부족이라는 암초에 부딪혔다. 제3당으로 나선 후보들은 전국 무대에 걸맞은 인지도나 정통성 문제로 홍역을 치렀다. 근래에 대통령 후보가 당의 중심이 되고 개인 자금으로 운영되는 단체들이 주도하는 흐름에서 양당의 힘은 일견 약해진 듯하지만, 여전히 양대 정당이 주름잡고 있었다.

여성 후보는 물론 남성 후보 대부분에게도 재정 문제야말로 대통령으로 가는 길에서 가장 넘기 힘든 걸림돌이다. 예비선거 확산, 기술 발전, 미디어 포화, 선거운동의 전문화 등으로 인해 소요되는 비용은 치솟았다. 길디긴 선거과정을 버틸 만큼 충분한 자금을 확보하기란 그 어느 때보다 더 어려워졌다. 여성 후보의 경우, 대선 승리가 가능하겠느냐는 의혹 때문에 이 장애물들을 넘기가 더 어렵다. 정치 자금 기부자들은 여성 후보의 당선 가능성이 낮다고 본다. 정당정치에서 흔히 말하는 대로 '당선 불가능unelectable'하다는 것이다. 그렇다면 그 이유는 무엇일까? 어떤 장점을 지녔든 여성 후보 누구도 주요 정당의 대통령 후보 지명전에서 자금력과 경쟁력을 갖추고 공격적인 선거운동을 펼치지 못했다. 심지어 앞에 놓인 장애물이 무엇인지 아는 사람조차도 실패했다.

치점 이후 몇몇 여성은 이 사실을 어렵사리 깨달았다. 1987년, 콜로라도 주 하원의원 퍼트리샤 슈로더는 3개월간의 선거운동을 마치고 '안전그물 없이 줄' 위를 걷는 기분이었다고 술회했다. 당시 슈로더는 8선 의원에, 힘 있는 하원 군사위원회에 소속되어 국방 전문가로 인정받고 있었다. 또한 '미국 진보 세력의 강력한 중진 여성 정치인'이라는 평판도 있었다. 그럼에도 뒤늦게 민주당 대선 후보 경쟁에 뛰어든 슈로더에게 전문가들은 반박하기 힘든 별명을 안겨주었다. 한때 마거릿 체이스 스미스에게도 붙었던 별명, 바로 '일곱 난쟁이'에 둘러싸인 '백설공주'였다. 여성 의원 슈로더는 '여성 관련 현안'을 추진했다. 생식권, 보육 시설 확대, 직장 내 평등, 양성평등 수정 조항, 여성 보건 개선 등이었다. 이런 문제를 중점적으로 다루자 '여성을 대표해' 출마했느냐는 질문이 수시로 나왔다. 슈로더는 보통 이렇게 대답했다. "제게 선택권이 있던가요?" 결국 슈로더는 효과적인 선거운동을 하기가 불가능하다는 결론에 도달했다. 더 현실적인 이유였다. "결정적으로 돈이 없습니다."³

2000년에는 공화당에서 엘리자베스 돌이 나섰다. 출마 초반만 해도 여론 조사 전망이 밝았다. 하지만 결말은 비슷했다. 돌의 관측에 따르면, 상대 후보였던 조지 W. 부시와 백만장자 스티브 포브스의 '자금 우위가 75 대 1에서 80 대 1 정도'였다. "2 대 1, 아니 10 대 1만 됐더라도 해볼 만하겠지만, 80 대 1

은 힘들죠." 돌은 이렇게 인정하며 선거운동을 중단했다. 돌은 대선 선거운동에 '자금이 부족'하면 얼마나 불리한지를 예리하게 지적했다. 인력 고용에 한계가 있고, 홍보를 줄여야 하며, 이동에도 제약이 따른다. 돌은 이렇게 설명했다. "어디를 가든지 학교 내 총기 허용 문제나 WTO와 중국 문제에 대한 질문보다 은행 잔고나 방송 중 광고에 대한 질문을 훨씬 더 많이 받습니다." (돌은 총기 규제에 강력히 찬성하는 논쟁적 입장을 취했다.) 두 대통령 밑에서 노동부 장관과 교통부 장관을 지내는 등 '화려한 이력'을 자랑하는 여성으로서는 실망스러운 결과였다. 돌은 특히 여성 지지자들에게 공을 돌리며, '최초의 여성 대통령이 될 사람을 위해 길을 닦는다'는 상투적인 바람을 이야기했다.

'길을 닦다'라는 비유는 현실에는 잘 들어맞지 않았다. 10년 전 슈로더의 표현을 그대로 빌려 쓰며 돌은 무엇보다 강고한 장벽을 이렇게 표현했다. "결국 돈이죠." 여성의 정치 참여를 돕는 정치 활동위원회, 대표적으로 1985년 설립된 에밀리 리스트Emily's List, 1992년 설립된 위시 리스트Wish List 등은 선거에 나선 여성 후보들에게 큰 힘을 실어주었다. 하지만 두 단체 모두 대선에는 크게 신경 쓰지 않았다. 돌의 출마로부터 4년 뒤인 2004년, 아프리카계 미국인 여성으로서는 최초로 상원의원에 당선된 캐럴 모즐리 브론 전 상원의원이 대선에 도전했다가 금세 하차하며 '인지도와 자금'이 발목을 잡았다고 언급했다. 엘리자베스 돌이 2000년 선거에서 하차한 뒤 한 기자는 자금 조달의 부담이 얼마나 큰지를 예상했다. "원하는 역사를 만들고자 하는 여성이라면 펜실베이니아 애비뉴 1600, 즉 백악관으로 향하는 걸음을 선거일 몇 달 전, 아니 몇 년 전부터 시작해야 한다."[4]

그럼에도 빅토리아 우드헐, 마거릿 체이스 스미스, 셜리 치점처럼 대선 무대에 뛰어든 여성들은 모두 남성이 독점하던 주류 대통령 정치라는 영역에 타격을 가하고 싶어했고, 실제로 그 바람은 이루어졌다. 비록 대선에서 승리하지는 못했지만, 여성 대통령 후보들은 힐러리 클린턴이 출사표를 던진 2008년이 되면 더 이상 별종도 아니었다. 전국 정계와 사회의 공적 영역에서 여성의 활약이 늘어났기에 대통령을 꿈꾸는 여성들의 존재감이 커질 수 있었다. 대통령을 향한 야망은 대개 선출직을 한 계단 한 계단 밟아 오르며 커진다. 20세기 대통령들은 대부분은 부통령이나 상원의원, 주지사 출신이었다. 미국 여성이 완전한 투표권을 누린 지 100년도 채 되지 않았다. 대통령으로 가는 길에 뒤늦게 뛰어들 수밖에 없었다. 오늘날 여성은 미국 정치계의 영향력 면에서 남성에 크게 뒤처져 있다. 하지만 힐러리 클린턴이 대통령 선거 운동을 시작하던 무렵의 정치 지형은 과거에 비해 크게 달라져 있었다.

불과 35년 전 셜리 치점이 몸담았던 정치계와 오늘날의 정치계는 확연하게 다르다. 2008년 상원에는 클린턴 외에 17명의 여성 의원이 있었다. 여성 주지사는 9명, 여성 하원의원은 80명에 가까웠다. 반면 1972년 여성 하원의원은 셜리 치점을 비롯해 12명에 불과했다. 치점이 대선에 출마할 때까지도 여성 상원의원은 마거릿 체이스 스미스가 역사상 유일했고, 여성 주지사는 한 명도 없었다. 민주당과 공화당 모두 1970년대에 이에 대한 대책을 마련했고, 그 결과 대의원이나 지도부 등 당내 기구에 여성의 비율이 늘어났다. 거저 얻은 성과가 아니었다. 여성들이 나서서 다양성 부족에 대한 대책을 마련하도록 정당들에 서서히 압박을 가한 덕분이다.[5]

여성의 요구는 1980년 대선부터 명백히 드러나기 시작한 성별 격차에서 적잖이 힘을 받았다. 이 시점까지 특정 후보에 대한 남녀별 투표 선호도에는 별반 차이가 없었다. 그러다가 1980년, 전 캘리포니아 주지사 로널드 레이건 후보부터 성별 선호도에 현저한 격차가 나타났다. 남성의 선호도가 여성보다 9퍼센트 높게 나타난 것이다. 이 격차는 이후의 선거에서도 지속됐다. 1980~2012년 대선에서 성별 격차는 낮게는 4퍼센트(1992)에서 높게는 11퍼센트(1996)까지 나타났다. 같은 기간, 더 많은 여성이 공화당보다 민주당을 지지했다. 이러한 경향에 따라 양대 정당은 여성 유권자를 획보하려고 노력했다. 각자 거둔 성과는 달랐지만 여성 유권자에게 지지를 호소하고 선거에서 여성 유권자의 중요성을 인정한다는 점은 같았다. 여론조사를 믿는다면, 같은 기간 여성 대통령에 대한 국민의 반감은 가파르게 감소했다. 여성운동이 기대와 현실을 바꾸는 데 많은 역할을 한 시기였다.[6]

힐러리 클린턴의 2008년 대통령 출마는 이러한 현대적인 발전상을 잘 보여준다. 사실 힐러리 역시 젊은 시절, 여성의 삶이 크게 변화하는 시대를 몸소 경험했다. 이 시기에 변화의 흐름은 더욱 거세졌다. 힐러리는 웰즐리 대학(1969)과 예일대 로스쿨

(1973) 출신으로, 현대 여성운동의 영향으로 달라진 삶을 경험한 복을 누린 세대다. 이 세대는 어머니와 할머니 세대의 삶을 규정한 억압을 거부했고, 자신만의 삶에 대한 열망과 여성의 발전에 대한 큰 포부가 있었다. 학생회 회장 겸 학생의회 의장이었던 힐러리는 대학 졸업식 축사에서 '인간 해방'을 꿈꾸는 급우들에게 당당하게 이야기했다. 교육의 목적은 "우리 각자가 행동하고 창의성을 발휘할 역량을 채울 수 있도록 해방시키는 것입니다."[7]

클린턴은 이내 대학 시절 꿈꾸던 사회 참여적 삶을 살아간다. 로스쿨을 졸업한 뒤 어린이보호기금에서 일하면서 하원의 닉슨 대통령 탄핵조사단 조사위원을 지냈다. 빌 클린턴을 따라 아칸소로 이주했을 때는 법학 교수로 있으면서 가난한 의뢰인을 돕는 법률상담소를 이끌고, 수감자 대상 봉사활동을 하는 학생들을 지도했다. 당시 아칸소 대학 로스쿨에는 여성 교수가 힐러리를 포함해 두 명뿐이었다. 남편 빌 클린턴이 정치적 야망을 좇으면서는 아칸소 소재 로펌에 들어가 시니어 파트너로 올라선다. 아동복지 분야에서 활약하고 아동보호단체를 공동 설립하기도 했다. 현직 주지사의 부인이면서도 직업적으로도 활발하게 활동했다. 『내셔널 로 저널』이 1988년과 1991년 선정한 미국에서 가장 영향력 있는 변호사 100인에 이름을 올리기도 했다. 빌 클린턴의 대통령 첫 임기 초반, 한 영국 기자는 '어느 모로 보나 힐러리 클린턴은 돋보이는 여성'이라고 쓰면서, '남편이 대통령이 아니더라도 어떤 민주당 정부에서건 손꼽힐 만한 법무장관 재목'이라고 덧붙였다. 과장된 면이 없지 않았지만 그만큼 직업적으로

널리 인정받는다는 증거였다.[8]

하지만 스스로 성취한 업적에도 불구하고 힐러리는 남편 덕분에 처음으로 전국적인 주목을 받을 수 있었다. 훨씬 더 전통적인 여성의 정치 경험이라는 동전의 뒷면이었다. 사실 과거에는 사망한 정치인의 배우자(때로는 딸)에게 잔여 임기를 위임하는 관습 덕택에 여성이 높은 장벽을 넘어 전국의 정치 무대로 진입할 수 있었다. 마거릿 체이스 스미스가 그 예다. 힐러리 클린턴은 화려한 경력을 뽐내며 영부인 자격으로 백악관에 입성했지만, 미국 국민에게는 한 명의 정치인이 아닌 영부인으로 먼저 얼굴을 알렸다. 주요 정당에서 성과를 보여준 여성이라도 유력한 남성의 지원 없이는 전진할 수 없었다. 하지만 결혼으로 정계에 입문한다는 것은 여성에게 유리하면서도 위험천만한 길이었다. 힐러리도 이를 깨닫는다.

1992년 빌 클린턴이 민주당 대통령 예비선거에 나서면서 이 같은 긴장은 금세 가시화됐다. 빌 클린턴 아칸소 주지사가 부인의 성취를 자랑스러워했다는 데에는 의심의 여지가 없다. "저는 언제나 아내가 저만큼 (또는 그 이상으로) 정치적으로 성공할 잠재력을 지녔다고 믿었습니다." 빌 클린턴은 두 사람의 젊은 시절을 떠올리며 말했다. 그는 힐러리의 재능을 자주 칭찬했다. 빌 클린턴은 자신이 대통령에 당선되면 클린턴 대통령이 두 명이니 국민에게 얼마나 이득이냐며 너스레를 떨곤 했다. 클린턴 부부가 팀으로 등장하기 시작한 시점은 1992년 1월, 예비선거운동을 시작한 지 3개월 만이었다. 그의 섹스 스캔들이 이미 선거운동을 휩쓸고 있었다. 한 기자는 클린턴이 이러한 소문에 대해 반박하고자 '매력적이고 입심 좋은 부인을 선거운동 전면'에 내세웠다고 주장했다. 뉴햄프셔 주 베드퍼드에서였다.

베드퍼드 시청사에서 열린 집회 때 힐러리 클린턴은 솔직하게 부부가 어려움을 겪었다고 인정하면서 되물었다. "저희는 16년 동안 이웃집 숟가락 숫자까지 다 아는 아주 작은 주에서 결혼생활을 했고, 선거를 여덟 번이나 치렀습니다. 뉴햄프셔 주 사람들에게는 저희 부부관계가 이 불황 속에서 가정을 지키는 일만큼 중요한 문제입니까?" 이 질문은 효과를 봤다. 청중의 '성원과 환호'에 말을 잇기 힘들 정도였다. "참석했던 주민 몇몇은 시청사를 떠나며 클린턴 집안이 대통령 후보를 잘못 고른 게 아니냐는 말을 남겼다'고 기자는 전했다. 부인의 연설 뒤에 나선 빌 클린턴은 인상적인 농담을 던졌다. "이제 제 슬로건이 왜 '클린턴 원 플러스 원Buy one Clinton, and get another one free'인 줄 아시겠습니까?" 힐러리 클린턴은 3월 중순 다시 이 발언을 했다. 힐러리가 다닌 시카고 교외의 고등학교에서 두 사람이 연설할 때의 일이다. "사람들은 저희를 원 플러스 원이라고 부르죠." 힐러리가 자기들 부부를 '세트 메뉴'에 비유하면서 한 말이다.[9]

반대 세력에서는 곧 이 비유를 들어 클린턴 부부를 공격하며 이 아칸소 주지사가 백악관에 적합한 후보인지에 대해 (추가) 의혹을 제기했다. 본질적으로 미국 대통령보다 고독한 자리는 찾기 힘들다. 그 압도적인 권력과 책임을 나눈다는 시늉만 해도 즉각 반발이 일었다. 성별 문제는 끼어들 여지도 없었다. (지미 카터가 국무 회의에 참석하고 싶다는 영부인의 청을 들어줬다가 비슷한 구설수에 휘말린 적이 있다.) 한 공화당 고위 인사는 힐러리 클린턴이 자기주장을 분명하게 하는 탓에 '분열을 일으키는' 인물로 보인다며, 그 취약성에 대해 자세히 설명했다. "힐러리 클린턴이 뛰어난 능력을 지닌 현대 여성임을 부정하는 말이 아닙니다. 말투와 태도가 거슬리고 오만하다는 이야기죠. 익숙한 질서가 있는데, 백악관에 동등한 권위를 지닌 부부가 있다는 생각은 남녀 누구에게나 조금은 불쾌할 수 있는 것이지요."

불난 데 기름을 끼얹는 일이 벌어졌다. 전 캘리포니아 주지사로 민주당 예비선거 후보로 나서기도 했던 제리 브라운이 힐러리 클린턴의 청렴성에 의문을 제기하자 힐러리 클린턴이 이에 대응하며 실언을 하고 만 것이다. 3월 중순에 열린 TV 토론에서 브라운은 힐러리 클린턴이 아칸소에서 변호사 일을 하던 시절에 이해 충돌과 윤리 조항 위반을 범했다고 주장했다. 빌 클린턴은 분노하며 혐의를 부인했고 브라운에게는 힐러리와 같은 무대에 설자격이 없다고 덧붙였다. 이튿날 한 기자가 힐러리는 외모에 더신경을 써야 한다고 주장하자 힐러리는 신랄하게 대꾸했다. "어쩌면 제가 집에서 쿠키나 굽고 차나 끓여야 했나봅니다. 하지만 저는 제 일을 하기로 결정했습니다. 제 남편이 공직생활에 나서기전부터요."[10]

'차와 쿠키' 발언은 이미 들끓던 민심에 폭탄을 던진 결과를 낳았다. 언론이 가만히 있을 리 없었다. 전국 신문에 기사화되며 집요한 의혹의 먹잇감이 됐다. 클린턴을 비판하던 측에게 힐러리 클린턴은 가족을 위해 전심전력을 다하는 여성들을 폄하하는 야심차고 냉담한 전문직 여성의 전형이 되었다. 이 발언을 두고 힐러리 클린턴은 정치적 야심을 가득 지니고 권력에 굶주려 있으며, 백악관을 본인의 정치활동 기반으로 삼으려는 계획을 품고 있다는 증거라며 비방하는 사람들도 있었다. 클린턴은 과연 '동부 명문 학교 스타일의 검은색 머리띠를 한 맥베스 부인'이었을까, 아니면 그저 새로운 세대를 대표하는 영부인이었을까?[11]

수많은 신문 지면과 방송 시간이 이 질문을 둘러싼 논쟁에 할애되었다. 힐러리의 직업 이력은 알려고만 들면 누구나 쉽게 알 수 있었다. 클린턴 부부 스스로 '원 플러스 원'이란 슬로건을 꺼내 들었을 때, 언론이 영부인 후보를 대통령 후보 남편만큼이나 캐고 들어갈 수 있도록 문을 열어준 것이나 다름없었다. 힐러리는 훗날 '클린턴 원 플러스 원' 발언 때문에 정신이 번쩍 들었다고 회고했다. "이전에는 전국 언론에 그만큼 노출되어본 적이 없었어요. 언론이 선거운동 중에 있었던 일을 다루는 범위를 제대로 알지 못했습니다." 힐러리는 클린턴 행정부에서 할 역할은 차치하고, 자신이 '미국사회 안에서 여성 역할의 근본적인 변화를 상징'한다는 점을 이해했다. 그녀를 '악마 같은' '여성, 어머니, 아내'로 묘사하는 편지들이 쏟아졌다. 편지에는 '독기가 가득했다.'[12]

이러한 우려는 빌 클린턴의 대통령 취임 5일이 지나도록 가라앉을 줄 몰랐다. 클린턴 대통령은 영부인 힐러리에게 의료보험 시스템 개혁의 책임을 맡겼다. 이 결정은 어마어마한 논란을 일으켰다. 신임 대통령은 새로운 사실을 알게 됐다. '영부인의 역할 문제에서는 워싱턴이 아칸소보다 더 보수적'이라는 사실이었다. 『뉴욕 타임스』는 사설에서 '이는 국민 정서를 시험한 조치'라고 썼다. "수백만 시민이 영부인 힐러리의 강한 자기주장에 위협을 느낄 것이다. 어떤 시민들은 공식 직위도 없고, 선출직도 아니고, 보수도 받지 않는 인물이 대통령의 부인이라는 이유로 권한을 가져도 되는지 의혹을 제기했다." 『워싱턴 포스트』에 따르면, 힐러리 클린턴은 '지난 한 해 동안 무거운 짐을 지고' 있었는데, 이는 그녀가 '본질적으로 과도기적 인물'이기 때문이었다. 또 『워싱턴 포스트』는 힐러리 클린턴이 지난 30년간 불확실성과 함께 불편한 변화를 수없이 초래한 현재진행형 여성 역할 논쟁의 한복판에 서 있다고 주장했다. 정부에 영향력을 발휘한 영부인들이 있긴 했지만, 대개는 은밀하고 비공식적이었다. 힐러리 이전에는 그 어떤 영부인도 공식적으로 핵심 정책을 담당하는 자리에 임명된 적이 없었다. 『월스트리트 저널』은 아칸소의 한 유력 사업가가 힐러리에 대해 '올빼미 수십 마리를 합친 것만큼이나 영리하다'고 한 평가를 인용하며, 하지만 다른 국민은 힐러리에게 그만큼 열광적이지 않다고 보도했다. 당시 여론조사 응답자의 절반에 가까운 사람들이 힐러리 클린턴의 '주요 정책 결정' 참여에 반대했다.[13]

클린턴 행정부의 의료보험 개혁 계획은 열띤 논쟁을 불러일으켰다. 의료보험 개혁이 추진될 때마다 늘 있는 일이었다. 비판하는 측에서는 클린턴 정부가 추진하는 '힐러리 케어'(반대파 일각에서 붙인 별명)를 과거 트루먼 행정부의 소위 '사회주의 의료'와 동일시하며 폄하했다. 실무진이 비밀리에 검토를 진행하고 있다는 주장은 개혁 시도 자체와 책임자인 힐러리 클린턴에 대한 국민적 우려를 키웠다. 힐러리가 1300쪽짜리 새 법안을 알리기 위해 전국을 순회하자 수많은 시위대가 길을 막아섰다. 시위대는 분노에 차 있었고 힐러리에 대한 반감이 드셌기에 힐러리 클린턴은 경호실의 주장대로 방탄조끼를 착용해야 했다. 새 법안은 의회에서 큰 지지를 얻지 못했던 데다 중간 선거가 닥치는 바람에 의료보험 개혁은 결국 좌초되고 말았다. 힐러리는 이 실패와 그로 인해 민주당이 하원 선거에서 참패하는 빌미를 제공했다는 이유로 큰 비난을 받았다. 같은 해, 케네스 스타 특별검사가 아칸소 소재 부동산 개발 회사인 화이트워터 사 사건에 클린턴 부부가 연루되었다는 의혹을 두고 광범위한 조사에 착수했고, 이는 대대적으로 보도되었다. 조사가 길어질수록 힐러리의 입지는 점점 더 심한 타격을 받았다. 1996년 1월 클린턴은 '현대 영부인 중 최악'이라는 평가를 들었다.[14]

아이러니하게도 힐러리가 잃었던 명성을 되찾은 것은 1998년 남편이 탄핵 소추를 당하는 과정에서였다. 케네스 스타 특별검사가 조사 중 대통령과 백악관 인턴의 관계를 밝혀내자, 클린턴 부부의 결혼생활은 다시 한번 당황한 대중의 이목과 정치적 관심의 한가운데에 놓였다. 이 시기는 클린턴 대통령 입장에서도 끔찍했고, 클린턴 부부에게도 고통스러운 경험이었다. 결과적으로 대통령과 결혼생활 모두 살아남았다. 사실 힐러리 클린턴이 보여준 냉철함과 우직함은 그녀가 훗날 '인생을 통틀어 가장 지독하

고 충격적이며 가슴 아픈 경험'이라고 묘사한 이 시기에 널리 찬
탄을 받았다. 1998년 12월 말, 70퍼센트에 가까운 국민이 힐러
리를 호의적으로 평가했다. 대통령이 하원에서 탄핵을 당한 이
후였다. 당시 갤럽 조사에 따르면, 힐러리 클린턴은 미국인이 세
계에서 가장 존경하는 여성이었다. (1998년, '뉴스에서 보기 싫은 4
대 인물'로는 사담 후세인 이외에 빌 클린턴 및 그의 탄핵과 관련 있는
세 여성, 린다 트립, 폴라 존, 모니카 르윈스키가 꼽혔다.) 힐러리 클린
턴에 대한 지지도는 남편의 대통령 임기 말까지 조금씩 떨어졌지
만, 여전히 높은 수준을 유지했다. 지지도가 60퍼센트에 가까울
정도였다. 여성들은 특히 빌 클린턴의 임기 내내 이 영부인을 좋
아했다.[15]

1992년 선거운동 당시, 힐러리 클린턴은 인기 TV 쇼 「60 미
니츠」의 인터뷰에서 인상적인 주장을 펼쳤다. 자신은 '태미 와이
넷의 노래 가사처럼 남자 곁에 머무르는 그런 작은 여성'이 아니
라는 주장이었다. 하지만 남편의 정치 생명이 막장으로 치달았을
때 힐러리는 노래 가사처럼 남자 곁을 지키는 모습을 보였다. 힐
러리는 영부인으로 있는 동안 여성과 아동의 인권을 적극적으로
옹호했다. 또한 미국 정부를 대표해 세계를 종횡무진했다. 조기
아동 교육, 보육 확대, 육아간호 휴가 및 병가 지원, 여성 및 아동
의 경제적 안정성 증진 등 '국내 정치 의제'도 놓치지 않았다. 초
창기 의료보험 개혁 계획이 좌초된 뒤에는 조용하게 이러한 의제
를 추진했다. 힐러리와 페미니즘에 대한 관점이 크게 갈리는 사
람들은 그런 의제를 추진하면서 겉으로라도 남편을 기꺼이 용서

한 것을 위선으로 간주했다. 하지만 결국 힐러리 클린턴이 보여준 불굴의 의지와 아내이자 어머니로서 내린 결단은 영부인이라는 대단히 주목받는 역할을 수행하는 가운데 대중의 평판을 상당히 개선시켰다. 새로운 세대의 화신으로 전국 정치판에 뛰어든 여성에게는 깜짝 놀랄 만한 반전이었다. 물론 힐러리만 그런 경험을 한 것은 아니다. 세대를 거슬러 성인 남녀의 삶에 뒤따르는 복잡다단한 인생사가 그녀의 경험에도 어느 정도 투영되어 있었던 것이다.[16]

그토록 많은 일을 감당해야 했지만, 힐러리는 백악관을 떠날 시점이 가까워져서도 정계를 떠날 생각이 없어 보였다. 오히려 1999년 공직 출마 준비를 시작했다. 은퇴를 앞둔 뉴욕 주 상원의원 대니얼 패트릭 모이니핸의 의석이 목표였다. 많은 측근이 포기를 권했다. 문제가 한둘이 아니었는데 그중에서도 '배우자 문제'가 가장 컸다. 일각에서는 남편 빌 클린턴의 영향이 클 게 뻔하다고 믿었다. 힐러리만의 정치적 정체성을 오롯이 확립하기 불가능할 것이라는 지적이었다. 힐러리는 '후보로서의 자립과 클린턴 대통령의 지지 및 조언'이라는 장점 사이에 선을 잘 그어야 한다'고 생각했다.

당연히 이 선에는 틈새가 많았다. 힐러리의 전국적인 명성과 독특한 상황은 분명 보기 드문 이점이었다. 『뉴욕 타임스』의 관측대로 영부인이 출마 계획을 발표한 순간 관심이 집중되었다. '상원 선거, 심지어 대선 초반에 전대미문의 일.' 힐러리는 두터운 클린턴 친위 세력을 끌어올 수 있었다. 민주당의 막후 실력자, 정

치 전문가, 선거운동 전문가, 기부자 등 빌 클린턴이 두 차례의 대
선을 거치고 8년간 재임하면서 축적한 인재들이었다. 선거운동
시작 6개월 만에 민주당 전국위원회는 이미 300만 달러를 쏟아
부었다. 어떤 상원 후보보다 훨씬 더 큰 액수였다.[17]

　한편 공화당은 힐러리의 상원 진출을 막고자 전국적인 노력
을 기울이기 시작했다. 힐러리가 당선될지도 모른다는 예상은 공
화당에게 단합 구호와 같은 역할을 했다. "힐러리 클린턴을 꺾으
려면 한 마을 이상이 필요합니다." 공화당 앨러배마 위원회 위원
장이 기부를 호소하면서 말했다. "이 나라를 클린턴 부부에게
서 완전히 자유롭게 합시다. 우리 삶에서 영원히 몰아내 민주당
의 스크랩북에서 잠들게 합시다.' '힐러리를 웃음거리로!'라는 구
호는 보수 진영의 깊은 반ਲ클린턴 정서를 자극했다. 클린턴 반대
파는 영부인과 대통령을 괴롭혔던 여러 스캔들을 거론했다. '트
래블게이트'클린턴 부부가 측근을 앉힐 목적으로 백악관 여행국 직원들을 해고했다는
혐의 부터 화이트워터 스캔들, 틴핵에 이브기까지 꼬투리라면 부
족함이 없었다. 이러한 전략은 힐러리에게 낯설지 않았다. 클린
턴 부부는 10년 가까이 공화당의 기반 유권자 선동 전략에 이용
당했다. 하지만 힐러리의 승리를 망치려고 결심한 사람들의 시야
에 '무서운' 전망이 새롭게 들어왔다. "지금으로부터 4년 후를 생
각해보라. '힐러리가 대통령에 나설'지도 모른다." 공화당 뉴욕위
원회 위원장은 뉴욕 주 선거에 반클린턴 그룹의 전국적인 관심이
쏠리는 것을 반겼다. "우리는 힐러리가 여기서 시작해 대통령에
도전하리라 예상한다."[18]

공화당의 방해 작전에도 힐러리는 승리했다. 뉴욕 주에만 집중한 전략이 주효했다. 특히 뉴욕 주 북부 지역에 공을 들였다. 전통적인 보수 지역이기에 힐러리가 거둔 성과는 놀라웠다. 현안에 집중한 전략이 효과를 거두었다. 많은 유권자가 클린턴 행정부의 스캔들에 쏠린 언론의 지나친 관심에 별 흥미를 보이지 않았다. 훗날 힐러리는 이렇게 회상했다. "이상하지만 제 장점 중 하나는 사람들이 저에 대해, 좋은 쪽이든 나쁜 쪽이든 전부 안다고 생각한다는 점이었습니다. 〔공화당 경쟁자 릭〕 래지오의 공격은 이미 식상한 뉴스거리였지요." 클린턴 대통령이 재임하는 8년 동안 부정적인 일들을 포함해 조사를 수없이 당하며 한 고생에 대한 보상이 예기치 않게 주어졌다. 힐러리 클린턴은 국민에게 새삼스럽게 자기소개를 할 필요가 없었던 것이다. 여기에다 영부인이라는 위상도 있었다. 현직 영부인이라는 점에 전혀 개의치 않는 상원의원을 처음 만난 뉴욕 유권자들은 힐러리를 환영했다. 선거 당일, 클린턴은 민주당 전통 지지자들의 변함없는 지지를 훌륭하게 이끌어냈다. 노조도 힐러리에게 집결했고, 아프리카계 미국인들도 90퍼센트가 넘는 표를 몰아주었다. 대통령 선거에 나선 앨 고어에게 뉴욕 주가 던진 엄청난 표도 힐러리에게 힘을 실어주었다.

특히 힐러리는 여성들의 열광적인 지지 덕분에 큰 우위를 챙겼다. 성별 격차는 힐러리가 전국 무대에서 정치인으로 활동하는 내내 따라다니던 이슈였다. 공직 출마 전부터 그랬다. 여성이 남성보다 힐러리를 선호했고, 이는 뉴욕에서보다 2000년 가을 더 여실히 드러났다. 출구조사에 따르면, 전체 유권자의 54퍼센트 가 여성이고 그중 60퍼센트가 힐러리에게 표를 던졌다. 소위 '디 너파티 소문'('맨해튼에서 열린 사교 모임에서 전문직 여성들이 영부인 을 맹비난한다')은 헛소문으로 밝혀졌다. 많은 전문직 여성이 북 부 지역 여성들처럼 힐러리에게 표를 던졌다. 힐러리 55 대 래지 오 43이었다. 여성이 힐러리를 선호한 이유에 대해 전문가들은 의견 일치를 보지 못했다. 한 기자는 언론이 거듭 주장한 만큼 힐 러리의 지지도가 낮지 않았다고 추측했다. 일부 여성이 공화당의 래지오 하원의원이 TV 토론 자리에서 종이 한 장을 꺼내며 클린 턴에게 소프트머니미국의 정치 현금 가운데 기업이나 단체가 정당에 제공하는 후원 금를 포기한다는 서약을 하라고 요구하는 모습에 분개한 것은 분 명하다. 한 퇴직 간호사는 선거 후 인터뷰에서 직장 여성들을 대 변해 래지오의 행동을 비난했다. "힐러리의 면전에 대고 그런 행 동을 하는 모습을 보고 몹시 불쾌했어요……. 힐러리가 남자였 다면 그렇게 하지는 않았을 것 같아요." 힐러리의 비범한 인생 역 정에도 불구하고, 여성들이 '힐러리의 고난'에 공감하며 '어느 정 도 자기 모습'을 느꼈다는 의견도 있었다.[19]

승리를 거둔 다음 날, 클린턴은 『뉴욕 타임스』의 표현대로 '주 목할 만한 전환'을 시작했다. '25년 동안 정치인의 배우자 역할을 하다가 스스로 영향력 있는' 인물로 떠오른 것이다. 힐러리 스스 로도 엄청난 변화라고 느꼈다. 훗날 "8년간 직함은 있지만 직무 는 없는 세월을 보내다가 이제 '상원의원 당선자'가 되었다"고 말 했다. 힐러리가 향후 대권에 도전할지도 모른다는 추측이 금세 돌기 시작했다. 당선 후 첫 기자회견에서 4년 뒤 대통령에 출마할 계획인가 하는 질문이 나왔다. 힐러리는 '단호하게' 부정했다. 하지만 고어가 2000년 대선에서 패배하자 자연스레 힐러리가 '전국에서 가장 중요한 민주당 정치인'으로 떠올랐다는 평가가 퍼져나갔다. 결과적으로 그녀는 뉴욕 주 상원의원 임기를 모두 채우며 약속을 지켰고, 2006년 재선에도 쉽게 성공했다.[20]

힐러리 클린턴은 화려한 조명을 받으며 상원에 입성했다. 하지만 '유명 상원의원'임에도 불구하고 의사당에서 유명 인사처럼 행세하지 않았다. 한 남부 출신 상원의원은 클린턴이 '최대한 주목을 피하고 일부러 자제했다'고 증언했다. 이 방침은 많은 의원의 호의적인 반응을 이끌어내었다. 반항적이고 직설적이었던 셜리 치점과 달리 힐러리 클린턴은 상원의 위계서열을 받아들이려 했고, 전통에 순응함으로써 고참 의원들과 국민의 존경을 얻었다. 이러한 자세는 적어도 겉보기에는 마거릿 체이스 스미스와 흡사했다. 하지만 스미스처럼 당과 분리된 독자 노선을 취하지는 않았다. 스미스는 상원과 공화당 내에서 겉으로는 순응하고 협조했지만, 자신의 노력으로 함부로 할 수 없는 영향력을 손에 넣었다. 반면 힐러리는 열심히 일하면서 다양한 뉴욕 유권자들의 관심사에 주의를 기울였다. 또한 양당에서 동맹 세력을 확보해나갔다. 그러면서도 민주당에도 큰 힘을 쏟았다. 힐러리는 2002년 재선에 출마하는 민주당 인사들에게 많은 시간과 돈을 투자해 충성과 경애와 지지를 얻었다. 영부인 자리에서 물러나며 백악관에서 떠난 지 2년도 안 되어 힐러리 클린턴 상원의원은 '민주당 최고의 모금가, 선거운동 고문, 열혈 당원이자 남편을 제외하고 민주당 의원 가운데 유일하게 방을 채울 수 있는 사람'으로 부상했다.[21]

힐러리가 상원에서 거리낌 없이 타협하고 입장을 바꾸자 그러한 중도적 움직임에 배신감을 느낀 진보파의 혹독한 비판이 쏟아졌다. 힐러리는 선거운동을 하면서 '새로운 민주당원'을 자처하며 재정 균형을 중시하고 중산층의 경제적 안정을 지지한다고 강조했다. 보수파에게나 그들의 숙적에게나 힐러리는 카멜레온처럼 보였다. 즉, 정치적 목적을 위해서라면 어떤 가면이든 가리지 않고 쓰는 사람으로 보였다. 힐러리는 여전히 전국적인 '분열을 초래하는 존재'였다. 공화당이 클린턴 행정부와 민주당의 모든 실책을 그녀에게 돌린 결과였다. 하지만 힐러리는 민주당과 여성들의 강한 지지를 지켜냈다. 공화당을 지지하거나 무당파인 여성들도 각 정치 진영의 남성들보다 힐러리에게 더 호의적이었다.[22]

2002년 힐러리가 조지 W. 부시의 이라크 파병 승인에 찬성표를 던지자 큰 논란이 불거졌다. 전쟁 지지 표명이 기억에서 잊힌 뒤에 열린 2008년 민주당 예비선거에서도 이 문제는 다시 그녀를 괴롭혔다. 힐러리 외에도 민주당 상원의원 중 절반가량, 전체적으로 절대 다수가 이라크 전쟁 결의안을 지지했다. 하지만 민주당 내 진보 세력과는 등을 지게 되었다. 그중에는 테드 케네디 상원의원도 있었다. 그는 전쟁 결의안이 경솔하고 분별없다며 반대표를 던졌다. 일각에서는 힐러리가 이라크 전쟁을 지지했을 때 이미 대통령에 출마한다는 야심이 있었다고 추측했다. 『뉴욕 타임스』 칼럼니스트 모린 다우드는 2002년 10월 상원 투표

직전, 이 계산을 두고 힐러리 클린턴을 노골적으로 비난했다. 다우드는 『USA 투데이』의 최근 여론조사를 인용했다. 여성의 40퍼센트가 향후 10년 내에 여성 대통령이 나오지 않으리라 예상하고, 14퍼센트는 영원히 불가능하리라 예상한다는 수치를 들며 다우드는 이런 질문을 던졌다. "저 14퍼센트는 힐러리가 신참 상원의원으로서 보여준 집념을 알아차리지 못한 건가?" 힐러리는 사담 후세인에게 군사 행동을 취하겠다고 위협한 부시 대통령에게 구두로 지지를 표했고, 다우드는 이를 두고 '힐러리가 2008년 대통령에 출마한다는 증거'라고 이야기했다. 이어서 다우드는 힐러리 클린턴 상원의원이 '대통령을 꿈꾸는 여성이라면 보석함에 러브비즈_{반전과 평화를 상징하는 목걸이}를 넣어두어서는 안 된다는 사실을 알고 있다'고 덧붙였다.[23]

마거릿 체이스 스미스처럼 힐러리도 미국의 군사 개입, 강건한 국방, 국가 안보 중시에 지지 입장을 표했다. 두 사람 다 상원 군사위원회 임명을 원했다. 이런 방식으로 여성 공직자에게 덧씌워진 평화주의자 이미지를 걷어내고, 국방 문제의 경험과 헌신을 통해 여성이 군 통수권자가 될 역량이 있는지 미심쩍어하는 국민의 원론적 의혹에 맞섰다. 1984년 부통령 후보 지명자 제럴딘 페라로는 TV 프로그램 「미트 더 프레스Meet the Press」에 출연했을 당시 '핵무기 발사 버튼을 누를 수 있을 만큼 강인한지' 하는 질문을 받았다. 페라로는 기회를 놓치지 않고 여성이 미국 대통령직에 걸맞지 않다고 보는 고정관념을 백일하에 드러냈다. "제가 여성이 아니었더라도 과연 그런 질문을 받았을까 궁금하네요."[24]

2007년, 최소한 힐러리 클린턴에 대해서는 그런 의혹이 누그러졌다는 사실이 여론조사를 통해 입증됐다. 힐러리는 군 통수권자로서의 역량을 묻는 질문에서 버락 오바마나 존 에드워즈보다 훨씬 더 높은 평가를 받았다. 그리고 2008년 대선에서 가장 유력한 민주당의 잠룡으로 부상했다.[25]

힐러리가 대통령직에 근접할 수 있었던 이유는 다양한 힘을 합치는 데 성공했기 때문이다. 우드헐보다는 덜 급진적이었지만, 19세기부터 시작된 여성운동계의 지지를 얻었다. 셜리 치점을 비롯한 헌신적인 여성 운동가와 민권 운동가, 동시대의 급진파들이 민주당에 문제를 제기한 덕분에 득을 보기도 했다. 또한 영부인의 전통적인 역할을 활용해 오랫동안 그리고 떠들썩하게 국민의 환심을 사기도 했다. 그 과정에서 국민은 힐러리를 거듭 곤경에 처하면서도 인기를 유지한 재선 대통령의 곁을 지킨, 명석하고 산전수전 다 겪은 불굴의 영부인으로 기억했다. 당시 힐러리는 다양한 이유로 상처 입고, 조롱당하고, 유명세를 치르면서도 공직에 도전하는 기개를 보여주었다. 그녀가 얻을 수 있었던 돈과 권력, 후원은 20세기의 여성 후보들과는 비교조차 되지 않았다. 물론 2008년에는 그것만으로 부족했다. 하지만 패배 후 힐러리는 경쟁 후보였던 오바마의 내각에 합류하여 각료 경험을 쌓았다. 역대 국무장관 중 토머스 제퍼슨, 제임스 매디슨, 제임스 먼로, 존 퀸시 애덤스, 마틴 밴뷰런, 제임스 뷰캐넌, 이 여섯 명은 이후 대통령에 당선되었다.

힐러리 클린턴과 버락 오바마의 2008년 대결은 어떤 면에서 재건 시대에 처음 시작된 여성의 대권 도전이 원점으로 돌아온 이야기다. 오바마는 1999년 1월 대통령 선거에 뛰어들었다. 당시 유일한 아프리카계 미국인 상원의원이었다. 20세기가 막을 내릴 때까지 오바마 이전에 흑인 상원의원은 4명이 있었다. 재건 시대인 1870년, 하이럼 레벌즈(공화당, 미시시피 주)가 최초로 인종의 장벽을 허물었다. 레벌즈 당선 1년 뒤, 빅토리아 우드헐은 재건 시대의 '시대정신'을 '무한 해방'이라고 말했다. 우드헐은 혁명이 계속되는 모습을 상상했다. 당시 새롭게 아프리카계 미국인 남성에게 부여된 투표권이 미국 여성에까지 확대되리라 믿었다.

여성의 투표권 획득이라는 우드헐의 꿈이 실현되기까지는 반세기가 더 필요했다. 아프리카계 미국인에게 보장된 정치적 자유가 실현되기까지는 더 많은 시간이 필요했다. 아프리카계 미국인은 수많은 지역에서 조직적으로 투표권을 거부당했다. 오바마가 대통령에 출마하기 고작 50년 전이었다. 재건 시대에서 한 세기가 지난 1965년, 투표권법이 통과되며 기본적인 민주적 자유의 행사를 막는 온갖 제약이 철폐됐다. 2008년 선거에서는 투표 억제 전략voter suppression에 대한 불만이 터져나왔다.[26]

평등의 약속이 지켜지기란 요원했다. 힐러리와 오바마, 두 사람의 입후보는 오랜 투쟁이 거둔 불완전한 결실이었다. 앞서 도전한 이들이 없었다면 두 사람의 출마는 불가능했을 것이다. 의외로 오바마도 셜리 치점과 마찬가지로 한때 정당정치를 지배했던 도시지역 민주당 정치 기구의 후예였다. 민주사회에 그러한 제약이 존재한다는 현실을 거부한 사람들은 남녀를 막론하고 정당정치의 변두리로 밀려났다. 다방면에서 수십 년에 걸쳐 일어난 사회운동들 덕분에 오바마와 클린턴의 입후보가 가능했다. 아마도 그런 이유에서 어떤 간판 정치인도 다양한 유권자들을 완전하게 만족시키진 못했을 것이다. 일부 여성 운동가는 2008년에 여성 대통령이 당선되기를 원하지만 힐러리 클린턴은 아니었으면 좋겠다고 불평했다. 버락 오바마는 오랜 예비선거, 대선, 두 번의 대통령 임기를 거치며 소수 인종에게 해준 게 너무 많다거나 반대로 너무 적다며 전방위적인 비판에 시달렸다. 그럼에도 2008년 오바마의 당선은 미국인 인종 문제에서 진전하는 험난하고 극적이며 감동적일 뿐 아니라, 다른 한편으로는 불완전한 과정에서 분수령을 이룬 큰 업적이었다.

2013년 겨울, 힐러리 클린턴은 국무장관 자리에서 물러났다. 그리고 2015년 4월, 대통령 출마를 선언했다. 2016년 대선을 1년 반 이상 남겨놓은 시점이었다. 민주당원들 대부분이 열렬히 환영했지만, 반대 세력도 새롭게 불타오르기 시작했다. 민주당 진보 진영 일부는 버몬트 주 상원의원 버니 샌더스에게 합류했다. 공화당이 혼전 양상을 보이는 가운데, 전 휼렛패커드 CEO 칼리 피오리나도 뛰어들었다. 한 세기 반 전에 급진적인 후보였던 빅토리아 우드헐처럼 피오리나도 뛰어난 사업 감각을 내세운다. 공화당의 모든 후보가 힐러리를 유력한 경쟁자로 꼽았고, 그녀에 대한 반대 목소리를 높이며 결집을 꾀했다.

선거운동 초반, 힐러리는 국무장관 재임 시 개인 이메일 서버를 관리·운용했다는 사실을 시인했다. 이 일로 힐러리에게 제기된 오랜 비판들과 관련한 여러 의혹이 다시 불거졌다. 그중에는 2012년 주 리비아 미국 대사와 그 외 미국 국민 3명의 목숨을 앗아간 비극적인 9·11테러에서 국무장관이었던 힐러리가 관리감독을 소홀히 해 단초를 제공했다는 비판도 있었다. 사건과 관련된 공식 보고서에는 국무부의 관행과 정책에 대한 비판만 있을 뿐 힐러리를 직접 비판하는 내용은 없었다. 힐러리는 외교관들이 맞은 비극에 대해 공식적으로 책임을 인정했다. 그동안 힐러리를 조사하던 공화당 보수파 하원의원들은 이메일 논란과 벵가지 비극까지 조사 대상에 포함시켰다. 힐러리의 이메일 수만 건에 대한 조사가 진행됐다. 힐러리가 무모하고 이중적이며, 국무장관으로서 범법 사실이 있을 수 있다는 비판이 집중적으로 제기되었다. 10월 말, 의회 청문회가 열렸다. 힐러리는 질의에 답하기 위해 생애 두 번째로 하원에 모습을 드러냈다. 일부 공화당원은 힐러리의 대통령 출마 때문에 조사를 진행했다는 사실을 시인했다. 힐러리는 쏟아지는 질문 공세 속에 공화당의 주장을 냉철하게 반박했다. 청문회는 무려 9시간 동안 이어졌다. 하지만 많은 논평가의 눈에는 힐러리가 거의 '흔들리지 않는 듯이' 보였다. 오히려 공화당 보수파가 힐러리에게 대통령처럼 보일 기회를 줬다는 평도 있었다.[27]

힐러리의 두 번째 대통령 선거운동이 이번에는 승리로 귀결될 수 있을까? 오직 시간만이 답을 알 뿐이다. 하지만 미국 역사상 대통령 자리에 이토록 가까이 간 여성은 없었다. 그 오랜 여정이 이제 한 판의 정치 대결로 판가름 나리라.

프롤로그

1. "Iron My Shirt," *New York Times*, January 7, 2008. 다음 사이트 참조. http://thecaucus.blogs.nytimes.com/2008/01/07/iron-my-shirt/; "Sexist Hecklers Interrupt Hillary: 'Iron My Shirt!'" *Huffington Post*, March 28, 2008. 다음 사이트 참조. http://www.huffingtonpost.com/2008/01/07/sexist-hecklers-interrupt_n_80361.html; "Postfeminism and Other Fairy Tales," *New York Times*, March 16, 2008, WK 1; "Hillary's Back," *Pittsburgh Post Gazette*, January 11, 2008, B7.

2. 여성과 미국 대통령 출마, 여성과 선거 정치를 더 광범위하게 다루는 문헌은 다양하다. 대표적인 연구 자료는 다음과 같다. "A Woman President?" Presidential Gender Watch 2016, Center for Women and American Politics. 다음 사이트 참조. http:// presidentialgenderwatch.org/polls/a-woman-president/. Jill Norgren, *Belva Lockwood: The Woman Who Would Be President* (New York: New York University Press, 2007); Erika Falk, *Women for President: Media Bias in Nine Campaigns*, 2nd ed. (Urbana: University of Illinois Press, 2010); Jo Freeman, *We Will Be Heard: Women's Struggles for Political Power in the United States* (Lanham, Md.: Rowman & Littlefield, 2008); Eleanor Clift and Tom Brazaitis,

Madam President: Shattering the Last Glass Ceiling (New York: Scribner, 2000); Nichola D. Gutgold, *Paving the Way for Madam President* (Lanham, Md.: Lexington Books, 2006); Anne E. Kornblut, *Notes from the Cracked Ceiling: What It Will Take for a Woman to Win* (New York: Broadway, 2011); Lori Cox Han and Caroline Heldman, *Rethinking Madam President: Are We Ready for a Woman in the White House?* (Boulder: Lynne Rienner Publishers, 2007); Marianne Schnall, *What Will It Take to Make a Woman President?* (Berkeley: Seal Press, 2013); Kristina Horn Sheeler and Karrin Vasby Anderson, *Woman President: Confronting Postfeminist Political Culture* (College Station: Texas A & M University Press, 2013); Janet M. Martin, *The Presidency and Women: Promise, Performance, and Illusion* (College Station: Texas A & M Press, 2003); Deborah Jordan Brooks, *He Runs, She Runs: Why Gender Stereotypes Do Not Harm Women Candidates* (Princeton: Princeton University Press, 2013); Jennifer L. Lawless and Richard L. Fox, *It Still Takes a Candidate: Why Women Don't Run for Office* (Cambridge: Cambridge University Press, 2010); Kristin A. Goss, *The Paradox of Gender Equality* (Ann Arbor: University of Michigan Press, 2013); Sue Thomas and Clyde Wilcox, *Women and Elective Office: Past, Present, and Future* (New York: Oxford University Press, 2014).

3. 2008년 힐러리 클린턴 대선 출마의 성 역학에 대한 자세한 평가는 다음을 참조하라. Harriet Beecher Stowe, *My Wife and I: Or Harry Henderson's History* (New York: J. B. Ford and Company, 1872), pp. 262-263. Rebecca Traister, *Big Girls Don't Cry: The Election That Changed Everything for American Women* (New York: Free Press, 2010).

4. James T. Havel, U.S. *Presidential Candidates and the Elections: A Biographical and Historical Guide*, vol. 1, *The Candidates*, and vol. 2, *The Elections, 1789-1992* (New York: Macmillan, 1996). 이 데이터를 분석하는 데 Nadia Fajood에게 빚을 졌다.

제1장

1. "The Correspondence between the Victoria League and Victoria C. Woodhull," in Madeleine B. Stern, ed., *The Victoria Woodhull Reader* (Weston, Ma.: M & S Press, 1974). 빅토리아 우드헐의 전기작가 로이스 비치 언더힐은 우드헐이 빅토리아 연맹Victoria League과 대통령 후보로 나선 평등권당 창당에 앞장섰다고 밝혔다. Lois Beachy Underhill, *The Woman Who Ran for President: The Many Lives of Victoria Woodhull* (Bridgehampton, N.Y.: Bridge Works Publishing Co., 1995), pp. 163 – 167 참조. 19세기 공직자 지명 관례에 대한 내용은 Gil Troy, See *How They Ran: The Changing Role of the Presidential Candidate* (Cambridge, Ma.: Harvard University Press, 1996), pp. 17 – 18 and Chapters 4 and 5. 참조.

2. "Correspondence between the Victoria League and Victoria C. Woodhull"; Victoria C. Woodhull, Letter to the Editor, "The Coming Woman," *New York Herald*, April 2, 1870, p. 8; Morton Keller, *Affairs of State: Public Life in Nineteenth Century America* (Cambridge, Ma.: Harvard University Press, 1977), Chapter 1; Kate Masur, *An Example for All the Land: Emancipation and the Struggle over Equality in Washington, D.C.* (Chapel Hill: University of North Carolina Press, 2010), Chapter 5 esp.; Eric Foner, *Reconstruction: America's Unfinished Revolution, 1863 – 1877* (New York: Harper and Row, 1988), pp. 255 – 256; Ellen C. DuBois, "Outgrowing the Compact of the Fathers: Equal Rights, Woman Suffrage, and the United States Constitution, 1820 – 1878," *Journal of American History*, vol. 74, no. 3 (December 1987), pp. 844 – 847.

3. 재건의 운명에 관해서는 다음을 참조하라. Foner, *Reconstruction*; Kenneth M. Stampp, *The Era of Reconstruction, 1865 – 1877* (New York: Vintage, 1965); Steven Hahn, *A Nation under Our Feet: Black Political Struggles in the Rural South from Slavery to the Great Migration* (Cambridge, Ma.: Harvard University Press, 2005); Masur, *An Example for all the*

Land; Douglas R. Egerton, *The Wars of Reconstruction: The Brief, Violent History of America's Most Progressive Era* (New York: Bloomsbury, 2014); and Garrett Epps, *Democracy Reborn: The Fourteenth Amendment and the Fights for Equal Rights in Post-Civil War America* (New York: Holt, 2007).

4. 우드헐은 최근 출간된 여러 전기의 주인공이었다. 대표작으로는 *The Woman Who Ran for President*; Barbara Goldsmith, *Other Powers: The Age of Suffrage, Spiritualism, and the Scandalous Victoria Woodhull* (New York: Harper Collins, 1999); Mary Gabriel, *Notorious Victoria: The Life of Victoria Woodhull, Uncensored* (Chapel Hill: Algonquin Books, 1998); Myra MacPherson, *Scarlet Sisters: Sex, Suffrage, and Scandal in the Gilded Age* (New York: Twelve, 2014)가 있다; 또한 계좌 폭로 등은 Emanie Sachs의 책 *The Terrible Siren: Victoria Woodhull, 1838-1927* (New York: Harper Bros., 1928) 참조. 또 어맨다 프리스켄의 책은 우드헐과 19세기 후반의 미국을 탁월하게 다루고 있다. Amanda Frisken, *Victoria Woodhull's Sexual Revolution: Political Theater and the Popular Press in Nineteenth-Century America* (Philadelphia: University of Pennsylvania Press, 2004). 언더힐은 *The Woman Who Ran for President*에서 우드헐의 대선 출마를 자세히 다룬다. 우드헐의 삶은 역사학자인 언더힐이 보기에 재건이 얼마나 어려웠는지를 보여주는 증거다. 당시의 어려운 상황을 통찰력 있게 다루는 내용이 궁금하다면 Frisken, *Victoria Woodhull's Sexual Revolution*, pp. 9-15; Helen Lefkowitz Horowitz, "A Victoria Woodhull for the 1990s," *Reviews in American History*, vol. 27, no. 1 (March 1999), pp. 87-97 참조.

5. 우드헐의 성급한 대선 출마과정은 다음을 참조. Eleanor Flexner, *Century of Struggle: The Woman's Rights Movement in the United States* (Cambridge, Ma.: Harvard University Press, 1975), p. 147; Aileen S. Kraditor, *Ideas of the Woman Suffrage Movement, 1890-1920* (New York: W. W. Norton, 1981), p. 114; Richard Brookhiser, "The Happy Medium," *New York Times Book Review*, March 29, 1998, p. 11.

6. Theodore Tilton, *Victoria C. Woodhull: A Biographical Sketch* (New

York: The Golden Age, 1871), pp. 3-6; Underhill, *Woman Who Ran for President*, pp. 11-19; Goldsmith, *Other Powers*, pp. 13-16, 18-19, 25-27.

7. Tilton, *Victoria C. Woodhull*, pp. 3-6, 8-12; Underhill, *Woman Who Ran for President*, 15-19; Goldsmith, *Other Powers*, Chapters 1, 2. 천사들이 자신을 찾아왔다는 우드헐의 이야기는 Goldsmith, *Other Powers*, p. 25 참조.

8. Underhill, *The Woman Who Would Be President*, pp. 156-157; Goldsmith, *Other Powers*, pp. 48-49; Morton Keller, *Affairs of State*, p. 249; Ann Braude, *Radical Spirits: Spiritualism and Women's Rights in Nineteenth-Century America* (Bloomington: Indiana University Press, 2001), pp. xix-xxi, 2-4 외.

9. "Declaration of Sentiments and Resolutions, Women's Rights Convention, Held at Seneca Falls, 19-20 July 1848," *The Elizabeth Cady Stanton and Susan B. Anthony Papers Project*. 다음 사이트 참조. http://ecssba.rutgers.edu/docs/seneca.html.

10. Underhill, *The Woman Who Ran for President*, pp. 22-26; Tilton, *Victoria C. Woodhull*, pp. 12-16. 우드헐이 루크리셔 모트에게 한 이야기는 Goldsmith, *Other Powers*, p. 52 참조.

11. Tilton, *Victoria C. Woodhull*, 16, 24; Underhill, *The Woman Who Ran for President*, pp. 35-38. 블로드 대령의 외모는 http://collections.mohistory.org/resource/141832.html에 실린 블러드의 은판 사진을 참고하라. 우드헐과 블러드의 결혼 날짜와 위치, 신혼여행 날짜에 대해서는 의견이 분분하다. 그에 대한 여러 견해는 "Autobiographical notes, fragments regarding Victoria Woodhull Martin," Box 1, Folder 2, Victoria Woodhull-Martin Papers, 1870-1962, Special Collections Research Center, Southern Illinois University, Carbondale [이하 Woodhull-Martin Papers, *SIU*]; Underhill, *The Woman Who Ran for President*, pp. 38-39; MacPherson, *Scarlet Sisters*, pp. 24-26; Goldsmith, *Other Powers*, pp. 80-109 참조.

12. Tilton, *Victoria C. Woodhull*, pp. 22-23; Underhill, *The Woman Who*

Ran for President, pp. 30–34; Goldsmith, *Other Powers*, 67–68, 80–82; MacPherson, *Scarlet Sisters*, pp. 18–22.

13. Underhill, *The Woman Who Ran for President*, pp. 43–49; MacPherson, *Scarlet Sisters*, pp. 34–39; Tilton, *Victoria C. Woodhull*, pp. 11–12, 27; "The Great Will Contest," *New York Tribune*, October 16, 1878, p. 4; Goldsmith, *Other Powers*, pp. 157–162.

14. "Autobiographical notes, fragments regarding Victoria Woodhull Martin," Box 1, Folder 2, Woodhull-Martin Papers, SIU; "National Conventions—1869," Chapter 22, *History of Woman Suffrage*, vol. 2, 1861–1876, ed. Elizabeth Cady Stanton, Susan B. Anthony, and Matilda Joslyn Gage (Rochester, N.Y.: Privately published, 1881), pp. 345–348; Ellen C. DuBois, "Outgrowing the Compact of the Fathers," pp. 844–848. 1869년 1월에 열린 대회는 보통선거권협회에서 후원했다. Ann D. Gordon, ed., *The Selected Papers of Elizabeth Cady Stanton and Susan B. Anthony*, vol. 2, *Against an Aristocracy of Sex, 1866 to 1873* (New Brunswick: Rutgers University Press, 2000), p. 208, n. 1. 수정 헌법 15조 전문은 https://www.law.cornell.edu/constitution/amendmentxv 참조. 19세기의 참정권 투쟁을 다루는 탁월한 연구 결과는 Suzanne Marilley, *Woman Suffrage and the Origins of Liberal Feminism in the United States, 1820–1920* (Cambridge, Ma.: Harvard University Press, 1996) 참조.

15. "National Conventions—1869," *History of Woman Suffrage*, p. 355.

16. "National Conventions—1869," *History of Woman Suffrage*, pp. 353–355, 346–347.

17. "Victoria Woodhull," *The Revolution*, February 11, 1869, p. 86. 1869년 1월 28일에 실린 『뉴욕 월드』의 이 기사를 『레볼루션』이 옮겨 실었다. 자세한 논의는 Underhill, *The Woman Who Ran for President*, 5장 참조.

18. "Autobiographical notes, fragments regarding Victoria Woodhull Martin," Box 1, Folder 2, Woodhull-Martin Papers, *SIU*.

19. "The Queens of Finance. A New Phase of the Woman's Rights Question," *New York Herald*, January 22, 1870, p. 10; "The Queens of Finance: The Palace of the Female Sovereigns of Wall Street," *New York*

Herald, February 5, 1870, p. 8; Underhill, *The Woman Who Ran for President*, pp. 56–76; MacPherson, *The Scarlet Sisters*, pp. 38–39. 우드헐의 당시 달러 순자산에 대해서는 다음을 참조. John J. McCusker, "How Much Is That in Real Money? A Historical Price Index for Use as a Deflator of Money Values in the Economy of the United States," *Proceedings of the American Antiquarian Society*, vol. 101, part 2, October 1991, pp. 297–373. 자료 해석에 도움을 준 터프츠 대학의 경제역사학과 위니프리드 로텐버그 교수에게 감사를 전한다. 우드헐과 클래플린의 생생한 월가 활동담이 궁금하다면 MacPherson, *The Scarlet Sisters* 참조.

20. "The Great Will Contest," *New York Tribune*, October 16, 1878, p. 4. 여성 투자자 수전 킹이 얼마 전 사망한 밴더빌트의 유산 소송 중 법정에서 증언한 말이다.

21. "The Lady Brokers Driving the Bull and Bears of Wall Street," *New York Telegraph*, February 18, 1870, reproduced in Goldsmith, *Other Powers*, p. 192; "Women in Wall Street," *Evening Post*, Feb. 7, 1870, p. 2.

22. "Wall Street Aroused—The Female Brokers," *New York Times*, February 6, 1870, p. 8; "Women in Wall Street," *Evening Post*, Feb. 7, 1870, p. 2; "The Lady Bankers of Broad Street," *New York Herald*, February 7, 1870, p. 6; "The Queens of Finance—The New Furore in Wall Street," *San Francisco Bulletin*, Feb. 19, 1870, p. 3. For stories of a similar tone see, for example, "Female Stock Brokers," *Schenectady Reflector*, Feb. 10, 1870, p. 2; "New York Financial—The Female Brokers," *Cincinnati Daily Enquirer*, February 8, 1870, p. 4; "Mrs. Woodhull and Mrs. Claflin," *Idaho Statesman*, March 3, 1870, p. 2.

23. "Carrying the War into Africa," *The Revolution*, March 24, 1870, p. 188.

24. Tilton, *Victoria C. Woodhull*, p. 24; Underhill, *The Woman Who Ran for President*, Chapter 7; Stern, *Victoria Woodhull Reader*, pp. 3–4; Timothy Messer-Kruse, *The Yankee International: Marxism and the American Reform Tradition*, 1848–1876 (Chapel Hill: University of North Carolina Press, 1998), pp. 109–110; Goldsmith, *Other Powers*, pp. 210–211. 19세기에 팽배했던 성에 관한 사고는 다음을 참조. Helen

Lefkowitz Horowitz, *Rereading Sex: Battles over Sexual Knowledge and Suppression in Nineteenth-Century America* (New York: Vintage, 2002). 우드헐의 자유연애 이슈에 관한 것은 또한 다음을 참조하라. Helen Lefkowitz Horowitz, "Victoria Woodhull: Free Love in the Feminine, First-Person Singular," in Susan Ware, ed., *Forgotten Heroes: Inspiring American Portraits from Our Leading Historians* (New York: Free Press, 1998); "Victoria Woodhull, Anthony Comstock, and Conflict over Sex in the United States in the 1870s," *Journal of American History*, vol. 87, no. 2 (September 2000); Ellen C. DuBois, "Feminism and Free Love," 미출간 원고.

25. "The Coming Woman," *New York Herald*, April 2, 1870, p. 8; Troy, *See How They Ran*, Chapter 4; "A Woman's Rights Woman for the Next Presidency," *New York Herald*, April 3, 1870, p. 6. 트레인이 스탠턴, 앤서니와 함께 참정권 운동을 한 이야기는 Goldsmith, *Other Powers*, pp. 136–137 참조.

26. Tilton, *Victoria C. Woodhull*, p. 28; *New York Herald*, April 2, 1870, p. 8; Troy, *See How They Ran*, Chapter 4. 그릴리에 관한 『하트퍼드 쿠런트』의 기사는 다음에서 인용. Troy, *See How They Ran*, p. 76.

27. Tilton, *Victoria C. Woodhull*, p. 28; *New York Herald*, April 2, 1870, p. 8; Troy, *See How They Ran*, pp. 5–6, Chapter 11. 우드헐이 『헤럴드』에 보낸 편지는 Stern, *Victoria Woodhull Reader*에 실렸으며, 출처는 우드헐이 훗날 발표한 책 *The Argument for Women's Electoral Rights*(1887)이다. 우드헐은 출간을 위해 원래의 편지를 수정했던지, 책에 실린 편지는 1870년 4월 2일 『헤럴드』에 실린 편지 내용과 차이가 있다. 이 책에서는 신문에 실린 편지 원문을 인용했다. 여러 대통령 후보에 대한 이야기는 James T. Havel, *U.S. Presidential Candidates and the Elections: A Biographical and Historical Guide*, vol. 2, *The Elections* (New York: Macmillan Library Reference USA, 1996) 참조.

28. "The Coming Woman," *New York Herald*, April 2, 1870, p. 8.

29. "The Coming Woman," *New York Herald*, April 2, 1870, p. 8.

30. "The Coming Woman," *New York Herald*, April 2, 1870, p. 8.

31. "The Coming Woman," *New York Herald*, April 2, 1870, p. 8; Keller, *Affairs of State*, pp. 191–194.

32. "The Coming Woman," *New York Herald*, April 2, 1870, p. 6.

33. "A Woman's Rights Woman for the Next Presidency," *New York Herald*, April 3, 1870, p. 6; Underhill, *The Woman Who Ran for President*, pp. 80–85; "A Female Philippic: Victoria C. Woodhull on 'The Tendencies of Government,'" *New York Herald*, April 16, 1870, p. 5; Editorial, *Chicago Tribune*, May 6, 1870, p. 2. 우드헐의 저술에 관해서는 다음을 보라. Frisken, *Victoria Woodhull's Sexual Revolution*, pp. 10–11; Stern, *Victoria Woodhull Reader*, pp. 1–5; Goldsmith, *Other Powers*, pp. 213–214. 하이럼 레벌즈는 재건 시대에 13개월 동안 미시시피 주 상원의원으로 재임했다. 최초의 아프리카계 미국인 상원의원이었다. '굴 레스토랑 운영주' 토머스 다우닝은 1866년 사망했다. 부유한 아프리카계 미국인 레스토랑 사업가로, 그의 이름을 딴 레스토랑은 뉴욕 시 브로드 가에 있었다. 아들 조지 다우닝은 아프리카계 미국인 운동가이자 호텔 경영자였다. Egerton, *The Wars of Reconstruction*, p. 279; "Downing's Oyster House," *Mapping the African American Experience*. 다음 사이트 참조. http://maap.columbia.edu/place/1. 코프만스하프는 네덜란드계 이민자로 캘리포니아에서 중국인 인부 공급업자로 일했다. 1869년 남부의 농장주들에게 해방된 노예 노동자들 대신 중국인 인부를 쓰라고 제안하는 연설을 하면서 주목받았다. See Lucy M. Cohen, *Chinese in the Post–Civil War South: A People without a History* (Baton Rouge: Louisiana State University Press, 1984), pp. 69–70.

34. "That Distinguished Brace of Patriots," *Jackson Citizen Patriot*, April 12, 1870, p. 2; "A Woman in the Ring for President," *Mobile Register*, April 21, 1870, p. 2; *Weekly Alta California*, April 23, 1870, p. 4.

35. "Another Candidate for the Presidency," *Albany Argus*, April 5, 1870, p. 2; "Mesdames Woodhull and Claflin," *Columbus Daily Sun*, June 9, 1870, p. 2.

36. "To the Press," *Woodhull and Claflin's Weekly*, vol. 1, no. 1(May 14, 1870), pp. 1, 8; Messer-Kruse, *Yankee International*, pp. 109–110;

Michael E. McGerr, *The Decline of Popular Politics: The American North, 1865-1928* (New York: Oxford University Press, 1986), pp. 14-22, Chapter 5; Underhill, *The Woman Who Ran for President*, pp. 86-88.

37. *Woodhull and Claflin's Weekly*, vol. 1, no. 1 (May 14, 1870); "Magazines, &c.," *New York Herald*, May 15, 1870, p. 6; "The Lady Brokers of Wall Street," *New York Herald*, May 18, 1870, p. 6; *Leavenworth Bulletin*, May 26, 1870, p. 1; "Woodhull and Claflin's Weekly," *Patriot*, May 28, 1870, p. 2; "The New Paper," *Coldwater Sentinel*, June 3, 1870, p. 3.

38. "Universal Government," *Woodhull and Claflin's Weekly*, August 6, 1870, p. 8; Stephen Pearl Andrews, "The Pantarchy," in *Woodhull and Claflin's Weekly*, August 27, 1870, p. 5; "What Is Prostitution?" *Woodhull and Claflin's Weekly*, August 13, 1870, p. 10; "Femininity," *Cleveland Plain Dealer*, September 10, 1870, p. 2; "New York Letter," *Albany Argus*, August 27, 1870, p. 2; *Idaho Statesman*, September 13, 1870, p. 2; "Something about Ourselves," *Woodhull and Claflin's Weekly*, November 19, 1870, p. 9. 앤드루스의 '팬타크'에 관해서는 다음을 보라. Madeleine B. Stern, *The Pantarch: A Biography of Stephen Pearl Andrews* (Austin: University of Texas Press, 1968).

39. "Startling Annunciation!" *Woodhull and Claflin's Weekly*, November 19, 1870, p. 8.

40. DuBois, "Outgrowing the Compact of the Fathers," pp. 852-853; "Startling Annunciation," *Woodhull and Claflin's Weekly*, p. 9.

41. "Startling Annunciation," *Woodhull and Claflin's Weekly*, p. 9.

42. DuBois, "Outgrowing the Compact of the Fathers," pp. 853-854; Paulina Wright Davis, *A History of the National Woman's Rights Movement* (New York: Journey-Men Printers' Co-Operative Association, 1871), pp. 82-95; Underhill, *The Woman Who Ran for President*, pp. 94-101; 우드헐의 기념비에 관해서는 다음 사이트 참조. "http://hdl.loc.gov/loc.rbc/rbpe.12801400" http://hdl.loc.gov/loc.rbc/rbpe.12801400. 수정 헌법 제14조, 15조 전문은 https://www.law.cornell.edu/constitution/overview에서 확인할 수 있다.

43. Stanton, Anthony, and Gage, *History of the Woman Suffrage Movement*, vol. 2, p. 443, note 1, and 442–458; "Reflections and Incidents—The Washington Convention," *The Revolution*, January 19, 1871; DuBois, "Outgrowing the Compact of the Fathers," pp. 856–858; Lisa Tetrault, *The Myth of Seneca Falls: Memory and the Women's Suffrage Movement, 1848–1898* (Chapel Hill: University of North Carolina Press, 2014), pp. 56–68; History, Art and Archives, U.S. House of Representatives, "The First Woman to Address a Congressional Committee," 다음 사이트 참조. http://history.house.gov/HistoricalHighlight/Detail.

44. *New York Times*의 보도는 다음에서 인용. "The Suffrage Movement South," *Hartford Daily Courant*, January 14, 1871, p. 2; Susan B. Anthony to Victoria Claflin Woodhull, February 4, 1871, in Gordon, *Selected Papers of Elizabeth Cady Stanton and Susan B. Anthony*, p. 415.

45. Isabella Beecher Hooker to Susan B. Anthony, March 11, 1871, in Jeanne Boydston, Mary Kelley, and Anne Margolis, *The Limits of Sisterhood: The Beecher Sisters on Women's Rights and Women's Sphere* (Chapel Hill: University of North Carolina Press, 1988), pp. 207–208; "The Washington Convention," *The Revolution*, January 12, 1871.

46. "Enfranchisement of Women," *New York Herald*, January 12, 1871, p. 3; "Mrs. Woodhull," *New York Tribune*, January 12, 1871, p. 4; "The Annual Convention of Female Suffragists," *Boston Herald*, January 12, 1871, p. 2.

47. "Woman Suffrage Before Congress," *New York Tribune*, January 12, 1871, pp. 1, 4; *Daily Republican*, January 13, 1871, p. 4; *Cincinnati Daily Enquirer*, January 14, 1871, p. 4.

48. "Woman's Right to Speculate," *New York Times*, February 22, 1871, p. 2; "Wall Street Aroused," *New York Times*, February 6, 1870, p. 8.

49. "A Bustle Unbecoming to the President," *Chicago Republican*, April 10, 1871, p. 2; *Jackson Daily Citizen*, June 10, 1870, p. 3; Critic-Record, November 3, 1870, p. 4.

50. Underhill, *The Woman Who Ran for President*, pp. 114–116; "The

Cosmo-Political Party," *Woodhull and Claflin's Weekly*, January 28, 1871, p. 1. 1871년 1월 28일 호를 시작으로 그해 봄 내내 『우드헐 앤드 클래플린스 위클리』에 실린 다양한 기사도 참조하라.

51. "Mrs. Woodhull and the Poodles of the Press," *Woodhull and Claflin's Weekly*, March 25, 1871, p. 4.

52. "Labor Reform," *New York Times*, May 9, 1871, p. 8; "A Lecture on the Great Social Problem of Labor & Capital," in Stern, *Victoria Woodhull Reader*; Messer-Kruse, *Yankee International*, pp. 106–112.

53. "SOILED LINEN—Woodhull, Claflin & Co.—Family Matters in a Police Court—A Weak Minded Mother with Strong Minded Daughters?" *Wooster* [Ohio] *Republican*, May 4, 1871, p. 5; *Alexandria Gazette*, May 6, 1871, p. 2; "Scandalous Developments about the Noted Wall Street Firm Woodhull, Claflin & Co.," *Cincinnati Commercial Tribune*, May 6, 1871, p. 1; "Mrs. Woodhull in Trouble," *Cincinnati Daily Enquirer*, May 6, 1871, p. 1.

54. "Scandalous Developments," *Cincinnati Commercial Tribune*, May 6, 1871, p. 1; "SOILED LINEN," *Wooster* [Ohio] *Republican*, May 4, 1871, p. 5; "Mrs. Woodhull in Trouble," *Cincinnati Daily Enquirer*, May 6, 1871, p. 1.

55. *Providence Evening Press*, May 6, 1971, p. 3; "THE WOODHULL CLAFLIN FAMILY," *Chicago Republican*, May 8, 1871, p. 2.

56. Isabella Beecher Hooker to Susan B. Anthony, March 11 [and 14], 1871, in Boydston, Kelley, and Margolis, *The Limits of Sisterhood*, pp. 206–207.

57. Elizabeth Cady Stanton to Lucretia Coffin Mott, April 1, 1871, in Gordon, *The Selected Papers of Elizabeth Cady Stanton and Susan B. Anthony*, vol. 2, pp. 427–428.

58. Elizabeth Cady Stanton to Lucretia Coffin Mott, April 1, 1871, in Gordon, *The Selected Papers of Elizabeth Cady Stanton and Susan B. Anthony*, vol. 2, pp. 428–429; Susan B. Anthony to Martha Coffin Wright, March 21, 1871, in Gordon, *The Selected Papers of Elizabeth*

Cady Stanton and Susan B. Anthony, vol. 2, p. 425.

59.   *Cincinnati Commercial Tribute*, May 11, 1871, p. 4: "BUSTED: The Cosmo-Political Party Gone to Smash and Woodhull & Clafflin Disgraced," *Atlanta Constitution*, May 10, 1871, p. 1.

60.   "Mrs. Woodhull and Her Critics," *New York Times*, May 22, 1871, p 5. 우드헐의 투옥에 대해서는 다음을 참조하라. "Victoria Woodhull, Anthony Comstock, and Conflict over Sex in the United States in the 1870s," *Journal of American History*, vol. 87, no. 2 (September 2000). 비처와 틸턴의 스캔들을 다루는 문헌은 다양하다. Richard Wightman Fox, *Trials of Intimacy: Love and Loss in the Beecher Tilton Scandal* (Chicago: University of Chicago Press, 1999); Debby Applegate, *The Most Famous Man in America* (New York: Doubleday, 2006); Horowitz, *Rereading Sex*.

제 2 장

1.   President's Office Files, 1961–1963, Series 5, Press Conferences, Box 61, November 14, 1963, p. 7, John F. Kennedy Presidential Library, Boston, Massachusetts (이하 JFKL): Press Conference, November 14, 1963, White House Audio Recordings, 1961–1963, JFKL; "Why No Female Political House Cleaning?" *Dallas Morning News*, August 27, 1963, p. 3: "Some Are Saying Smith in '64," *Dallas Morning News*, September 24, 1963, p. 2. *Dallas Morning News*의 케네디 행정부에 관해선 다음을 보라. Bill Minutaglio and Steven L. Davis, *Dallas 1963* (New York: Twelve, 2013), pp. 101–110, 127–132, 162–164.

2.   "Sen. Smith's Candidacy—No Laughing Matter," *Boston Globe*, November 17, 1963, p. 4: 스미스의 공화당 동료에 관해서는 다음 자료에서 인용했다. Maxine Cheshire, "What Is Maggie Up To?" *Saturday Evening Post*, April 18, 1964, p. 31: "Margaret Chase Smith," *Biographical Directory of the United States Congress*, 1774–Present.

다음 사이트 참조. http://bioguide.congress.gov/scripts/biodisplay. pl?index=S000590; "Women in Congress," in *Guide to U.S. Elections*, 6th ed., vol. 2 (Washington, D.C.: CQ Press, 2010), pp. 910 - 913. 1960년 모린 누버거는 오리건 주 상원의원 보궐선거에서 승리하며 사망한 남편의 남은 임기를 채웠다. 그해 누버거는 총선에서도 승리를 거두며, 1961년부터 1967년 은퇴할 때까지 상원의원으로 재임했다. "Maurine Brown Neuberger," *Biographical Directory of the United States Congress, 1774 - Present*. 다음 사이트 참조. http://bioguide.congress.gov/scripts/ biodisplay.pl?index=N000052.

3. "Smith, Margaret Chase," *History, Art & Archives, U.S. House of Representatives*. 다음 사이트 참조. http://history.house.gov/People/ Detail/21866 (July 09, 2015); Richard K. Donahue, recorded interview by John F. Stewart, March 8, 1967, p. 90, John F. Kennedy Library Oral History Program, JFKL.

4. 마거릿 체이스 스미스에 관해서는 다음 자료에서 인용했다. Janann Sherman, *No Place for a Woman: A Life of Senator Margaret Chase Smith* (New Brunswick: Rutgers University Press, 2000), p. 4; Jo Freeman, *A Room at a Time: How Women Entered Party Politics* (Lanham, Md.: Rowan and Littlefield Publishers, 2000); Nadia L. Farjood, "Careers, Communities and Coattails: The Routes of Forty-Four Women to the Senate Chamber," Senior Honors Thesis, Harvard University, 2013.

5. Sherman, *No Place for a Woman*, pp. 8 - 17.

6. Sherman, *No Place for a Woman*, pp. 16 - 17; Patricia L. Schmidt, *Margaret Chase Smith: Beyond Convention* (Orono: University of Maine Press, 1996), pp. 25 - 26; Patricia Wallace Ward, *Politics of Conscience: A Biography of Margaret Chase Smith* (Westport: Praeger, 1995), pp. 9 - 13.

7. Pamela Neal Warford, "Margaret Chase Smith Oral History," Schlesinger Library, Radcliffe College, p. 33; Margaret Chase Smith, Diary, Tuesday, January 20, Margaret Chase Smith Library, Skowhegan, Maine [이하 MCSL]; Margaret Chase Smith Diary, Tuesday, January

13 (1920), MCSL; Margaret Chase Smith Diary, Sunday, January 11, (1920), MCSL; Margaret Chase Smith Diary, Wednesday, January 7 (1920), MCSL. Pamela Warford's oral history of Smith was published as Pamela Neal Warford, ed., *Margaret Chase Smith: In Her Own Words* (Skowhegan: Northwood University Margaret Chase Smith Library, 2001).

8.   스미스에 관해서는 다음 자료에서 인용. Warford, *Margaret Chase Smith*, p. 8; Sherman, *No Place for a Woman*, pp. 16 –27; Schmidt, *Margaret Chase Smith*, pp. 41 –43; Ward, *Politics of Conscience*, pp. 19 –26.

9.   스미스에 관해서는 다음 자료에서 인용. Warford, *Margaret Chase Smith*, p. 21; Sherman, *No Place for a Woman*, pp. 18 –21; Ward, *Politics of Conscience*, pp. 23 –25; Gregory P. Gallant, *Hope and Fear in Margaret Chase Smith's America: A Continuous Tangle* (Lanham: Lexington Books, 2014), pp. 21 –22, 35 –36. 20세기 초반 여성 클럽의 역할에 대한 내용은 특히 다음을 참조. Theda Skocpol, *Protecting Soldiers and Mothers: The Political Origins of Social Policy in the United States* (Cambridge, Ma.: Harvard University Press, 1995), and Karen J. Blair, *The Clubwoman as Feminist: True Womanhood Redefined, 1868 –1914* (New York: Holmes and Meier, 1980).

10.   Sherman, *No Place for a Woman*, pp. 27 –36; Ward, *Politics of Conscience*, pp. 32 –38; "Clyde Harold Smith," *Biographical Directory of the United States Congress, 1774 –Present*. 다음 사이트 참조. http:// bioguide.congress.gov/scripts/biodisplay.pl?index=S000523; "Clyde Harold Smith," *History, Art & Archives, U.S. House of Representatives*. 다음 사이트 참조. http://history .house.gov/People/Detail/21788.

11.   마거릿 체이스 스미스에 관해서는 다음 자료에서 인용. Sherman, *No Place for a Woman*, p. 31; Gallant, *Hope and Fear*, pp. 13 –15, 20, 33 –35; Schmidt, *Margaret Chase Smith*, pp. 79 –85; Wallace, *Politics of Conscience*, pp. 12 –14, 31 –32.

12.   Sherman, *No Place for a Woman*, pp. 38 –41; Gallant, *Hope and Fear*, pp. 11 –13; John A. Kolmer, M.D., to Benjamin B. Foster, M.D.,

December 21, 1938, Clyde H. Smith File, MCSL; Notes on Symptom and Complaints, Clyde H. Smith File, MCSL; Clyde H. Smith to Benjamin B. Foster, M.D., January 17, 1939, Clyde H. Smith File, MCSL; Clyde H. Smith to John A. Kolmer, M.D., January 17, 1939, Clyde H. Smith File, MCSL; "Dr. Dicken's Statement," handwritten notes dated April 6, 1940, Clyde H. Smith File, MCSL; "Syphilis—Fact Sheet," *Centers for Disease Control and Prevention*, December 16, 1914, avail able at http://www.cdc.gov/std/syphilis/stdfact-syphilis-detailed.htm; John Parascandola, *Sex, Sin, and Science: A History of Syphilis in America* (Santa Barbara: Praeger, 2008).

13. 스미스의 1938년 해군의 날 연설은 다음 자료에서 인용. "Statement of Margaret Chase Smith," May 24, 1940, Smith Social Activities, Armed Services Committee folder, MCSL; and Margaret Chase Smith, "July 1940 Luncheon of Kennebec Co. Republican Women's Club Held at Lake View Arms, Winthrop," Smith Social Activities, Armed Services Committee Folder, MCSL. 해군의 날 연설과 남편 클라이드 스미스와의 견해차에 대한 자세한 내용은 Sherman, *No Place for a Woman*, pp. 39 – 40; Gallant, *Hope and Fear*, pp. 24 –25; Schmidt, *Margaret Chase Smith*, p. 108; Eric R. Crouse, *An American Stand: Margaret Chase Smith and the Communist Menace, 1948 –1972* (Lanham: Lexington Books, 2013), p. 5 참조.

14. Sherman, *No Place for a Woman*, pp. 38 –42; "Margaret Chase Smith Oral History," prepared by Pamela Neal Warford, Schlesinger Library, Radcliffe College, 1991, pp. 40 –41.

15. 매 엘라 놀런에 관해서는 다음 자료에서 인용. "Mae Ella Nolan," *History, Art & Archives, U.S. House of Representatives.* 다음 사이트 참조. http://history.house.gov/People/Detail/18986;앨리스 루스벨트 롱워스에 관해서는 다음 자료에서 인용. Carol Felsenthal, *Princess Alice: The Life and Times of Alice Roosevelt Longworth* (New York: St. Martin's Press, 1988), p. 167; Farjood, "Careers, Communities and Coattails," pp. 40 –48; Freeman, *A Room at a Time*, pp. 232 –234; "The Widow and Familial

Connections," *History, Art & Archives, U.S. House of Representatives,* Office of the Historian, Women in Congress, 1917−2006. 다음 사이트 참조. http://history.house.gov/Exhibitions-and-Publications/WIC/ Historical-Essays/No-Lady/Widow-Familial: "Hattie Wyatt Caraway," *History, Art & Archives, U.S. House of Representatives.* 다음 사이트 참조. http://history.house.gov/People/Detail/44589.

16. "Mrs. Smith Goes to Washington," *Christian Science Monitor,* May 17, 1940, p. 13: "Mrs. Smith Goes to Washington," *Daily Boston Globe,* June 2, 1940, C2: Sherman, *No Place for a Woman,* pp. 44−45.

17. 스미스의 주요 경쟁자와 『포틀랜드 선데이 텔레그램』 칼럼니스트에 대해서는 다음 자료에서 인용했다. Sherman, *No Place for a Woman,* p. 46: 그녀의 주요 경선의 세부 내용은 pp. 45−47 참조.

18. "5 of 8 Women in Congress Are Isolationists," *New York Herald Tribune,* July 14, 1940, p. 1. 여성과 평화운동에 대해서는 다음을 참조. Jane Addams, *Women at the Hague: The International Congress of Women and Its Results* (Urbana: University of Illinois Press, 2003); Harriet Alonso, *Peace as a Women's Issue: A History of the U.S. Movement for World Peace* (Syracuse: Syracuse University Press, 1993); Linda Schott, *Reconstructing Women's Thoughts: The Women's International League for Peace and Freedom before World War II* (Stanford: Stanford University Press, 1997); Roland Marchand, *The American Peace Movement and Social Reform, 1889−1918* (Princeton: Princeton University Press, 1973); Frances Early, *A World without War: How U.S. Feminists and Pacifists Resisted World War I* (Syracuse: Syracuse University Press, 1987).

19. Margaret Chase Smith, Remarks to D.A.R., Poland Springs, June 29, 1940; Notes from *Lewiston Journal,* June 7, 1940; Transcript of *Portland Press Herald,* May 25, 1940, "Mrs. Smith Urges Defense Preparations Immediately"; Margaret Chase Smith, Remarks, Farmington, Maine, May 30, 1940, all in "Smith, Social Activities" Folder, Armed Services Committee File, MCSL; Robert Dallek, *Franklin Roosevelt and American Foreign Policy, 1932−1945* (New York: Oxford University Press, 1995).

Chapters 9, 10.

20. Margaret Chase Smith notes on 1940 election in Campaign Diary, MCSL; Report of the Standing Committee on Election Results, State of Maine, July 2, 1940, in Campaign Diary, MCSL; "House General Elections, Maine, 1932–1940, All Dis006686 tricts," in CQ *Voting and Elections Collection* (*Web site*) (Washington, D.C.: CQ Press, 2003); Warford, *Margaret Chase Smith*, p. 29; Sherman, *No Place for a Woman*, pp. 45–52.

21. Gregory P. Gallant는 법적인 문서에 대해 다음 자료에서 논의하고 있다. *Hope and Fear*, pp. 33–34; "Margaret Chase Smith Oral History," p. 43.

22. "Senator White Warns of Peril in Nazi Win," *Daily Boston Globe*, November 16, 1941, B32; 개닛에 관해서는 다음에서 인용. Sherman, *No Place for a Woman*, p. 50; Sherman, *No Place for a Woman*, pp. 47–53; Gallant, *Hope and Fear*, pp. 48–64.

23. 상원의원에 관해서는 다음에서 인용. Cheshire, "What Is Maggie Up To?" p. 31; Sherman, *No Place for a Woman*, pp. 50–57.

24. 스미스에 관해서는 다음 자료에서 인용. "Norma Beatty Interview," Margaret Chase Smith Presidential Nomination File, MCSL; Sherman, *No Place for a Woman*, pp. 58–66; Jo Freeman, "What's in a Name? Does it Matter How the Equal Rights Amendment Is Worded?" 다음 사이트 참조. http://www.jofreeman.com/lawandpolicy/ername.htm; Gallant, *Hope and Fear*, pp. 51–52; Cheshire, "What Is Maggie Up To?" p. 32.

25. Sherman, *No Place for a Woman*, pp. 58–72; Gallant, *Hope and Fear*, pp. 52–65.

26. 스미스에 관해서는 다음 자료에서 인용. Sherman, *No Place for a Woman*, p. 96; Schmidt, *Margaret Chase Smith*, pp. 148–153; Cheshire, "What Is Maggie Up To?" p. 32; Gallant, *Hope and Fear*, pp. 54–55; Sherman, *No Place for a Woman*, pp. 61, 74–75, 95–97, 80–81.

27. *New York Times* 기사는 다음에서 인용. Sherman, *No Place for a Woman*, p. 84; "Sen. White to Retire in 1948; Rep. Smith Out for Maine Seat,"

Daily Boston Globe, June 2, 1947, p. 16; Sherman, *No Place for a Woman*, pp. 73-76, 78-89; Gallant, *Hope and Fear*, pp. 82-85.

28. 스미스에 관해서는 다음 자료에서 인용. Sherman, *No Place for a Woman*, p. 83; "Sleeping Giantess Stirs," *Washington Post*, August 13, 1947, p. 12; "Maine Candidate for U.S. Senator Baked Bean Champ," *Daily Boston Globe*, June 15, 1947, p. 1; Sherman, *No Place for a Woman*, pp. 80-87; Elaine Tyler May, *Homeward Bound: American Families in the Cold War Era* (New York: Basic Books, 1988).

29. "Maine GOP Nominates Mrs. Smith for Senator," *Christian Science Monitor*, June 22, 1948, p. 5.

30. 브루스터에 관해서는 다음에서 인용. Gallant, *Hope and Fear*, p. 84; CIO에 관해서는 다음에서 인용. Sherman, *No Place for a Woman*, p. 86; "Mrs. Smith Victor over Three Men in Maine Senate Primary Race," *New York Herald Tribune*, June 22, 1948, p. 1; Sherman, *No Place for a Woman*, pp. 85-86. 비방 캠페인에 대한 자세한 검토를 하려면 다음을 참조. Gallant, *Hope and Fear*, pp. 84-87.

31. "Say Margaret Smith Could Be President," *Daily Boston Globe*, June 23, 1948, p. 1; "Women Hail Smith Victory in Maine," *Christian Science Monitor*, June 23, 1948, p. 7; "Women Organize to Sway Congress: Senate Debut of Margaret Chase Smith Sharpens Their Interest in Legislation," *New York Times*, January 3, 1949, p. 20; "Two N.E. Senators among 28 Proposing Equal Rights Law," *Christian Science Monitor*, January 15, 1949, p. 4.

32. "Margaret Smith Wants Juliana to End Warfare," *New York Herald Tribune*, January 4, 1949, p. 5; "Political Royalty Takes Over from Glamor Girls in Capital," *Daily Boston Globe*, January 2, 1949, C21.

33. "Woman Lays GOP Defeat to Leaders," *Los Angeles Times*, January 9, 1949, p. 31; "Margaret Smith Analyzes Defeat of Republicans," *New York Herald Tribune*, January 9, 1949, p. 7; '공익 보호자'로서 정부의 역할에 대한 스미스의 견해는 Gallant, *Hope and Fear*, p. 99에서 인용.

34. "Senator Margaret Smith Appeals to Queen Juliana to Halt Fighting,"

New York Times, January 4, 1949, p. 3; Gallant, *Hope and Fear*, pp. 136–137, and Chapter 4; Rhodri Jeffreys-Jones, *Changing Differences: Women and the Shaping of American Foreign Policy, 1917–1994* (New Brunswick: Rutgers University Press, 1994), Chapter 7; Crouse, *An American Stand; John Gaddis, Strategies of Containment: A Critical Appraisal of American National Security Policy during the Cold War* (New York: Oxford University Press, 2005).

35. David Oshinsky, *A Conspiracy So Immense: The World of Joe McCarthy* (New York: Free Press, 1983), p. 158; "Joseph McCarthy, Speech at Wheeling, West Virginia, 1950," 다음 사이트 참조. http://wps.prenhall. com/wps/media/objects/108/110880/ch26_a5_d2.pdf; Robert Griffith, *The Politics of Fear: Joseph R. McCarthy and the Senate* (Amherst: University of Massachusetts Press, 1987).

36. Margaret Chase Smith, *Declaration of Conscience* (New York: Doubleday and Co., 1972), p. 9; Sherman, *No Place for a Woman*, pp. 104–111; Oshinsky, *A Conspiracy So Immense*, pp. 158–163.

37. Smith, *Declaration of Conscience*, pp. 4–12.

38. Smith, *Declaration of Conscience*, pp. 12–14.

39. Smith, *Declaration of Conscience*, pp. 15–18.

40. Smith, *Declaration of Conscience*, pp. 12, 21.

41. "GOP Senator Blisters Both Major Parties: Only Woman Member Blasts at Tactics in Fight on Communism," *Hartford Courant*, June 2, 1950, p. 2; "Seven GOP Senators Repudiate McCarthy: Party Warned to Avoid Seeking Political Gain by 'Exploitation of Fear,'" *Baltimore Sun*, June 2, 1950, p. 1; "Four Horsemen," *Washington Post*, January 2, 1950, p. 20; "Seven GOP Senators Decry 'Smear' Tactics of McCarthy," *New York Times*, June 2, 1950, p. 1.

42. I. F. Stone, "An Old Police State Custom," *I. F. Stone's Weekly*, vol. 2, no. 2 (February 1, 1954), p. 4. 다음 사이트 참조. http://www.ifstone. org/weekly/IFStonesWeekly-1954feb01.pdf; Sherman, *No Place for a Woman*, pp. 132–133; Smith, *Declaration of Conscience*, pp. 21–61;

Oshinsky, *A Conspiracy So Immense*, pp. 215 –217.

43. 머로에 관해서는 다음에서 인용. Sherman, *No Place for a Woman*, p. 135: 상원의 결의안에 관해서는 다음에서 인용. p. 143: 또한 그에 관한 토론 은 다음 페이지를 참조하라. pp. 133 –140, 142 –143: Smith, *Declaration of Conscience*, pp. 38 –61: Oshinsky, *A Conspiracy So Immense*, pp. 215 – 217.

44. Dorothy Thompson, "The Maine Woman Senator's Declaration," *Daily Boston Globe*, June 9, 1950, p. 24: "Women in Politics Begin New Chapter," *Boston Globe*, June 25, 1950, A2: "Mrs. Kennedy Remains Most Admired Woman," *Hartford Courant*, December 25, 1963, p. 30: Smith, *Declaration of Conscience*, p. 19: Sherman, *No Place for a Woman*, p. 112.

45. Margaret Chase Smith to Jacqueline Kennedy, March 28, 1961, Kennedy Administration Folder, Correspondence File, MCSL: Office Staff Note to Margaret Chase Smith, March 20, 1961, Kennedy Administration Folder, Correspondence File, MCSL: 상원에서 성적 차별에 관한 스미스 의 언급은 다음 자료에서 인용. Sherman, *No Place for a Woman*, p. 55: "Washington Scene···A Great Comeback," *Washington Post*, December 4, 1963, A21: Sherman, *No Place for a Woman*, pp. 93 –94, 165 –166.

46. "Barack Obama, Hillary Clinton Again Top Most Admired List," Gallup Poll, December 27, 2011. 다음 사이트 참조. http://www.gallup.com/ poll/151790/barack-obama-hillary-clinton-again-top-admired-list. aspx: "Long Term Gallup Poll Trends: A Portrait of American Public Opinion through the Century," Gallup Poll, December 20, 1999. 다음 사이트 참조. http://www.gallup.com/poll/3400/longterm-gallup-poll-trends-portrait-american-public-opinion.aspx.

47. Cynthia Harrison, *On Account of Sex: The Politics of Women's Issues, 1945 –1968* (Berkeley: University of California Press, 1988), pp. 87 –88, 103 –105, 111 –116, 134 –137: Stephanie Coontz, *A Strange Stirring: The Feminine Mystique and American Women at the Dawn of the 1960s* (New York: Basic Books, 2011).

48. 스미스에 관한 내용은 다음 자료에서 인용. Schmidt, *Margaret Chase Smith*, p. 300; Sherman, *No Place for a Woman*, pp. 168–182.

49. "Goldwater Repeats 'No' on Ban Pact: Arizonan Says He Accepts Political Risk of Opposing Treaty," *Washington Post*, September 20, 1963, A1.

50. "Senate Vote Linked to '64," *Boston Globe*, September 25, 1963, p. 19.

51. "Washington Scene: The Barry-Maggie Ticket," *Washington Post*, September 30, 1963, A15.

52. "Woman Senator Will Announce Decision Dec. 5," *Boston Globe*, November 8, 1963, p. 15; "Sen. Goldwater Mum on His Own Decision," *Chicago Tribune*, November 8, 1963, p. 2; "Mrs. Smith Weighs Primary Tests," *Christian Science Monitor*, November 8, 1963, p. 14; "Sen. Margaret Smith May Enter Primaries,"
Los Angeles Times, November 8, 1963, p. 2; "Margaret Chase Smith Weighs Drive for the Vice Presidency," *New York Times*, November 8, 1963, p. 1.

53. Walter Trohan, "Report from Washington," *Chicago Tribune*, November 9, 1963, N3; Thomas O'Neill, "Politics and People: The Long Haul," *Baltimore Sun*, November 8, 1963, p. 14; "Mrs. Smith Weighs Primaries: Many Supporters," *Christian Science Monitor*, November 9, 1963, p. 1.

54. "Top Spot or None, Mrs. Smith Says," *Boston Globe*, November 14, 1963, p. 15; Mary McGrory, "Sen. Smith—Holds Lamp in Dark," *Boston Globe*, November 15, 1963, p. 19.

55. "Chivalry Isn't Dead: Accolades to Sen. Smith," *Hartford Courant*, November 15, 1963, B8; George Gallup, "Woman Still Opposed for U.S. Presidency," *Washington Post*, November 15, 1963, A21; "Presidency Not for Women, She Says," *Los Angeles Times*, December 12, 1963, C18.

56. "Answer to Sen. Smith," *Washington Post*, November 21, 1963, C1; "President's Wife to Campaign in '64: She Plans an Active Role in Drive for Re-election," November 15, 1963, p. 21.

57 Smith, *Declaration of Conscience*, pp. 309–310; "N.E. Pays Tribute

to President," *Boston Globe*, November 23, 1963, p. 21; Sherman, *No Place for a Woman*, pp. 79–80, 181–182; "All Activity at a Halt in Washington," *Chicago Tribune*, November 23, 1963, p. 9; "Red Rose Marks Kennedy's Senate Desk," *Chicago Tribune*, November 26, 1963, A6.

58. "Mrs. Smith's Bonnet," Library Exhibits Documents and Files, Newspapers, MCSL; "Inside Report⋯The 'Undecideds,'" *Washington Post*, January 27, 1964, A13.

59. Smith, *Declaration of Conscience*, pp. 362–363.

60. Anthony Corrado, "An Overview of Campaign Finance Law," in Paul S. Harrison, ed., *Guide to Political Campaigns in America* (Washington, D.C.: Congressional Quarterly Press, 2005).

61. Gil Troy, *See How They Ran: The Changing Role of the Presidential Candidate* (Cambridge, Ma.: Harvard University Press, 1996), pp. 202–205, 215–221.

62. Smith, *Declaration of Conscience*, pp. 362–368.

63. Smith, *Declaration of Conscience*, pp. 368–370.

64. "Try for White House by Mrs. Smith Roils GOP Primary Outlook," *Wall Street Journal*, January 28, 1964, p. 1.

65. Smith, *Declaration of Conscience*, pp. 362–372; "Sen. Smith Tosses Bonnet in G.O.P. Ring for Presidency," *Chicago Tribune*, January 28, 1964, p. 1.

66. Smith, *Declaration of Conscience*, pp. 371–372.

67. "Margaret Chase Smith Seeks Presidency," *New York Times*, January 28, 1964, p. 1; "Senator Margaret Smith Enters Presidential Race," *Baltimore Sun*, January 28, 1964, p. 1; "A Chic Lady Who Fights: Margaret Chase Smith," *New York Times*, January 28, 1964, p. 17; "Try for the White House by Mrs. Smith," *Wall Street Journal*, January 28, 1964, p. 1; "Obstacles in Sen. Smith's Path," *Los Angeles Times*, February 4, 1964, A5.

68. "66-Year-Old Sen. Smith Hits Age Talk," *Los Angeles Times*, February

7, 1964, p. 6; "Mrs. Smith Says Her Age Is No Bar to Presidency," *New York Times*, February 7, 1964, p. 14; "Mrs. Smith Visits N.H. Folks," *Boston Globe*, February 11, 1964, p. 4; "Sen. Smith Seeks Votes in Frigid New Hampshire," *Chicago Tribune*, February 11, 1964, p. 6.

69. "Try for White House by Mrs. Smith," *Wall Street Journal*, January 28, 1964, p. 1; "Here's Something New in American Politics," *Hartford Courant*, January 29, 1964, p. 14.

70. "He's Not Ready to Say 'Ma'am' to President," *Washington Post*, January 29, 1964, D3; Russell Baker, "Observer," *New York Times*, January 30, 1964, p. 28.

71. "N.H. Voters Warm Up to Visit by Mrs. Smith," *Christian Science Monitor*, February 11, 1964, p. 6; "The Elephant has an Attractive Face," Newspaper clipping in vol. 301, June 1964–July 1964, Presidential Campaign, MCSL; "Mrs. Smith Visits N.H. Folks," *Boston Globe*, February 11, 1964, p. 4; "Sen. Smith Braves Cold to Seek Primary Votes," *Los Angeles Times*, February 11, 1964, p. 3.

72. Sherman, *No Place for a Woman*, pp. 192–199.

73. "Sen. Smith—A Step into History," *Los Angeles Times*, July 16, 1964, C1.

제 3 장

1. "U.S. Rep. Shirley Chisholm Campaigns 'For Real' in Florida," *Hartford Courant*, March 10, 1972, p. 21.

2. Shirley Chisholm, *The Good Fight* (New York: Harper and Row, 1973), p. 2.

3. "Shirley Chisholm Interview," Part 1, p. 3, Shola Lynch Transcripts, Box 9, Folder 7, Shirley Chisholm '72 Collection, Archives and Special Collections, Brooklyn College Library, Brooklyn, New York (이하 SCC); "U.S. Rep. Shirley Chisholm Campaigns 'For Real' in Florida," *Hartford Courant*, March 10, 1972, p. 21; "Shirley Stimulates Black Fla. Voters,"

Chicago Daily Defender, March 15, 1972, p. 6. 치점의 정치적 업적에 대한 탁월한 분석은 다음을 보라. Anastasia Cur wood, "Black Feminism on Capitol Hill: Shirley Chisholm and Movement Politics, 1968–1984," *Meridians*, vol. 13, no. 1 (2015).

4. Shirley Chisholm, *Unbought and Unbossed* (Washington, D.C.: Take Root Media, 2009), pp. 46–51.

5. Chisholm, *The Good Fight*, pp. 34, 83.

6. "Mrs. Chisholm Isn't Kidding—She's Off and Running," *Baltimore Sun*, March 12, 1972, A9; Chisholm, *The Good Fight*, p. 67.

7. "Florida Expects Record Turnout in Primary Today," *New York Times*, March 14, 1972, p. 1; "Shirley Stimulates Black Fla. Voters," *Chicago Daily Defender*, March 15, 1972, p. 6; Chisholm, *The Good Fight*, pp. 67–68.

8. "Shirley Stimulates Black Fla. Voters," *Chicago Daily Defender*, p. 6; Chisholm, *The Good Fight*, p. 69. 치점은 남부연합군의 동상이 마리애나에 있다고 기억했지만 그 마을에는 병사의 동상이 없다. 마리애나 주를 방문했던 기억과 다른 데서 동상을 본 기억이 섞인 듯하다. 잭슨빌일 가능성이 높은데, 잭슨빌에 설명한 것과 비슷한 병사들의 입상이 있다.

9. "Shirley Stimulates Black Fla. Voters," *Chicago Daily Defender*, p. 6; "Wallace Lauds Rep. Chisholm," *Washington Post*, March 12, 1972, A1; Chisholm, *The Good Fight*, pp. 63–64.

10. Chisholm, *The Good Fight*, pp. 62–63; "Wallace Lauds Chisholm," *Washington Post*, A1.

11. "Wallace Lauds Chisholm," *Washington Post*, A1; "Chisholm Appeal Divides Blacks; Imperils Liberals in Florida Race," *New York Times*, March 14, 1972, p. 30; "After Florida Loss···Shirley Heads for Wisconsin," *Chicago Daily Defender*, March 16, 1972, p. 2; Chisholm, *The Good Fight*, pp. 56–57; "When Florida Counted: 1972," *Tampa Tribune*, June 22, 2008. 다음 사이트 참조. http://www.tbo.com/special_section/life/2008/jun/22/tr-when-florida-counted-1972-ar-159375.

12. Chisholm, *Unbought and Unbossed*, p. 23; Barbara Wins low, *Shirley*

Chisholm: Catalyst for Change, 1924 – 2005 (Boulder: Westview Press, 2014), pp. 5 – 8; Damani Davis, "Ancestors from the West Indies: A Historical and Genealogical Overview of Afro-Caribbean Immigration, 1900 – 1930s," National Archives and Records Administration, Prologue, Fall / Winter 2013; Craig Steven Wilder, *A Covenant with Color: Race and Social Power in Brooklyn* (New York: Columbia University Press, 2000), pp. 150 – 152, 123 – 126.

13. Chisholm, *Unbought and Unbossed*, pp. 23 – 25; "Shirley Chisholm Interview," Part 1, p. 34, Shola Lynch Transcripts, Box 9, Folder 7, SCC; Winslow, *Shirley Chisholm*, pp. 8 – 10. 20세기 브루클린의 고용에서 만연했던 인종차별에 대한 내용은 Wilder, *A Covenant with Color*, pp. 152~158 참조.

14. Chisholm, *Unbought and Unbossed*, pp. 25 – 29; "Shirley Chisholm Interview," Part 1, p. 32, Shola Lynch Transcripts, Box 9, Folder 7, SCC.

15. Chisholm, *Unbought and Unbossed*, pp. 25 – 29; Winslow, *Shirley Chisholm*, pp. 10 – 12.

16. Chisholm, *Unbought and Unbossed*, pp. 26 – 29; Winslow, *Shirley Chisholm*, p. 12. 서인도 제도 출신과 관련한 치점의 정체성에 대해 좀 더 자세히 보려면 다음을 참조하라. Tammy L. Brown, "'A New Era in American Politics': Shirley Chisholm and the Discourse of Identity," *Callaloo*, vol. 31, no. 4 (Fall 2008).

17. Chisholm, *Unbought and Unbossed*, pp. 30 – 31, 35.

18. Chisholm, *Unbought and Unbossed*, pp. 32 – 34.

19. Chisholm, *Unbought and Unbossed*, pp. 34 – 35; Jeffrey Gerson, "Building the Brooklyn Machine: Irish, Jewish and Black Political Succession in Central Brooklyn, 1919 – 1964," PhD. diss., City University of New York, 1990, p. 67.

20. Chisholm, *Unbought and Unbossed*, pp. 36 – 37; Wilder, *Covenant with Color*, pp. 195 – 197; Gerson, "Building the Brooklyn Machine," p. 170; "Shirley Chisholm Speaks Out," Presidential Campaign Position Paper, No. 8, Box 5, Folder 26, SCC.

21. Chisholm, *Unbought and Unbossed*, p. 37.

22. Winslow, *Shirley Chisholm*, pp. 21-22; National Visionary Leadership Project, "Interview with Shirley Chisholm," Part 9. 다음 사이트 참조. http://www.visionaryproject.org/chisholmshir ley/#2; *Unbought and Unbossed*, pp. 40-41.

23. Chisholm, *Unbought and Unbossed*, pp. 40-44; "Student Voices: Brooklyn College Oral Histories on World War II and the McCarthy Era—Phyllis LeShaw." 다음 사이트 참조. http://oralhis tory.ashp.cuny. edu/pages/farmLabor/flITIPolitics.html; W. E. B. Du Bois, *The Souls of Black Folk* (New York: Bedford Books, 1997), p. 38; "Shirley Chisholm Interview," Part 1, p. 31, Shola Lynch Transcripts, Box 9, Folder 7, SCC.

24. Chisholm, *Unbought and Unbossed*, pp. 40-42; National Visionary Leadership Project, "Interview with Shirley Chisholm," Part 8.

25. Chisholm, *Unbought and Unbossed*, p. 43; Louis A. Warsoff, *Equality and the Law* (New York: Liveright Publishing Co., 1938); "Warsoff and Schupler Debate to a Standstill—Still No Decision," *Brooklyn Daily Eagle*, April 9, 1952, p. 11.

26. Chisholm, *Unbought and Unbossed*, pp. 20, 41-45.

27. Chisholm, *Unbought and Unbossed*, pp. 41, 45; Winslow, *Shirley Chisholm*, pp. 25-28; Chisholm, *The Good Fight*, p. 65. 리버데일에서 치점의 경험에 대해서는 다음의 사료를 인용했나. Winslow, *Shtrley Chisholm*, p. 26.

28. Chisholm, Unbought and Unbossed, pp. 45, 61-65; Winslow, *Shirley Chisholm*, pp. 25-28.

29. Chisholm, *Unbought and Unbossed*, pp. 46-47.

30. Gerson, "Building the Brooklyn Machine," pp. 74-77; Jason Sokol, *All Eyes Are upon Us: Race and Politics from Boston to Brooklyn* (New York: Basic Books, 2014), pp. 139-141.

31. 치점이 처음 제17선거구민주당클럽 대회에 참여했을 때는 빈센트 카니가 지도자였지만, 치점이 대학에 들어갔을 때는 동생 스티븐이 그 자리를 물려받았다고 이야기했다.

Gerson, "Building the Brooklyn Machine," pp. 199-200. 아나스타샤 커우드 교수는 치점이 실제로는 본인이 기억하는 것보다 늦게 제17선거구 민주당클럽의 정규 참석자가 되었으리라고 본다. 빈센트 카니가 위원장으로 있던 시기였다. 이는 셜리 치점이 공저자로 참여한 책 *Unbought and Unbossed*에 나오는 잘못된 기억에 대한 설명이 될지도 모르겠다. 아나스타샤 커우드 교수는 2015년 10월 29일 다른 저자에게 개인적으로 보낸 이메일에서 이 사실을 언급했다.

32. Chisholm, *Unbought and Unbossed*, pp. 47-48, 55.

33. Gerson, "Building the Brooklyn Political Machine," pp. 183-215, 230: Chisholm, *Unbought and Unbossed*, p. 49.

34. Chisholm, *Unbought and Unbossed*, pp. 48-49.

35. Chisholm, *Unbought and Unbossed*, pp. 48-54.

36. Chisholm, *Unbought and Unbossed*, pp. 49-51: Gerson, "Building the Brooklyn Machine," pp. 181-182.

37. Chisholm, *Unbought and Unbossed*, pp. 38-41, 44, 61-63.

38. Chisholm, *Unbought and Unbossed*, pp. 61-62, 45.

39. Chisholm, *Unbought and Unbossed*, p. 62. 치점이 회고록에서 이야기한 내용과 일맥상통하는 범죄활동에 대한 자세한 내용은 "Suspect in Alien Smuggling Jailed," *Afro-American*, October 30, 1948, p. 6: "Smuggling Drive Nets 42 Arrests," *Baltimore Sun*, October 13, 1948, p. 1: "Expose BWI Smuggling Plot: Mount Vernon Resident Is Facing Charge," *New York Amsterdam News*, October 16, 1948, p. 1: "Deport Jamaican After Work in Smuggling Ring," *Los Angeles Sentinel*, June 30, 1949, A2 참조. 하지만 이 사건에 치점의 약혼자가 연루됐는지에 대해 확실히 알 방법은 없다.

40. Chisholm, *Unbought and Unbossed*, p. 63.

41. "Conrad Chisholm Oral History," Shola Lynch Transcripts, Box 8, Folder 3, SCC: Winslow, *Shirley Chisholm*, pp. 27-28: Chisholm, *Unbought and Unbossed*, pp. 63-64.

42. "Conrad Chisholm Oral History," Shola Lynch Transcripts, Box 8, Folder 3, SCC: Chisholm, *Unbought and Unbossed*, pp. 63-64.

43. "Shirley Chisholm Oral History," Ralph J. Bunche Oral History Collection, May 2, 1973, Moorland–Spingarn Research Center, Howard University, Washington, D.C., p. 2 (이하 "Chisholm Oral History," MSRC): Chisholm, *Unbought and Unbossed*, pp. 53, 56: "Women's Council Fetes Six at Breakfast," *New York Amsterdam News*, February 8, 1958, p. 19: Linda Perkins, "The National Association of College Women: Vanguard of Black Women's Leadership and Education, 1923–1954," *Journal of Education*, vol. 172, no. 3 (1990).

44. "Chisholm Oral History," MSRC, p. 2: Sokol, *All Eyes Are upon Us*, pp. 141–142: Gerson, "Building the Brooklyn Machine," pp. 230–241: Chisholm, *Unbought and Unbossed*, pp. 51–52.

45. Gerson, "Building the Brooklyn Machine," pp. 254–264: "King's Diary: Inside Brooklyn," *New York Amsterdam News*, January 19, 1957, p. 19.

46. "King's Diary: Inside Brooklyn," *New York Amsterdam News*, January 19, 1957, p. 19: "Chisholm Oral History," MSRC, pp. 2–3: Gerson, "Building the Brooklyn Machine," pp. 283–285: Sokol, *All Eyes Are upon Us*, pp. 141–143: Chisholm, *Unbought and Unbossed*, pp. 55–57, 65–66.

47. Gerson, "Building the Brooklyn Machine," pp. 309–321: Chisholm, *Unbought and Unbossed*, pp. 65–67: Sokol, *All Eyes Are upon Us*, pp. 140–143.

48. Chisholm, *Unbought and Unbossed*, pp. 67–69: Gerson, "Building the Brooklyn Machine," pp. 328–329: Joshua Guild, "To Make That Someday Come True: Shirley Chisholm's Radical Politics of Possibility," in Dayo F. Gore, Jeanne Theoharis, and Komozi Woodard, eds., *Want to Start a Revolution? Radical Women in the Black Freedom Struggle* (New York: New York University Press, 2009), pp. 252–253.

49. Chisholm, *Unbought and Unbossed*, pp. 68–69.

50. Chisholm, *Unbought and Unbossed*, pp. 70–71: Gerson, "Building the Brooklyn Machine," pp. 333–337, 352: Sokol, *All Eyes Are upon Us*, p. 143: "First Brooklyn Negro Woman Running for the Assembly," *New York Amsterdam News*, May 9, 1964, p. 33.

51. Chisholm, *Unbought and Unbossed*, pp. 70–71; Julie A. Gallagher, *Black Women and Politics in New York City* (Urbana: University of Illinois Press, 2012), pp. 104, 164–165; "Bessie Allison Buchanan," Jessie Carney Smith, ed., *Notable Black American Women*, Book II, (Farmington Hills, Michigan: Thomson Gale,) pp. 73–75; Marjorie D. Ison, "Across the Brooklyn Bridge," *New Pittsburgh Courier*, May 9, 1964, p. 7; Marjorie Derexel Ison, "Across the Brooklyn Bridge," *New Pittsburgh Courier*, September 26, 1964, p. 6.

52. 클럽 여성들에 관해서는 다음 자료에서 인용. Gallagher, *Black Women and Politics*, p. 165; Marjorie Drexel Ison, "Across the Brooklyn Bridge," *New Pittsburgh Courier*, May 30, 1964, p. 7; Chisholm, *Unbought and Unbossed*, pp. 70–71; "State and City Tally for President, Senator and Other Offices; Local Judiciary Vote," *New York Times*, November 5, 1964, p. 23.

53. "The Lady Is also First," *New York Amsterdam News*, November 7, 1964, p. 27.

54. "Letter of the Week," *New York Amsterdam News*, December 5, 1964, p. 29; "6 in Assembly, 3 in Senate," *New York Amsterdam News*, November 7, 1964, p. 1.

55. Chisholm, *Unbought and Unbossed*, pp. 73–77; Sokol, *All Eyes Are upon Us*, p. 144.

56. Chisholm, *Unbought and Unbossed*, pp. 79–80; Winslow, *Shirley Chisholm*, pp. 48–49.

57. Chisholm, *Unbought and Unbossed*, pp. 78–81; Gallagher, *Black Women and Politics*, pp. 166–167.

58. Chisholm, *Unbought and Unbossed*, p. 82; Sokol, *All Eyes Are upon Us*, pp. 145–146; Cooper v. Power, 260 F. Supp. 207 (1966); *Wells v. Rockefeller*, 273 F. Supp. 984 (1967); Gallagher, *Black Women and Politics*, p. 167; Guild, "To Make That Some day Come," p. 253; "The 40th Anniversary of Cooper v. Power," *Brooklyn Eagle*, May 4, 2007. 다음 사이트 참조. http://50.56.218.160/archive/category.php?category_

id=4&id=12674.

59. Chisholm, *Unbought and Unbossed*, pp. 82–85; Gallagher, *Black Women and Politics*, pp. 167–169; Guild, "To Make That Someday Come," pp. 253–255.

60. Chisholm, *Unbought and Unbossed*, pp. 82–85; "Holder Chisholm Coordinator," *New York Amsterdam News*, March 23, 1968, p. 58.

61. Chisholm, *Unbought and Unbossed*, pp. 82–86; Gallagher, *Black Women and Politics*, pp. 167–169; Guild, "To Make That Someday Come," pp. 253–255; "CNC Picks Shirley Chisholm for Congress," *New York Amsterdam News*, December 30, 1967, p. 19; "CNC Blasts Off Chisholm Campaign," *New York Amsterdam New*, January 27, 1968, p. 21.

62. "Elected Democrats Issue an Ultimatum," *New York Amsterdam News*, February 3, 1968, p. 1; "Ex-Teacher Aims at Congress Seat," *New York Amsterdam News*, June 22, 1968, p. 23.

63. "'Black Power Logical,' Hatcher: Says Du Bois Robeson Real Black Heroes, Farmer's Chances Are Good," *New Pittsburgh Courier*, June 1, 1968, p. 3; "Farmer's Candidacy Backed by Badillo," *New York Times*, October 1, 1968, p. 33; "Governor Endorses James Farmer Race," *New York Times*, October 7, 1968, p. 40; Chisholm, *Unbought and Unbossed*, pp. 87–88; "Negroes in Congress: Black House Members Will Add to Their Ranks in the Next Few Weeks," *Wall Street Journal*, October 22, 1968, p. 18.

64. "Negroes in Congress," *Wall Street Journal*, October 22, 1968, p. 18; Christopher Jencks, "The Moynihan Report," *New York Review of Books*, vol. 5, no. 5, October 14, 1965, p. 39.

65. Chisholm, *Unbought and Unbossed*," pp. 87, 91–92; "Negroes in Congress: Black House Members Will Add to Their Ranks in the Next Few Weeks," *Wall Street Journal*, October 22, 1968, p. 18; "Farmer and Woman in Bedford Stuyvesant Race," *New York Times*, October 26, 1968, p. 22.

66. Chisholm, *Unbought and Unbossed*, pp. 88–92; Winslow, *Shirley*

Chisholm, pp. 65 –70 ; "Freshman in Congress Won't Be Quiet," *New York Times*, November 6, 1968, p. 25 ; "Rep. Shirley Chisholm Goes to Washington," *New York Amsterdam News*, January 11, 1969, p. 23.

67. "Record Nine Congressmen to Answer Roll Call on Jan. 3," *Afro-American*, January 4, 1969, p. 6 ; "1968 : For Women, It was a Year Marked by Numerous 'Firsts,'" *New York Times*, January 1, 1969, p. 25 ; "November 3, 1992 : Year of the Woman," in "Senate Stories : 1964 – Present," United States Senate History. 다음 사이트 참조. http://www. senate.gov/artandhistory/history/minute/year_of_the_woman.htm ; Matthew Andrew Wasniewski,ed., *Women in Congress, 1917–2006* (Washington, D.C.: U.S. Government Printing Office, 2007); "Women Representatives and Senators by Congress, 1917–Present," 다음 사이트 참조. http://history.house.gov/Exhibitions-and-Publications/WIC/Historical-Data/Women-Representatives-and-Senators-by-Congress/.

68. "Shirley Chisholm Oral History," MSRC, pp. 10 –11 ; Guild, "To Make That Someday Come," pp. 259 –263 ; Gallagher, *Black Women and Politics*, pp. 171 –180 ; Chisholm, *Unbought and Unbossed*, pp. 124 –126, 162 –163, 178 –181.

69. Chisholm, *Unbought and Unbossed*, pp. 97 –104 ; "House Negro Rids Self of Unwanted Job : Mrs. Chisholm Taken off Farm Committee," *Chicago Tribune*, January 30, 1969, p. 8.

70. Chisholm, *Unbought and Unbossed*, pp. 97 –104 ; *New Journal and Guide*, February 1, 1969, B1.

71. Chisholm, *Unbought and Unbossed*, pp. 104 –106, 96 ; Winslow, *Shirley Chisholm*, pp. 71 –72 ; Gallagher, *Black Women and Politics in New York*, pp. 171 –176.

72. Chisholm, *Unbought and Unbossed*, pp. 109 –115 ; "Rep. Chisholm Takes Gun, Butter Stand," *Chicago Daily Defender*, March 27, 1969, p. 1 ; "Rep. Chisholm Hits Arms Race, Calls End to Viet War," *Afro-American*, April 5, 1969, p. 11 ; "Chisholm Urges Women's Revolt," *Chicago Daily Defender*, February 18, 1969, p. 5.

73. "Women Face Most Bias: Rep. Chisholm," *Chicago Tribune*, January 25, 1970, p. 26; Gallagher, *Black Women and Politics in New York City*, pp. 173–174; Chisholm, *Unbought and Unbossed*, p. 177.

74. Chisholm, *Unbought and Unbossed*, p. 130; Gallagher, *Black Women and Politics in New York City*, pp. 172–176; Linda Greenhouse, "What Would Shirley Do?" *New York Times*, February 9, 2011. 다음 사이트 참조. http://opinionator.blogs.nytimes.com/2011/02/09/what-would-shirley-do/.

75. "Cong. Chisholm's Charisma Is 'Catching,'" *Los Angeles Sentinel*, January 15, 1970, C1; Shirley Chisholm, *The Good Fight* (New York: Harper and Row, 1973), pp. 13–16.

76. Chisholm, *Unbought and Unbossed*, pp. 138–139, 171–174; Chisholm, *The Good Fight*, pp. 5–12; "'Paying Southern Debts' Says Shirley: Nixon's Policy Paper on Segregation Hit," *New York Amsterdam News*, April 4, 1970, p. 29.

77. Chisholm, *Unbought and Unbossed*, p. 173; Chisholm, *The Good Fight*, pp. 9–11; Theodore White, *The Making of a President*, 1972 (New York: Harper Perennial, 2010), pp. 28–33.

78. Guild, "To Make That Someday Come," pp. 261–262; *Manning Marable, Race, Reform and Rebellion: The Second Reconstruction and Beyond in Black America, 1945–2006* (Jackson: University of Mississippi Press, 2007), pp. 118–120; Chisholm, *The Good Fight*, p. 29.

79. Chisholm, *The Good Fight*, pp. 28–31; "Shirley Chisholm Interview," SCC, p. 15.

80. "Women Organize for Political Power," *New York Times*, July 11, 1971, p. 1; "Women's Caucus Wants Half of Seats at '72 Conventions," *New York Times*, July 13, 1971, A1; "Lady Prez? Yez Yez!" *Women's Wear Daily*, July 15, 1971, p. 1; "Women's Political Caucus Draws Jokes—But Woman President? It's No Joke, Bub," *New York Amsterdam News*, July 17, 1971, A1, D10.

81. "Rep. Chisholm Considers Race for Presidency," *Boston Globe*, August

1, 1971, p. 1; "Rep. Chisholm Declares She May Run for President in 1972," *New York Times*, August 1, 1971, p. 40; "Woman President Gains as a Possibility," *Hartford Courant*, August 5, 1971, p. 24; "The Gallup Poll: Woman Could Win Presidency," *Baltimore Sun*, August 7, 1971, A5.

82. Chisholm, *The Good Fight*, pp. 27–30.

83. "Conyers Pushes Stokes for 1972," *Baltimore Sun*, September 14, 1971, A5; "Black Woman Plans to Run for President," *Los Angeles Times*, September 16, 1971, A4; "Chisholm Candidacy Gains: Meeting in Illinois," *Washington Post*, October 4, 1971, A9.

84. "Chisholm Candidacy Gains: Meeting in Illinois," *Washington Post*, October 4, 1971, A9; "Black Woman Plans to Run for President," *Los Angeles Times*, September 16, 1971, A4; "Chisholm for President," *Washington Post*, December 4, 1971, E7.

85. "Never Underestimate," *Afro-American*, December 18, 1971, p. 4; "Politics and Race: Negro Politicians Warn Democrats Not to Take Black Vote for Granted," *Wall Street Journal*, October 26, 1971, p. 1; Chisholm, *The Good Fight*, pp. 31–33; "Mrs. Chisholm President? Don't Take Her Too Lightly," *Los Angeles Times*, October 1, 1971, B7; Chisholm, *The Good Fight*, p. 34.

86. "Democratic Party Doesn't Need This Kind of Victory," *Boston Globe*, October 17, 1971, A7; "Patricia Harris Wins Fight for Key Dem. Convention Job," *Afro-American*, October 23, 1971, p. 1; "Most Women Possess Self-Destructive Urge?" *Atlanta Constitution*, December 13, 1971, 8B; "Mrs. Chisholm— She's Looking for a Coalition," *Los Angeles Times*, December 10, 1971, B1.

87. Chisholm, *The Good Fight*, p. 44.

88. Anthony Corrado, "An Overview of Campaign Finance Law," in Paul S. Harrison, ed., *Guide to Political Campaigns in America* (Washington, D.C.: Congressional Quarterly Press, 2005); Gil Troy, *See How They Ran: The Changing Role of the Presidential Candidate* (Cambridge, Ma.:

Harvard University Press, 1996), pp. 227–229; White, *Making of a President*, 1972, pp. 70–74; "New Hat in Ring: Mrs. Chisholm's," *New York Times*, January 26, 1972, p. 1.

89. Chisholm, *The Good Fight*, pp. 44–51; Winslow, *Shirley Chisholm*, p. 112.

90. Chisholm, *The Good Fight*, p. 71; "Shirley Chisholm Makes It Formal: She's a Candidate," *Washington Post*, January 26, 1972, A5.

91. Chisholm, *The Good Fight*, p. 71; "Shirley Chisholm: I'm Not Kidding," *Chicago Daily Defender*, January 24, 1972, p. 6; "New Hat in Ring: Mrs. Chisholm's," *New York Times*, January 26, 1972, p. 1.

92. Chisholm, *The Good Fight*, pp. 74–76; "Dream for Women: President Chisholm," *New York Times*, February 14, 1972, p. 19. On Abzug and Chisholm's candidacy see Alan H. Levy, *The Political Life of Bella Abzug, 1920–1976* (Lanham, Md.: Lexington Books, 2013), pp. 167–173.

93. "Shirley and Gloria, Feminism: Yes⋯," *Chicago Tribune*, January 22, 1972, p. 13; Chisholm, *The Good Fight*, pp. 76–77; Gloria Steinem, *My Life on the Road* (New York: Random House, 2015), p. 132.

94. "Shirley Chisholm Oral History," MSRC, pp. 4–6; Chisholm, *The Good Fight*, p. 66.

95. "Politics in Black," *New York Amsterdam News*, July 1, 1972, A7; Nora Ephron, "Miami," in *Crazy Salad and Scribble Scribble: Some Things about Women and Notes on Media* (New York: Vintage Books, 2012), p. 54; Judith A. Hennessee, *Betty Friedan: A Life* (New York: Random House, 1999), p. 170.

96. Chisholm, *The Good Fight*, pp. 64–66, 78–79; author's interview with Lizabeth Cohen, September 23, 2015, Cambridge, Massachusetts.

97. Chisholm, *The Good Fight*, 94–99; "Black Panther Party for Shirley Chisholm," *Washington Post*, April 28, 1972, A4.

98. "Chisholm Wins TV Bid Time," *Chicago Tribune*, July 3, 1972, C1; Chisholm, *The Good Fight*, pp. 78–93, 100.

99. "Chisholm Recalls Crying over 'Dirty Tricks' Letter," *Afro-American*,

April 13, 1974, p. 1; "Sent Phony Letters Segretti Says at Trial," *Atlanta Constitution*, April 3, 1974, 9A; "Excerpts from Segretti's Testimony before Senator Ervin's Select Committee," *New York Times*, October 4, 1973, p. 32; "Dwight Chapin Interview Transcription with Timothy Naftali," April 2, 2008, Richard Nixon Presidential Library, Yorba Linda, California. 다음 사이트 참조. http://www.nixonlibrary.gov/ virtuallibrary/documents/histories/chapin-2007-04-02.pdf.

100. Chisholm, *The Good Fight*, pp. 110, 118-124; Ronald W. Walter, *Black Presidential Politics in America: A Strategic Approach* (Albany: State University of New York Press, 1988), pp. 116-117; "Hillary Clinton versus Shirley Chisholm," *The Nation*, June 5, 2008. 다음 사이트 참조. http://www.thenation.com/article/hillary-clinton-versus-shirley-chisholm/.

101. "Hillary Clinton versus Shirley Chisholm," *The Nation*; National Visionary Leadership Project, "Interview with Shirley Chisholm," Part 11; Chisholm, *The Good Fight*, pp. 1, 163.

에필로그: 2016

1. Hillary Rodham Clinton, Hard Choices (New York: Simon and Schuster, 2014), pp. 3-9; "Who Got the Most Presidential Primary Votes since 1992? The Answer Will Surprise You," *Washington Post*, January 8, 2015. 다음 사이트 참조. https://www.washingtonpost.com/ news/the-fix/wp/2015/01/08/where-will-2016-candidates-fall-on-the-brownback-to-clinton-vote-gett ing-scale/; Brooks Johnson, "Clinton and the Popular Vote," FactCheck.Org, June 5, 2008. 다음 사이트 참조. http://www.factcheck.org/2008/06/clinton-and-the-popular-vote/; "2008 Democratic Popular Vote," *Real Clear Politics*. 다음 사이트 참조. http://www.realclearpolitics.com/epolls/2008/president/democratic_ vote_count.html; "2008 Presidential Democratic Primary Election

Date -National -Primaries -by State," in *Atlas of U.S. Presidential Election*. 다음 사이트 참조. http://uselectionatlas.org/RESULTS/; Thomas E. Patterson, "Voter Participation in Presidential Primaries and Caucuses," pp. 12-13. 다음 사이트 참조. http://journalistsresource. org/wp-content/uploads/2011/12/Voter-Turn out-in-Presidential-Primaries-and-Caucuses_Patterson.pdf. 힐러리 클린턴은 미시간 주 예비선거를 치렀고, 버락 오바마는 참여하지 않았다. 힐러리는 23만8309표를 얻으며 총 54퍼센트의 득표를 했다. 그 표까지 합산하면 2008년 민주당 대통령 지명전에서 오바마보다 더 많은 표를 얻은 셈이었다. 하지만 미시간 주는 예비선거 날짜를 앞당겨 실시해 당규를 어겼다는 이유로 민주당선거위원회DNC로부터 제재를 받았다. DNC는 전당대회에서 미시간 주의 대의원 자격을 인정하지 않겠다고 경고했다. 오바마와 다른 민주당 대선 후보 몇몇은 예비선거 철수를 결정했다. 결국 DNC는 미시간 주 대의원들의 전당대회 참석을 허용했지만 대의원 1인당 0.5표만 인정하기로 했다.

2. Clinton, *Hard Choices*, pp. 3-9.

3. "The Campaign That Never Was: A Pat Schroeder Strategist Tells the Inside Story of the Colorado Congresswoman's Try for the Presidency," *Los Angeles Times*, November 15, 1987, M11; "Schroeder, Patricia Scott," *History, Art, and Archives, U.S. House of Representatives*. 다음 사이트 참조. http://history.house.gov/People/Detail/21313. "The Prime of Pat Schroeder," *New York Times*, July 1, 1990, SM12; "Schroeder, Assailing 'the System,' Decides Not to Run for President," *New York Times*, September 29, 1987, A1.

4. "Dole Bows Out of Presidential Race," *Washington Post*, October 20, 1999. 다음 사이트 참조. http://www.washingtonpost.com/wp-srv/politics/campaigns/wh2000/stories/pmdole102099.htm; "Elizabeth Dole Drops Presidential Candidacy," *Baltimore Sun*, October 21, 1999. 다음 사이트 참조. http://articles.baltimoresun.com/1999-10-21/news/9910210047_1_elizabeth-dole-can didacy-republican;"Says She Can't Compete against Fortunes of Forbes and Bush," *New York*

Times, October 21, 1999, A22; "Braun Ends Candidacy, Supports Dean," National Public Radio, January 14, 2004. 다음 사이트 참조. http://www.npr.org/templates/story/story.php?storyId=1600149; "In Crowded G.O.P. Field, Dole Was Hobbled by Her Stand on the Issues, Not Her Sex," *New York Times*, October 21, 1999, A22; Paula D. McClain, Niambi M. Carter, and Michael C. Brady, "Gender and Black Presidential Politics: From Chisholm to Moseley Braun," *Journal of Women*, Politics and Policy, vol. 27, no. 1/2 (2005).

5. Congressional Research Service, "Women in Congress, 1917–2015: Biographical and Committee Assignment Information, and Listings by State and Congress," April 27, 2015. 다음 사이트 참조. https://www.senate.gov/CRSReports/crs-publish.cfm?pid=%270E%2C*PLS%3D%22%40%20%20%0A; Jennifer L. Lawless and Richard L. Fox, *Men Rule: The Continued Under-Representation of Women in U.S. Politics* (Washington, D.C.: Women and Politics Institute, 2012); Jennifer L. Lawless and Richard L. Fox, *It Still Takes a Candidate: Why Women Don't Run for Office* (New York: Cambridge University Press, 2010); Jo Freeman, *A Room at a Time: How Women Entered Party Politics* (Lanham, Md.: Rowman and Littlefield, 2002).

6. Barbara Burrell, "Political Parties and Women's Organizations: Bringing Women into the Electoral Arena," in Susan J. Carroll and Richard L. Fox, *Gender and Elections: Shaping the Future of American Politics* (New York: Cambridge University Press, 2010), pp. 210–220; Susan J. Carroll, "Voting Choices: The Politics of the Gender Gap," in Carroll and Fox, *Gender and Elections*, pp. 117–118; Kelly Dittmar, "The Gender Gap: Gender Differences in Vote Choice and Political Orientations," *Center for Women and American Politics*, July 15, 2014. 다음 사이트 참조. http://www.cawp.rutgers.edu/sites/default/files/resources/closerlook_gender-gap-07-15-14.pdf; "Long Term Gallup Poll Trends: A Portrait of American Public Opinion throughout the Century," *Gallup News*

Service, December 20, 1999. 다음 사이트 참조. http://www.gallup.com/poll/3400/longterm-gallup-poll-trends-portrait-american-public-opinion. aspx; "Little Prejudice against a Woman, Jewish, Black or Catholic Presidential Candidate," *Gallup News Service*, June 10, 2003. 다음 사이트 참조. http://www.gallup.com/poll/8611/little-prejudice-against-woman-jewish-black-catholic-presidenti.aspx; "Some Americans Reluctant to Vote for Mormon, 72-Year-Old Presidential Candidates," *Gallup News Service*, February 20, 2007. 다음 사이트 참조. http://www.gallup.com/poll/26611/some-americans-reluctant-vote-mormon-72yearold-presidential-candidates.aspx; "Are Americans Ready to Elect a Female President," *Pew Research Center*, May 9, 2007. 다음 사이트 참조. http://www.pewresearch.org/2007/05/09/are-americans-ready-to-elect-a-female-president/.

7.　"Hillary D. Rodham's 1969 Commencement Speech," Wellesley College. 다음 사이트 참조. http://www.wellesley.edu/events/commencement/archives/1969commencement/studentspeech.

8.　Hillary Rodham Clinton, *Living History*(New York: Scribner, 2003), pp. 64-75; "The National Law Journal Recognizes 100 Most Influential Lawyers in America," March 25, 2013. 다음 사이트 참조. http://www.alm.com/about/pr/releases/national-law-journal-recognizes-100-most-influential-lawyers-america; "Bill and Hillary's Double Trouble: Clinton's 'Two for the Price of One' Pledge Is Returning to Haunt Him," *Independent*, March 9, 1994. 다음 사이트 참조. http://www.independent.co.uk/voices/bill-and-hillarys-double-trouble-clintons-two-for-the-price-of-one-pledge-is-returning-to-haunt-him-1427937.html; "Hillary Clinton's Favorable Ratings One of Her Worst," *Gallup News Service*, September 4, 2015. 다음 사이트 참조. http://www.gallup.com/poll/185324/hillary-clinton-favorable-rating-one-worst.aspx.

9.　Bill Clinton, *My Life* (New York: Knopf, 2004), p. 201; "Clinton's Wife Hits Back at Sex Claims," *The Guardian*, January 20, 1992, p. 8; "Two for the Road," *Chicago Tribune*, March 16, 1992, E1.

10. Maureen Dowd, "Hillary Clinton as Aspiring First Lady: Role Model, or a 'Hall Monitor' Type?" May 18, 1992, A15; MaryAnne Borrelli, *The Politics of the President's Wife* (College Station: Texas A & M University Press, 2011), pp. 124 –127; Bill Clinton, *My Life*, pp. 396 –397.

11. Dowd, "Hillary Clinton as Aspiring First Lady," A15.

12. Clinton, *Living History*, pp. 105, 110.

13. Clinton, *My Life*, p. 482; "Hillary Clinton to Head Panel on Health Care," *New York Times*, January 26, 1993, A1; "Hillary Rodham Clinton's Job," *New York Times*, January 27, 1993, A22; "And Hillary Clinton's Job," *Washington Post*, January 27, 1993, A18; "New First Lady Shows Washington She, Too, s Now at the Helm," *Wall Street Journal*, January 28, 1993, p. A1.

14. Clinton, *Living History*, p. 246; Theda Skocpol, *Boomerang: Health Care Reform and the Turn against Government* (New York: W. W. Norton & Co., 1997); "First Lady's Popularity Rebounds," *Gallup News Service*, January 16, 1997. 다음 사이트 참조. http://www.gallup.com/poll/4417/first-ladys-popularity-rebounds.aspx.

15. Clinton, *Living History*, pp. 466, 476 –481; "Admiration for Hillary Clinton Surges in 1998," *Gallup News Service*, December, 31, 1998. 다음 사이트 참조. http://www.gallup.com/poll/4108/admiration-hillary-clinton-surges-1998. aspx; "As Senate Hearings Begin, Hillary Clinton's Image Soars," *Gallup News Service*, January 13, 2009. 다음 사이트 참조. http://www.gallup.com/poll/113740/senate-hearings-begin-hillary-clintons-im age-soars. aspx; "Eight Dramatic Years Ending on a Positive Note for Hillary Clinton," *Gallup News Service*, January 3, 2001. 다음 사이트 참조. http://www.gallup.com/poll/2149/Eight-Dramatic-Years-Ending-Positive-Note-Hillary-Clinton.aspx.

16. Clinton, *Living History*, pp. 107 –108, 292 –294, 380 –386, 500; Rebecca Traister, *Big Girls Don't Cry: The Election That Changed Everything for American Women* (New York: Free Press, 2010), pp. 23 –24.

17. Clinton, *Living History*, pp. 496–507; "Hillary Clinton Begins Pre-Campaign in a New Role for Her," *New York Times*, July 8, 1999, A1; "National Party Pumps Money to First Lady: Extra Funds Come Early into New York Senate Campaign," *New York Times*, August 10, 2000, B1.

18. "Hillary Clinton's Campaign Spurs a Wave of G.O.P. Fund-Raising: G.O.P. Fund-Raisers Focus on Hillary Clinton," *New York Times*, July 10, 1999, A1.

19. Clinton, *Living History*, p. 519; "The Victor: First Lady Emerges from Shadow and Is Beginning to Cast Her Own," *New York Times*, November 9, 2000, B1; "Huge Black Turnout Kept Gore in the Race: Hillary Clinton, Other Democrats also Buoyed," *Philadelphia Tribune*, November 10, 2000, 1A; "In Senate Race, Clinton Drew on Party Faithful," *New York Times*, November 12, 2000, p. 43; "In Poll, Mrs. Clinton Makes Gain among Women from the Suburbs," *New York Times*, September 21, 2000, A1; "Eight Dramatic Years Ending," *Gallup News Service*; "Hillary Clinton Retains Strong Appeal to American Women," *Gallup News Service*, March 20, 2015. 다음 사이트 참조. http://www.gallup.com/poll/182081/hillary-clinton-retains-strong-appeal-american-women.aspx; "Metro Matters: By the Way Does He Bake Cookies," *New York Times*, November 9, 2000, D1; "It Took a Woman: How Gender Helped Elect Hillary Clinton," *New York Times*, November 12, 2000, WK5.

20. "The Victor," *New York Times*, November 9, 2000, B1 Clinton, *Living History*, p. 524.

21. "For Hillary Clinton, a Dual Role as Star and as Subordinate," *New York Times*, October 22, 2002, A1.

22. Traister, *Big Girls Don't Cry*, pp. 24–27; "Hillary Clinton's Gender Gap Advantage," *Gallup News Service*, February 24, 2005. 다음 사이트 참조. http://www.gallup.com/poll/15025/hillary-clintons-gender-advantage.aspx.

23. Maureen Dowd, "Can Hillary Upgrade?" *New York Times*, October 2,

2002, A27.

24. 페라로에 관해서는 다음에서 인용. Susan J. Carroll, "Ferraro Faced Hurdles with Strength and Grace," March 28, 2011, CNN Commentary. 다음 사이트 참조. http://www.cnn.com/2011/OPINION/03/28/carroll. ferraro/index.html.

25. Barbara Burrell, "Likeable? Effective Commander in Chief? Polling on Candidate Traits in the 'Year of the Presidential Woman,'" *PS: Political Science and Politics*, vol. 41, no. 4 (October 2008), p. 750.

26. "Obama Starts Bid, Reshaping Democratic Field," *New York Times*, January 17, 2007, A1; "Clinton Enters '08 Race, Fueling Race for Money," *New York Times*, January 21, 2007, p. 1; Victoria Woodhull "Letter of Acceptance," in "The Correspondence Between the Victoria League and Victoria C. Woodhull," in Madeleine B. Stern, *The Victoria Woodhull Reader* (Weston, Mass.: M & S Press, 1974), no page numbers.

27. "Marathon Benghazi Hearing Leaves Hillary Clinton Largely Unscathed," *CNN*, October 23, 2015. 다음 사이트 참조. http://www.cnn.com/2015/10/22/politics/hillary-clinton-benghazi-hearing-updates/; Douglas Kmiec, "Benghazi Backfire! Presidential Hillary Clinton Showcased by GOP," *Huffington Post*, October 23, 2015. 다음 사이트 참조. http://www.huffingtonpost.com/douglas-kmiec/benghazi-backfire-preside_b_8363340.html; "Hillary Clinton and the Benghazi Gang," *New York Times*, October 23, 2015, A30; "Clinton's Curse and Her Salvation: Her Enemies," *Washington Post*, October 23, 2015. 다음 사이트 참조. https://www.washingtonpost.com/politics/clintons-curse-and-her-salvation-her-enemies/2015/10/23/7c6bbba4-7998-11e5-a958-d889faf561dc_story.html; "The GOP's Unfortunate Benghazi Hearing," *Washington Post*, October 22, 2015. 다음 사이트 참조. https://www.washingtonpost.com/opinions/benghazi-business-as-usual/2015/10/22/5a09b31e-7901-11e5-a958-d889faf561dc_story. html.

가장 높은 유리천장 깨기

초판인쇄	2016년 8월 18일
초판발행	2016년 8월 25일

지은이	엘런 피츠패트릭
옮긴이	김경영
펴낸이	강성민
편집장	이은혜
편집	장보금 박세중 이두루 박은아 곽우정
편집보조	조은애 이수민
마케팅	정민호 이연실 정현민 김도윤 양서연
홍보	김희숙 김상만 이천희
독자모니터링	황치영

펴낸곳	(주)글항아리│출판등록 2009년 1월 19일 제406-2009-000002호

주소	10881 경기도 파주시 회동길 210
전자우편	bookpot@hanmail.net
전화번호	031-955-8891(마케팅) 031-955-1936(편집부)
팩스	031-955-2557

ISBN	978-89-6735-358-2 03300

이 도서의 국립중앙도서관 출판예정도서목록(CIP)은 서지정보유통지원시스템 홈페이지 (http://seoji.nl.go.kr)와 국가자료공동목록시스템(http://www.nl.go.kr/kolisnet)에서 이용하실 수 있습니다. (CIP제어번호 : CIP2016018668)